THE GREAT EMPERORS IN CHINA

中國十大傳奇帝王

中國數千年歷史長河，星辰璀璨，幾多風流人物，幾多傳奇帝王名垂千古。他們或是一個王朝的開創者，或是將國運推向高峰的守成者，功過是非難以評說，然而無論如何，正是因為他們的存在，才使得那個時代變得那麼鮮活，那麼奪目。

翻開厚重的史冊，一個個鮮活的人物出現在人們的面前。起於卑微，龍飛九五，這不是神話。布衣而提三尺劍，質子而清六合塵；巾幗以煊赫天下，南面稱尊；乞兒而堅韌不拔，開國立業。他們的經歷，是血與火凝結而成的。權力的巔峰築就於艱難坎坷之中，築就於屍山血海之上。撫卷長嘆，幾多帝王，幾多感慨。

身為質子不知忍受了多少屈辱的嬴政，憑藉著驚人的毅力和強悍，橫掃六合，成為亙古第一帝；出身於市井的漢高祖劉邦，布衣提劍而取天下，終得高唱大風歌；文治武功了得的漢武帝劉徹，談笑間，強虜灰飛煙滅，遠播大漢威名；歷經驚濤駭浪始登上帝位的唐太宗李世民，開啟了一代煌煌盛世；古往今來唯一的一位女皇帝武則天，顛覆了男尊女卑的觀念，以女流之身君臨天下。

從蒙古草原走出的一代天驕成吉思汗，揮鞭向西，締造了一個無與倫比的黃金汗國；從和尚到起義軍領袖，再到帝王的征途，明太祖朱元璋走得艱辛卻堅定，從社會的最底層往上步步攀登，最終成為九五至尊；幼年登基的明君康熙帝玄燁，縱橫捭闔，成就一代偉業；事事順遂的「十全天子」乾隆帝弘曆，文韜武略，盡顯風流。

他們創造了流光溢彩的盛世，為史冊添上了濃墨重彩的一頁。千載悠悠，歲月如梭，他們的傳奇，卻不因時光的流逝而斑駁。無論是在漫長的過去，還是遙遠的未來，這一個又一個耳熟能詳的名字，都會深深地鑴刻在歲月的豐碑上，因為他們是一個王朝的象徵，甚或就是一個時代！

目錄

The Great Emperors in China

中國十大傳奇帝王

1

亙古第一帝

秦始皇嬴政......10

呂不韋囤積「奇貨」

秦王嬴政親政

滅韓伐趙

荊軻刺秦王

天下歸一

構建龐大的政治金字塔

車同軌，書同文

焚書坑儒

善政與暴政

祖龍歸天

2

從混跡市井到君臨天下

漢高祖劉邦......34

「斬白蛇」起兵

入關亡秦

漢中稱王

四年楚漢戰爭

滅楚建漢

掃平割據勢力

高祖之治

3

開疆拓土霸天下

漢武帝劉徹......60

金屋藏嬌

榮登帝位

從馬邑設伏開始

千軍萬馬伐匈奴

南定百越，通西南夷

加強皇權

後宮妃嬪多少事

巫蠱之禍

昏庸迷信的晚年

輪台罪己詔

4

威伏四海的「天可汗」

唐太宗李世民......84

英姿勃發一少年

太原起兵反隋

唐帝國的建立

秦王破陣震天下

兄弟反目成仇

喋血玄武門

治國平天下

知人善任，納諫如流

貞觀之治

「天可汗」威震天下

未能慎終如始的晚年

錯服丹藥枉送命

7

黃金帝國的締造者

一代天驕成吉思汗......154

生於亂世的鐵木真
飽經磨難的少年時代
新娘意外遭劫
逐一擊破草原各部落
與王罕的盟誓破裂
征服蒙古草原
建立蒙古汗國
三征西夏
南征金國
西征花剌子模
成吉思汗之死
「一代天驕」的功過得失

5

媚行深宮，坐擁天下

女皇武則天......108

武家有女初長成
初入皇宮做才人
再度入宮封昭儀
後宮爭奪的勝利者
並稱「二聖」
母子間的政治爭鬥
一代女皇登基
承前啟後的武周政權
施行酷吏統治
姓武還是姓李
女皇悲歌

9

一代明君開盛世

清康熙帝玄燁......208

少年天子登基
智擒鰲拜
集權中央，平定三藩
統一寶島台灣
抗擊沙俄侵略者
三次親征噶爾丹
安定西藏
撫恤民生
崇理學，學西方
幾番立儲風波

8

從和尚到皇帝的傳奇之路

明太祖朱元璋......182

生逢淒苦亂世
從草莽和尚到一方霸主
縱馬一統江山
宏圖霸業的背後
立國大明，定都南京
改革體制，強化君權
使用重典治國
嚴密的特務統治
血腥屠殺功臣
分封外藩

6

千古風流話英雄

宋太祖趙匡胤......130

武將之裔
以戰功發跡
陳橋兵變，黃袍加身
坐穩江山
杯酒釋兵權
掃平割據政權
臥榻之側，豈容他人酣睡
軍隊變革
皇權的加強
勵精圖治
「燭影斧聲」之謎

10

傳奇皇帝的炫彩人生

清乾隆帝弘曆......236

撲朔迷離的身世之謎
文武兼備的帝王
康乾盛世的輝煌峰巔
剿滅大、小金川
平定準噶爾叛亂
安定回疆
六下江南，世風奢靡
悠悠後宮往事
天朝上國，拒絕英使
長壽皇帝的養生之道
奢靡浪費，吏治敗壞

亙古第一帝
秦始皇嬴政

　　秦始皇是中國歷史上第一個皇帝。夏的君主稱王或后，商的君主稱王或帝，周的君主稱王或天王，秦始皇覺得這些稱號都不足以昭示他的功業，認為自己可比傳說中的三皇五帝，因此自號「皇帝」，並且要子子孫孫都稱皇帝。其實他並不僅僅改了一個稱號而已，而是幾乎徹底改變了中國政治、經濟、軍事、法律甚至文化領域的各種傳統制度，說他是一個大改革家，比說他是暴君、雄主之類的都要確切得多。然而他的改革雖然使後世受用無窮，卻沒給自己的家族帶來多大好處。可以說，秦終二世而亡，根子不在亂政的趙高，或者是糊裡糊塗的胡亥身上，而是秦始皇本人種下的惡果。

呂不韋囤積「奇貨」

　　戰國時代，諸侯並起，天子之詔不出都內。周天子分封或者自行請封的數百個諸侯，到戰國末期，剩下了不足十個。先是魏國稱霸中原，後為齊、趙聯合圍困，並於周顯王二十九年（前340）遭到秦將商鞅的欺騙式進攻，從此霸業漸衰。代魏而起的是趙國，周赧王五十五年（前260），秦、趙在長平決戰，雙方投入兵力總計在百萬以上，最終趙軍慘敗，降卒被坑殺40萬

秦始皇嬴政畫像

10

姓名：嬴政

生年：周赧王五十六年（前259）

卒年：始皇帝三十七年（前210）

在位：37年（包括稱秦王的25年）

年號：無

廟號：無

諡號：無

陵寢：秦陵

父親：嬴異人（莊襄王）

母親：趙姬

繼位人：嬴胡亥（秦二世）

主要政績：兼併六國，統一貨幣、文字、度量衡等。

人，趙從此一蹶不振。楚是南方強國，疆域在諸侯中最大，也被秦日迫月削。周赧王三十七年（前278），秦將白起攻破楚國都城郢（今湖北江陵北部），楚君向東逃竄，再無復興的可能。

從今陝西省南部起家的小小秦國，就這樣步步擴張，疆域、國力和軍事力量終於都冠絕諸侯。由秦來統一周末亂世，似乎已經是順理成章的事情了，然而秦卻屢屢受挫於關東諸國的聯軍。肉到嘴邊，只差一步，偏偏就是吃不到。最終吞下這塊肥肉的，就是雄才大略的秦始皇嬴政。

秦始皇的父親名叫子楚，是秦國王子中身分最低微的一個，別說沒有繼承國君的資格，連在家裡吃安生飯的福氣都沒有，年輕時就被送去趙國做人質。秦、趙交換人質，只是為了暫時休戰，做的表面文章，其實雙方都並沒有什麼誠意，這樣的人質可有可無，誰都不把他放在眼中。子楚淒淒慘慘地在趙國都城邯鄲生活著，心想自己的下場不是哪天被趕回國，就是兩國戰事再開，趙國把自己宰了祭旗。然而他沒想到，一個名叫呂不韋的商人，偏偏就瞄上了他。

呂不韋是陽翟（今河南禹縣）的大商人，家產有數千金。一次他經過邯鄲，見到子楚，回來就問他父親：「耕田之利幾倍？」

秦代彩繪獸首鳳形漆勺　高13.3公分，湖北雲夢睡虎地九號秦墓出土。此器將實用的木胎漆勺與神奇的鳳鳥造型合為一體，以勺體為鳳體，以勺柄為鳳鳥的長頸，柄首做成鳳首。

其父回答說：「十倍。」再問：「販賣珠寶，得利幾倍？」回答說：「百倍。」三問：「擁立國君，掌握國家，得利幾倍？」他父親說：「呀，那就無數倍，算不清了。」呂不韋說：「拚命種田，未必能得溫飽，立國定君，可以福澤後代，我有主意了！」

呂不韋的主意，就是盯上了子楚這件「奇貨」，希望擁立他為秦君，自己好從中取利——這就是「奇貨可居」的故事。此後呂不韋和子楚成了好朋友，三天兩頭請他吃飯，還送他錢花，見子楚還沒結婚，把自己非常寵愛的一個趙國美女也送給了子楚。

一日，呂不韋看時機已經成熟，就對子楚說：「我能光大你的門庭。」子楚以為他在開玩笑，笑著說：「你不過是一個商人，你還是先光大了自己的門庭，再來考慮我的事情吧。」呂不韋回答：「我的門庭，專等你的門庭光大後，才自然光大。」他為子楚分析秦國的政局，說：「秦王年老，安國君做太子，遲早會登基的。我聽說安國君最寵愛華陽夫人，誰做他的繼承人，華陽夫人說了算，可惜夫人卻又沒生兒子。夫人為了自己的地位考慮，一定會從王子中間選擇一個做養子，這個養子，將來一定繼承秦國的王位。你在諸王子中雖然身分低微，若能做上華陽夫人的養子，那情況就不一樣了。」呂不韋自告奮勇去說服華陽夫人，收子楚做養子。子楚千恩萬謝，保證說：「我若登上王位，一定與你共用富貴！」

呂不韋善於揣摩他人的心思，又能言善辯，他來到秦都咸陽，自掏腰包，向華陽夫人獻上許多奇珍異寶，說那都是子楚託他獻上的。他還為夫人分析政局，終於說動夫人收子楚為養子。周赧王五十八年（前257），秦軍伐趙，包圍了趙都邯鄲。趙人想要殺死人質子楚，多虧呂不韋賄賂監視者，子楚才得以安全逃回秦國。

秦昭襄王五十六年（前251）秋，秦王病逝，安國君繼位，是為秦孝文王，立子楚為太子，改名為「異人」。當初子楚倉皇逃出邯鄲，妻

中國十大傳奇帝王

兒都沒來得及帶，此時一躍而身價百倍，就派人去向趙國索取，趙人當然乖乖地給他送了過來。他的這個兒子，就是後來的秦始皇嬴政。

古代女子以姓稱，男子以氏稱。所謂氏，就是代表男性身分地位的標誌，或者指其出身，或者指其封地，或者指其官爵。例如秦國的改革家商鞅，本是衛國的公族，所以初稱公孫鞅，或者衛鞅，被秦孝公封在商地後，才稱商鞅。嬴政也是如此，他母親是趙國人，出身在趙國，因此人稱趙政，後來歸秦做了太子甚至國君，人稱秦政。嬴政的稱呼，是漢以後氏姓混同，大家才這樣稱呼的。

秦孝文王繼位的時候已經不年輕了，當國君一年多就去世了。異人登基，是為秦莊襄王，封呂不韋做相國、文信侯，立趙國女為王后，兒子嬴政為太子。莊襄王短命，在位時間也不過三年而已。他死後，嬴政繼位為秦王，時年僅13歲。

秦王嬴政親政

秦王政登基的時候，大權都掌握在相國呂不韋手裡。呂不韋受莊襄王託付，輔佐秦王政，自稱「仲父」，也就是國君的叔父。呂不韋很有野心，也有治國之才，把秦國治理得井井有條，甚至還召集門客編了一部《呂氏春秋》，希望自己憑藉此書可以流芳百世。他還推薦了一名叫嫪毐的侍從去服侍趙太后，順便為自己打探內廷的消息。然而這個嫪毐也不是省油的燈，他與太后私通，被封為長信侯。此後，他積極培植個人勢力，很快就與呂不韋分庭抗禮了。這時，年輕、聰明的秦王政就利用兩人之間的矛盾，順利地把國政抓回到自己手中。

秦王政九年（前238）四月，已經22歲的嬴政終於得到太后的許可，前往舊都雍（今陝西寶雞市東）舉行冠禮，也就是成人

《呂氏春秋》書影　《呂氏春秋》又名《呂覽》，成書於西元前239年，正值秦統一六國前夜。全書共分為12紀、8覽、6論，共 12卷，116篇，20餘萬字。

禮。按規定，君主行完成人禮，就可以親自主政了，「仲父」也好，太后也罷，都不能再包攬政事。嫪毐生怕自己因此失勢，就盜用秦王玉璽及太后印章，發兵作亂，準備進攻雍的蘄年宮。秦王政早就注意著嫪毐的一舉一動，預先得到消息後，派昌平君、昌文君調動軍隊前往平亂。雙方在咸陽城內大戰一場，最終嫪毐被擒，三族都被誅滅。秦王政舉行冠禮後回到咸陽，把趙太后幽禁在雍，自己掌握了朝廷實權。

除掉了嫪毐，秦王的下一個目標就是呂不韋。秦王政十年（前237），呂不韋因為嫪毐案的牽連，被罷免了丞相職務，淒淒惶惶回到封地洛陽。然而他名聲在外，雖然閒居洛陽，門客依舊上千，各國諸侯還紛紛派使臣來請他出山。秦王政恐怕生出變亂，就寫信給呂不韋說：「你對秦國有什麼功勞，竟然封在河南好地，食邑十萬戶？你對秦王室有什麼恩情，竟然號稱『仲父』？」勒令他全家都遷居到偏遠的蜀地去。

彩繪牛馬紋扁壺

秦王政十二年（前235），呂不韋再也受不了壓力，服毒自殺了。秦王政還覺得不解恨，下命令說：「呂不韋的門客、部屬，有敢去靈前哭吊的，外國人都趕走，本國人則流放到房陵（今湖北房縣）。今後再有敢像呂不韋、嫪毐一樣操控國政的，全族罰為奴隸！」

秦王政之所以這樣痛恨呂不韋，除了因為呂不韋總攬秦政十數年，把自己壓制得死死的以外，還有一個重要原因。那就是：傳說呂不韋把趙國女送給子楚以前，趙國女就已經懷有身孕了，其實嬴政不是子楚的兒子，而是呂不韋的兒子。謠言的真相雖然完全無從查考，但已經在國內鬧得沸沸揚揚。秦王政的弟弟長安君成就一度以此為藉口，想要反

The Great Emperors in China

叛。因此除了呂不韋以外，秦王政也非常仇恨自己的親生母親。在除掉嫪毐以後，他就把趙太后遷居到雍城，後來在客卿茅焦的進諫下，才勉強把她接回來。或許正是此事養成了他殘忍好殺、剛愎自用的性格。

秦對關東六強國的進攻，原先是毫無章法的——今天咬你一口，明天打它一下，領地雖然日益擴張，卻最終誰都滅不掉。秦王政得以打破這種局面，最終兼併六國，統一天下，靠的是兩個人才，一為李斯，一為尉繚。

李斯是楚國上蔡（今河南上蔡西南）人，曾跟隨荀況學習，是戰國末期法家學派的重要代表人物。他入秦為郎官，因為勸秦王政「滅諸侯，成帝業，為天下一統」而得到重用，拜為客卿。秦王政十年（前237），因為呂不韋罷相和鄭國渠陰謀敗露，秦的宗室大臣請求「逐客」，即把非秦國國籍的人都趕出秦國去，李斯也在被驅逐之列。

李斯不甘心離開秦國，於是上了著名的《諫逐客書》，他說：「泰山不讓土壤，故能成其大；河海不擇細流，故能就其深。」他還舉了許

鄭國渠陰謀

所謂鄭國渠陰謀，是指距離秦最近、遭受壓力最大的韓國為了自保，派一個名叫鄭國的水利專家，去勸說剛登基的秦王政開挖河渠。他們認為秦人把人力、物力都浪費在水利工程上了，就沒力量再來攻打韓國了。就在呂不韋罷相前後，水渠歷經十年，眼看即將完工，鄭國是韓國奸細的身份卻被揭穿了。

修渠雖然是個陰謀，但鄭國所修建的這條渠（即鄭國渠）卻對秦國歷史產生了深遠影響。鄭國渠的主渠西起涇陽，引涇水向東，下游入洛水，全長300餘里（灌溉面積號稱4萬頃）。鄭國渠的建成，使關中乾旱平原一躍成為千里沃野，糧食產量大增，直接支持了其後秦國統一六國的戰爭；而鄭國渠工程之浩大、技術之先進、實效之顯著，都堪稱中國古代水利史上的傑作。

多例子，說明「物不產於秦，可寶者多；士不產於秦，而願忠者眾」，除了呂不韋、鄭國外，秦國歷史上有很多名臣如商鞅、張儀、范雎等，都是外國人，他們為秦的強大做出了不可磨滅的貢獻。下令驅逐外國人，是借兵給敵人，送糧於大國，「內自虛而外樹怨」，國家必然導致滅亡。

恰巧在這個時候，經過審訊，鄭國也分辯說，修渠固然是韓國的陰謀，但渠若修成，對秦國的利益比危害要大百倍。秦王政因此收回逐客令，恢復李斯的官職，不久以後，還任命他做廷尉，主管訴訟審判。

還有一個尉繚，是魏國大樑（今河南開封）人，本名繚，因為在秦官至國尉（最高軍事長官），因此人稱「尉繚」。就在逐客令下達和收回的當年，他進入秦國並勸說秦王政收買關東六國的權臣，從內部加以分化瓦解，然後可以統一中國。於是在李斯、尉繚這兩名重臣的輔佐和策劃下，秦王政根據前秦相范雎的「遠交近攻」之策，決定首先對韓國下手。

武力統一亂世的戰鼓聲，就此擂響了。

滅韓伐趙

戰國中後期，經過反覆兼併戰爭，僅存的諸侯國中最強大的共有七個，即函谷關以西的秦和以東的三晉（韓、趙、魏）、齊、楚、燕。其中韓國最為弱小，轄地僅限於今河南中北部和山西南部一帶。秦王政十年（前237），李斯建議說：「先取韓以恐他國。」秦王政遂命李斯攻韓，韓國的形勢萬分危急。秦王政十四年（前233），韓王安派公子韓非入秦，勸說嬴政先滅齊、趙，希望得到喘息的機會。李斯認為：「秦之有韓，若人有腹心之疾也。」於是迫使韓非自殺，並召韓王入秦，想要扣留韓王。

韓王安不敢入秦，只得獻地求降，請為臣屬。秦王政十六年（前

231），韓又進獻南陽地區的殘存土地，秦王政派內史騰任南陽太守，前往接收。次年，內史騰攻入韓國都城鄭（今河南新鄭），滅亡了韓國。

關東六國中實力最強的是趙國。雖然經過長平之戰，趙國曾一度衰弱，但此後名將龐煖、李牧等北拒匈奴，訓練出了幾支精悍的騎兵部隊，實力有所恢復。秦國的主攻方向就指向趙國，先分化瓦解關東諸國間的聯盟，使魏、楚不能救趙，然後於秦王政十八年（前229），派大將王翦率領駐紮在上地的軍隊及附近羌兵，直搗太行山的要地井陘（今河北井陘），派楊端和率河間兵進攻趙都邯鄲，兩路夾攻趙國。

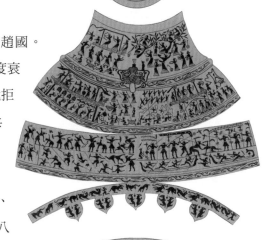

水陸攻戰圖 圖為戰國時期嵌錯賞功宴樂銅壺上的水陸攻占紋飾，從中可以看出戰國時兵戰的陣勢。

趙王派李牧、司馬尚率軍抵抗。秦國用重金收買了趙王的寵臣郭開，讓他在趙王面前污蔑李牧、司馬尚意圖叛變降秦。趙王遂殺李牧，免司馬尚職，以趙蔥、顏聚代其為將。秦王政十九年（前228），王翦大破趙軍，趙蔥被殺，顏聚逃亡。秦軍長驅直入，攻克趙都邯鄲，俘獲了趙王遷。趙公子嘉逃往代地（今河北西北部），自立為代王，收攏殘部，與燕軍攜手抗秦。

秦王政進入邯鄲，把幼年時候與他及其母有仇的人家悉數搜出，全部殺死，然後派王翦率軍屯於中山（今河北完縣、冀縣、高邑、平山等地區），做出伐燕的態勢。

荆軻刺秦王

秦軍壓境，燕王大為恐懼，想要南合齊、楚，北聯匈奴以抵抗秦軍。燕太子丹認為此策略太不現實，因為「諸侯服秦，莫敢合縱」。但他同時天真地認為，只要招募一名勇士去刺殺了秦王政，就可以暫時緩解國家的危機。

太子丹和隱士田光商量，田光向他推薦了衛國人荆軻。荆軻說：「我就算去了，秦王也未必會相信我。不相信我，就不肯接見我，怎麼刺殺他呢？我聽說秦王非常垂涎燕國富饒的督亢地區（今河北易縣、涿縣、固安、新城等地）；我還聽說，秦將樊於期得罪秦王，全家被殺，他逃來燕國，得太子收留。如果能得到樊將軍的人頭，並且帶上督亢地圖，說是前往獻地，秦王一定會接見我的，此事就成了幾分了。」

太子丹不忍心殺死樊於期。荆軻於是自己去見樊於期，說：「我希望得到將軍的首級，那樣秦王一定樂意接見我。我就趁此機會，左手捉住他的衣袖，右手用劍刺其胸膛。這樣將軍的大仇得報，燕國也解除了危機。您願意嘗試一下嗎？」樊於期撸起袖子，扼腕回答說：「我天天想要報仇，卻得不到

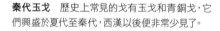

秦代玉戈 歷史上常見的戈有玉戈和青銅戈，它們興盛於夏代至秦代，西漢以後便非常少見了。

機會，今天多謝您教我方法。」隨即拔劍自刎。

太子丹用盒子裝好樊於期的首級，又準備好督亢地圖和淬了毒的匕首，萬事俱備，準備以荆軻為主使，勇士秦舞陽為副使，前往咸陽刺殺秦王政。然而荆軻卻遲遲不肯動身，太子丹試探說：「時間快來不及了，您若是另有打算，我就派秦舞陽先去，如何？」荆軻怒道：「去了如果不能安然返回，是豎子也！之所以暫不動身，是等個好朋友來，一同前往。太子既然等不及了，那我這就動身。」於是太子丹等人身穿

中國十大傳奇帝王

白衣，送荊軻到了易水岸邊，名樂師高漸離擊筑
（一種絃樂器），荊軻吟唱道：「風蕭蕭兮易
水寒，壯士一去兮不復還！」傲然而去。

　　到了咸陽，荊軻先用重金賄賂秦王政的寵
臣中庶子蒙嘉，請他在秦王面前為自己多說好
話。秦王政果然答應接見荊軻。荊軻就在給秦
王打開督亢地圖的時候，突然從地圖卷內抽出匕
首，狠狠刺去——這就是成語「圖窮匕現」的
由來。

河北易縣燕下都出土的鐵兜鍪

　　一刺不中，秦王政撕裂衣袖，倉皇逃走。荊軻想要拔劍，可是佩劍
太長，急切間很難拔出鞘來，就在大殿上追趕秦王。秦國的臣子們上殿
是不許佩帶武器的，武士們雖有武器，但無人召喚是不能上殿的，誰都

高漸離擊秦王

　　戰國時期的燕國人高漸離，善於擊筑（古代類似於琴的一種絃樂器）。他是著名刺客荊軻的朋友，一起效力於燕太子丹。後來荊軻行刺失敗，秦王起兵滅燕，並於西元前221年統一了中國。高漸離隱姓埋名躲藏於宋子（今河北趙縣東北），在一大戶人家做奴僕；他常應眾人之請，一邊擊筑，一邊慷慨悲歌，抒發亡國之苦以及壯志未酬之恨。秦始皇聽到了這件事，派人將他召去；秦始皇知道高漸離仇視自己，但因愛惜他的才能，便赦免了高漸離的死罪，只弄瞎了他的雙眼，令他為自己擊筑。開始，秦始皇懷有戒備之心，只叫他遠地坐著演奏；久而久之，秦始皇非常欣賞他的技藝，便漸漸叫他靠近自己。

　　但高漸離並未消除仇恨，一直在苦等機會復仇；他見時機已到，便用鉛將筑填滿，使筑沉重如鐵，足以擊人致命；然後等到秦始皇漸漸入迷時，他便出其不意突然拿筑向秦始皇砸去。但由於高漸離的眼睛看不見，沒有砸中。秦始皇立即下令處死了高漸離，從此不再讓諸侯手下的人靠近自己。

幫不了秦王的忙。秦王政只好繞著柱子逃跑，累得氣喘吁吁。

正在危急關頭，宮廷醫生夏無且把背負的藥囊投向荊軻，同時終於反應過來的大臣們高喊提醒說：「王負劍！」秦王政如夢初醒，急忙把劍鞘反至背後，這才終於拔出劍來，轉身把荊軻砍倒。荊軻被砍斷了腿，將匕首投向秦王，也沒有刺中。

秦王政殺了荊軻、秦舞陽以後，命令王翦快速進兵，攻掠燕地。秦王政二十一年（前226），王翦攻克燕都薊（今北京西南部），燕王喜、太子丹等逃往遼東地區（今東北地區的瀋陽、丹東、營口等地）。秦將李信一路猛追，代王嘉就寫信給燕王說：「秦國之所以不肯放過你，全因為太子丹派刺客去謀刺秦王。你只要殺了太子丹，把人頭獻給秦王，秦王氣消了，自然就能饒你一命。」昏聵的燕王喜果然殺了自己的兒子，秦王也果然命李信不要遠追，就此退兵。然而短短五年後（前222），秦將王賁就以迅雷之勢席捲遼東，滅燕，俘虜燕王喜，然後轉過頭來滅代，俘虜代王嘉。這兩個昏主終於得到了應有的下場。

天下歸一

楚國是南方大國，名雖諸侯，其實長期和周天子分庭抗禮，並相繼滅亡了不少周天子分封的諸侯國。楚國疆域最大的時候，東到大海，北到河南南部，西北抵陝西，南越洞庭湖，幾乎囊括整個長江中下游和部分黃河流域。後來雖被秦自西向東不斷吞併領土，連都城郢都被攻克，但剩餘的領地，依舊是關東諸侯中最為龐大的。

秦王政十九年（前228），負芻殺楚哀王自立，楚國發生內亂，秦王政遂決定趁機吞併楚國。秦王政二十一年（前226），秦王政詢問年輕將領李信：「吾欲取荊（指楚國），度用幾何人？」李信回答說：「不過二十萬。」他又問老將王翦，王翦卻回答說：「非六十萬人不可。」秦王政冷笑說：「將軍老了，怎麼變得膽怯了？」於是秦王政不

用王翦，而派李信、蒙武等率領二十萬大軍南下伐楚。

第二年（前225），秦國大軍出發，一路勢如破竹，李信攻克平輿（今河南平輿西北），蒙武攻克寢（今河南沈丘東南），兩軍在城父（今安徽亳縣東南）會師。但楚軍隨即發動全面反擊，大敗秦軍，連追三日三夜，復奪兩城，殺死秦都尉七人。

秦王政得到敗報，急忙前往頻陽（今陝西銅川東南）去找王翦。頻陽是王翦的封邑，此前因秦王政怪他年老膽怯，他就賭氣辭職，隱居在這裡。秦王政想要再度起用王翦，王翦卻堅持說：「大王必不得已用臣，非六十萬人不可！」他解釋說，楚國的領土太過龐大，大軍攻伐，必須穩紮穩打，打下一地必須派兵駐守，這樣層層瓜分，六十萬人也未必夠用。秦王政再不敢忽視老將軍的意見了，就給了王翦六十萬大軍，派他和蒙武共同南下。

秦王政二十三年（前224），王翦攻克陳（今河南淮陽），南下殺到平輿。楚以傾國之兵前來抵抗，王翦卻深溝高壘，堅壁不戰。一直等到楚人求戰不得，軍心懈怠，準備引兵向東的時候，他才突然揮軍追擊，大破楚師，並且俘虜了楚王負芻。楚將項燕隨即在淮南擁立昌平君為王，繼續抗秦。次年（前223），王翦、蒙武敗項燕於蘄（今安徽宿縣東南）南，攻入楚都壽春（今安徽壽縣），昌平君戰死，項燕自殺，強大的楚國至此終於滅亡。

魏國是三晉之一，戰國早期，魏文侯在位時曾稱霸諸侯。但魏處於四戰之地，東面有趙、齊，南面有楚，西面有秦，經過連年征戰，土地日削，軍力疲憊。秦王政二十二年（前225），嬴政在派李信、蒙武伐楚的同時，命令王翦之子王賁率師伐魏。王賁包圍了魏都大梁，引黃河、大溝水灌城，大梁城防大規模毀壞。魏王假無奈之下，被迫請降，魏國也滅亡了。

從滅韓開始，到滅魏為止，短短五、六年的時間裡，秦軍摧枯拉

朽，盡滅關東五國，就只剩下最東方的齊國了。齊國距離秦國最遠，秦滅趙、楚、燕以前，雙方土地並不接壤，因此秦王政用「遠交近攻」之策，一直結好和麻痺齊國，使齊軍不去救援其他五國。秦王政還買通了齊相後勝，讓他勸說齊王「去從（指合縱之策）朝秦，不修攻戰之備，不助五國攻秦」。這種苟安政策加速了五國的滅亡，也最終導致齊國自身的覆滅。

齊國在今河北西部和山東中北部，齊王初期國力最為強盛，曾與秦共號東、西帝。後來燕昭王聯合韓、魏、秦、趙四國伐齊，殺死齊王，幾乎滅亡齊國。齊雖最終復國，實力已大為削弱，到秦滅關東五國後，齊國只剩一個空架子了。

齊王建看到關東五國被陸續吞併，才感覺到唇亡齒寒，大事不妙，匆忙和秦斷交，調派缺乏訓練的軍隊去駐防西境。但這不但於事無補，反而給了秦國伐齊的藉口。秦王政二十六年（前221），秦國採取避實就虛的作戰方針，派王賁從燕國故地突然率軍南下，幾乎沒有遭到任何

秦王駕車親征　這尊位於陝西咸陽中華廣場上的銅雕，表現了秦王嬴政駕車親征的情景。

抵抗就殺近齊都臨淄。齊王建見大勢已去，只得「不戰，以兵降秦」。齊國也滅亡了。

短短10年間，秦王政剪滅六國，結束了幾百年的混戰分裂狀態，建立了一個規模空前、統一的秦王朝。

構建龐大的政治金字塔

六國既滅，天下一統，秦王政認為「名號不更，無以稱成功，傳後世」，下令群臣商討新的君主稱號。丞相王綰、御史大夫馮劫、廷尉李斯等認為，「今陛下興義兵，誅殘賊，平定天下，海內為郡縣，法令由一統，自上古以來未嘗有，五帝所不及」；又說：「古有天皇，有地皇，有泰皇，泰皇最貴」，因此建議秦王政上尊號為「泰皇」，泰皇發布的命令稱為「制」、

秦代武士鬥獸紋銅鏡

「詔」，泰皇自稱為「朕」，這幾個字，除泰皇外他人不能使用。

秦王政經過仔細考慮後，取了泰皇的「皇」字，五帝的「帝」字，合起來自稱為「皇帝」。他還認為，臣子評價君王是很不應該的，所以廢除諡法，自稱「始皇帝」，他的兒孫稱二世皇帝、三世皇帝……直到千秋萬世──當然，他那時候不會想到，強大的秦朝竟然僅歷短短二世就滅亡了。

秦始皇的脾氣是很暴躁的，性格也非常急，數百上千年來的傳統制度，他希望一天之內全部改變。他的改革不是漸進性的（雖然事先積累了一定的社會基礎），而是急進性的，統一六國的同一年，他就頒布許多道詔書，從朝廷官制到地方行政區劃，都做了全面的改革。

春秋戰國時代，各國實行的基本是世襲卿、大夫制度，商鞅變更秦

法，以軍功論名爵，沒有軍功的雖世代貴族，也不能做高官，更不能做宰相。秦始皇就在商鞅新法的基礎上，制定了嶄新的三公九卿制。皇帝以下，中央設丞相和御史大夫主管民政，設太尉主管軍事，是為三公，其下有奉常、郎中令、衛尉等九卿。三公九卿都各有自己的一套辦事機構，處理日常工作，大事總匯於丞相，由丞相稟告皇帝做最後裁決。

春秋戰國時代，對於地方行政，基本採取分封制，卿、大夫均各有其封地，自募軍旅，自掌財政。戰國後期情況有所改變，各國為了戰爭的需要，均在邊遠地區或邊境地區設置郡、縣，郡、縣的最高長官由國君直接任命，領取俸祿，不世襲。秦自商鞅變法後，開始逐步推行郡、縣兩級行政區劃。秦始皇統一六國後，丞相王綰等建議說：「燕、齊、荊地遠，不為置王，毋以鎮之，請立諸子。」希望在邊遠地區恢復分封制度。李斯反對他們的意見，說：「現在天下一統，應該都設置郡縣。諸王子、功臣們給予厚賞就足夠了，為了海內的安寧，請不要分封諸侯。」

秦始皇採納了李斯的建議，分統治區域為36郡，後又增設南海、桂林、象郡、九原，共40郡。郡的行政長官稱郡守，軍事長官稱郡尉，監察長官稱郡監。郡下設縣，大縣長官為縣令，小縣長官為縣長。郡、縣官吏都由皇帝直接任免，領取俸祿，不得世襲。

三公九卿制和郡縣制的確立，完善了中國第一個封建王朝的中央集權，然而過於集中權力，卻使皇帝本人在國家政治、經濟生活中的作用舉足輕重。

秦始皇的殘暴，以及其繼承人二世皇帝胡亥的荒淫，很快就通過制度影響全國，最終為秦朝的滅亡埋下了禍根。

秦代銅量 這件銅量的外壁刻有秦始皇二十六年（前221）統一度量衡的詔書，為當年秦統一量器的標準器具。

君臨天下的咸陽城

咸陽位於關中腹地，地勢平坦開闊，河流縱橫密布，土地肥沃，物產豐富，堪稱一塊風水寶地。秦始皇的先祖秦孝公把目光投向這塊物華天寶的土地，並於西元前350年遷都於此。秦始皇統一六國後，天下歸一，咸陽也躍升為全國的政治和文化中心、一統大國的都城。秦始皇在征戰六國的過程中，每滅一國都要讓畫師把這個國家的都城王宮畫下來，然後在咸陽的渭北地區——仿建。咸陽橫跨渭水南北兩岸，北岸是以咸陽宮為主的宮殿區，南岸則是皇室宗廟和苑囿，建有華陽宮、章台宮、興樂宮等數座宮殿。北岸地勢較高，是秦的先王們曾居住、辦公的重要地區；秦始皇在北岸仿建的六國宮殿，皆以咸陽宮為中心，形成眾星拱月之勢，以象徵他殲滅六國、君臨天下的王者氣勢。

秦始皇共仿建了六國宮殿145座，風格各異，鱗次櫛比。各座宮殿裝飾著從六國掠奪而來的鐘鼓饌玉，充養著六國的宮娥美女，宮殿間有復道與處於中心位置的咸陽宮相連。秦始皇居於咸陽宮中，觀賞著六國宮殿，盡享人間極樂。

秦始皇本人非常勤政，白天審理案件，晚上批閱公文，並且給自己定下了工作量，每天必須批完一石公文才能休息——當時的文件都書寫在竹簡上，非常沉重。

車同軌，書同文

西周分封諸侯，各諸侯國間經過數百年的並立分裂局面，相互間的緊密聯繫被人為破壞，逐漸造成了文化、制度各方面的差異。秦朝既然兼併六國，一統天下，當然必須把這種差異重新加以融合，以使政令暢通，經濟快速復甦。因此，秦始皇決定在全國範圍內統一度量衡標準——度，就是長度單位；量，就是容積單位；衡，就是重量單位，以秦的標準為基礎，造定標準器，頒發全國。

此外，秦始皇還統一各國的文字，命令李斯以原秦國的文字為基

秦馳道遺跡　秦始皇統一全國後，為了控制廣闊的疆域，下令以秦的都城咸陽為中心，修築馳道向各地輻射。

礎，參考六國文字，制定了字型固定、筆劃減省、書寫比較方便的「小篆」，作為通行全國的規範化文字。當然，小篆的簡便只是相對意義上的，秦朝獄吏程邈後來根據民間已經行用的新字體，又創造了隸書，更為美觀，也更便於書寫。到西漢初年，隸書已經成為通行的字體。

　　要使國家真正統一起來，完善的交通體系必不可少。秦始皇首先統一了車軌的寬度，規定軌距6尺；然後從統一的次年，即始皇二十七年（前220）開始，在全國範圍內修築「馳道」。馳道東通燕、齊，南達吳、楚，道寬50步，路旁每隔3丈種植松樹一株。他還改革和統一了貨幣，稱黃金為上幣，以鎰為單位，重20兩，以銅錢為下幣，重半兩；統一田畝，每畝定為240方步；統一法律，完善《田律》、《倉律》、《置吏律》等法律文件三十多種。

　　這些統一措施對當時來說，是相當必要的，它彌補了部分地區間的差異，使全國真正凝聚為一個整體，此後分分合合，統一變成了中國的主要趨勢。然而秦始皇以秦的規章制度作為統一的基本標準，卻在一定

程度上激起了舊六國地區貴族和百姓的不滿。

　　為了避免舊六國地區的反叛，秦始皇遷各地富豪12萬戶於都城咸陽，並且仿造六國宮殿式樣，在咸陽北阪營建宮室百餘處，以容納所得的諸侯美人。當然，後一項的主要目的是享樂。

　　秦始皇所訂立的各種制度，及其後所作所為，大都帶有兩面性，一則為了天下太平，二則為了滿足個人的各種欲望。例如出巡。秦始皇在從統一全國到其去世的11年間，先後利用馳道大規模出巡五次，第一次是巡察西北邊境地區，另四次都是東遊舊六國領土，東至東海之濱，南到江南，北至北部邊境，每次都歷時一年左右。他每到一處，都要刻立石碑，譴責六國舊統治者的殘暴無道，並且為自己歌功頌德。這些巡遊主要目的都是為了鞏固其統治，但其中也包含有尋仙求長生的意圖。

焚書坑儒

　　除了政治上和經濟上的統一，秦始皇也追求思想精神上的統一。始皇三十四年（前213），嬴政在咸陽宮舉行宴會，博士淳于越重提封建之議，說沒有子弟功臣為朝廷的屏藩，如果中央發生政變，將難以自救。此外，淳于越還主張復行古法，說：「事不師古而能長久者，非所聞也。」已經升任丞相的李斯駁斥他的論調，罵其為「愚儒」，進而打擊所有儒生，說他們「不師今而學古，以非當世，惑亂黔首……內懷險惡用心，到處妄發議論，評價君主以沽名釣譽，奇談怪論以標榜清高，互相串聯以誹謗朝政。」

　　李斯向秦始皇提出了焚書的建議，請求史書除《秦紀》外，六國史籍一律燒毀；百家學說除博士官收藏的以外，都集中到郡，由郡守、郡尉監督燒毀。敢於引用《詩經》、《書經》內容的，處死；

秦代錯金銀「樂府」鐘

敢以古非今的，滅族；官吏知情而不舉報的，與之同罪。於是，秦始皇
批准了他的建議。

　　焚書事件表面上看來，是對文化的摧殘，但實際上只是追求思想
上的統一，對文化加以鉗制而已。因為李斯並不建議禁止醫藥、卜筮、
種植方面的技術書籍，同時鼓勵對法律法規的學習，要「以吏為師」。
此外，秦朝雖然嚴禁私學，更不能以《詩》、《書》和百家學說作為教
材，但同時大力創辦官學。李斯曾作《倉頡篇》，趙高作《爰曆篇》，
胡毋敬作《博學篇》，它們都是用小篆書寫的學童課本，四字為句，有
韻，易於誦讀，兼教識字和書法。由此可見秦朝對教育是相當重視的，
所實行的並非愚民政策，而只是對百姓進行單一思想的灌輸。

清代畫家所繪的《阿房宮圖》

　　始皇三十五年（前212），又發生了坑儒事件。起因是某些儒生和方士對秦始皇不滿，說他「專任獄吏」、「樂以刑殺為威」、「貪於權勢」，等等。秦始皇認為他們「或為妖言，以亂黔首」，就下令逮捕和處死了其中的四百六十多人。這雖然是一次野蠻的屠殺，但較之此後許多朝代都出現過的「文字獄」，動輒牽連、殺害成千上萬人，還是要溫和得多了。焚書坑儒確實是秦始皇的

雄偉壯觀的秦始皇陵兵馬俑

秦始皇陵兵馬俑，是1974年在陝西臨潼秦始皇陵的發掘過程中發現的。兵馬俑坑共發現四個，都集中分布在陵園東門外1500公里處。現在已發掘了3號坑的全部和1號、2號坑的一小部分，發掘面積達2690平方公尺，出土武士俑2200件，戰車32輛（每輛配駄馬4匹），坐騎的戰馬29匹。這些兵馬俑都是按秦軍將卒的形象塑造的，與真人真馬同樣大小，基本上是單獨造型，逐個塑造而成，堪稱形象而生動的藝術品。他們有的威風凜凜，有的注目沉思，有的滿臉智慧，在面容、神態上各具特色，無一雷同。這批兵馬俑的發現，對研究秦代歷史、政治、軍事、經濟、文化、藝術和科學技術等，提供了極為重要的實物資料；僅1號坑的發掘就震動了世界，被譽為「世界第八大奇蹟」。

暴政，但儒家學說成為封建社會統治學說以後，刻意誇大事實，扣上摧殘文化的大帽子，那又是另外一種統治需要了。

善政與暴政

秦在滅楚後不久，就決定進軍嶺南。始皇二十八年（前219），命令史祿在湘水和漓水間開鑿靈渠，以便利軍事運輸。始皇三十三年（前214），徵發逃亡者、贅婿、商人為兵卒，攻取嶺南地區，在當地設置桂林、南海和象郡，然後遷徙罪犯50萬人前往與當地少數民族雜居。在此前後，秦還徵調巴、蜀的士兵，在今天四川宜賓至雲南昭通一線的崇山峻嶺上開鑿五尺寬的道路，以通西南夷。

在北部邊境，因為匈奴逐步統一草原各部，建立起龐大的遊牧行國，對秦朝形成威脅，始皇三十二年（前215），派大將蒙恬統率士卒30萬人北伐。蒙恬收復了此前被匈奴侵占的河南地（今內蒙古伊克昭盟一帶），秦在這裡設置34個縣，從中原遷來人口，以充實這一地區。蒙恬接

著渡過黃河，駐守在陽山和北假（今內蒙古陰山南麓）一帶，利用地勢，修繕和增補舊秦、趙、燕三國的長城，並且連接起來，西起臨洮（今甘肅岷縣），東至鴨綠江，延綿萬於華里——這就是著名的萬里長城。

長城是偉大的邊防工事，它對保護黃河流域先進的經濟和文化的發展，使其免遭北方遊牧民族的侵擾，是起了巨大作用的。然而秦始皇徵發數十萬徭役，務求在最短時間完成如此浩大的工程，築城而死者因此不可勝數——善政因為急躁反而變成了暴政。

前面所述的戰爭和工程，還可以說是對國家有一定利益的事情，但與此同時，秦始皇還大建宮室和自己的陵墓，這就純粹是為了私欲了。始皇三十五年（前212），因為嫌咸陽的宮殿過於狹小，他開始在渭水南岸營造阿房宮。阿房宮僅前殿就東西寬500步，南北長50丈，上可坐萬人，下可以立五丈旗。宮前立了12銅人，各重24萬斤，用磁石做大門，以防有人私帶武器入宮。

同時，他還興建龐大的酈山陵墓，墓高50丈，周圍5里許，據說其

秦始皇封禪泰山

始皇二十八年（前219），秦始皇率領文武百官及儒生博士70餘人，到泰山舉行封禪大典。封禪是帝王的祭祀大典，當時人們認為君王只有舉行過這種典禮才算受命於天，取得合法地位。所謂「封」，是指築土建壇祭天；「禪」，是指祭地。「封」和「禪」是同時進行的，但「封」比「禪」要隆重得多。

由於長期不舉行這種活動，大臣們都不知道儀式該怎樣進行，於是秦始皇向儒生們詢問要領。儒生們眾說紛紜，莫衷一是；秦始皇於是斥退儒生，決定按照秦以前祭祀上帝的禮儀進行。秦始皇率眾到泰山頂上立了碑，舉行「封」禮。相傳始皇下山時忽遇暴雨，便到松樹下避雨，其後就把這棵樹封為五大夫。秦始皇下山後，又到附近的梁父山舉行了「禪」禮。

中用水銀做成江河湖海，用人魚膏做成長明燈，藏有無數奇珍異寶，也設置了數不清的機關弩箭。而目前已發現的雄偉的兵馬俑坑，不過是秦始皇酈山陵墓的冰山一角而已。

建造阿房宮和酈山陵墓的，據說有70多萬人，伐嶺南徵調50萬，蒙恬北守長城是30萬。秦代人口大約有2000萬，在秦統治的十多年中，每年都要有200萬以上的男丁被徵發去做苦工，甚至某些時候男丁不夠，也徵女口，大量勞動力脫離生產，土地連片荒蕪。

祖龍歸天

秦始皇真正的暴政，在於輕視百姓的力量，短期內發動數次對外戰爭，開展大批國家工程，兵役、徭役繁重，不給百姓以休養生息的時間，死於其中的幾不少於百萬人。秦法也極為嚴苛，肉刑殘酷，連坐之法滲透到法律執行的每個環節。例如一人犯法，全家和親屬全都受刑，把秦國傳統的軍事制度（一人後退，全伍處死）直接運用到民政中去。如此暴政，又怎麼可能維持長久呢？

秦始皇卻看不清這一點，他希望自己家族，甚至自己的統治真的可以千秋萬歲。為此他篤信方士的邪說，相信世界上存在著神仙，神仙掌握著長生不老之術。始皇二十八年（前219），他東巡到泰山，行封禪大典，然後東遊海上，南登琅琊（今山東膠南境內），做琅琊台。方士徐福就在此時請求覲見，說海上有蓬萊、方丈、瀛洲三座仙山，上有仙人及長生不老藥。秦始皇大悅，派徐福出海求取。

這種事情本來就荒誕不經，徐福出去閒逛了數年，回來說風浪太大，「未能至，望見之焉」。秦始皇想見到了就是好事，於是按照徐福的要求，給他數千童男童女和大批珍寶。徐福乘大海船二度出海——這一去，當然再沒有回來，傳說是去了日本列島，今天的日本還保存有徐福的紀念地。

秦始皇知道自己的身體狀況越來越糟，長生不老藥卻總是找不回來，遂開始考慮身後事。他派長子扶蘇前往長城去監督蒙恬，希望由此培養扶蘇的聲望和經驗。但還沒等扶蘇鍛鍊成才，回到咸陽，天下就已經產生了動亂的苗頭。

　　始皇三十六年（前211），東郡（今河南濮陽）發現了一塊隕石，上面不知道誰刻了一行字，說：「始皇帝死而地分。」秦始皇派人調查沒有結果，就把附近居民全部處死，把隕石也燒掉了。不久以後，他的使者經過華陰，半夜突然有人持璧前來，說：「明年祖龍死。」祖就是始，龍指的是皇帝，祖龍當然就是指秦始皇。那人說完話，丟下玉璧就逃走了，再也追查不到。

秦始皇兵馬俑1號坑全景圖

始皇三十七年（前210），秦始皇再次東巡，歸途中行至平原津（今山東德州南）時患病，七月病重，遷移到沙丘（今河北廣宗西北大平台）宮頤養。他在病中勉強寫下璽書給公子扶蘇，要他立刻趕回咸陽主持治喪葬禮。璽書寫好後封存在中車府令趙高處，還沒有來得及交給使者傳送，秦始皇就病死在沙丘平台。

　　丞相李斯害怕國家會發生變亂，於是嚴密封鎖消息。趙高與胡亥、李斯密謀，擅自開啟密封的璽書，篡改秦始皇遺令，另立胡亥為太子，而賜扶蘇和與己有仇的蒙恬自盡，這就是「沙丘之變」。扶蘇見到假詔後自殺；蒙恬疑心有詐，不肯自殺，下獄後被迫服毒而死。此後，太子胡亥在咸陽繼位，便是秦二世皇帝。

從混跡市井到君臨天下
漢高祖劉邦

　　改朝換代，成王敗寇，中國封建史延續千年不變的週期循環，可以說是從漢高祖劉邦開始的。劉邦是中國歷史上第一個平民皇帝，他出身低微，趁著秦末亂世，斬白蛇而起，終於做到天下的共王，開創了漢朝400年基業。「大風起兮雲飛揚，威加海內兮歸故鄉，安得猛士兮守四方？」劉邦也是中國歷史上第一個有詩歌傳世的皇帝，功成名就、天下在握以後，堂堂高祖皇帝卻發出如此的悲鳴，詩中充滿了寂寞、蒼涼和無奈的情調。又是什麼，促使一代英主晚年竟如此的淒涼呢？

「斬白蛇」起兵

　　劉邦原名劉季，排行第三，老家在沛縣豐邑（今江蘇豐縣）的中陽里。戰國時代，這裡屬於楚國管轄。楚在被秦奪取了舊都郢（今湖北江陵北）以後，就東縮局促於蘇、皖和浙北地區，再難振作。秦王政二十四年（前223）年，秦將蒙武攻入壽春（今安徽壽縣），楚國末代君主昌平君戰死，楚國滅亡，劉邦的老家也因此被併入秦的泗水郡——那年劉邦應該是34歲，已經過了而立之年了。

　　或許因為出身低微，劉邦沒有什麼亡國之痛。據說，他曾經在秦都城咸陽看到秦始皇出行的盛大場面，不禁嘆息說：「嗟乎，大丈夫當如是也！」其中聽不出一絲的悲痛或憤怒。

　　他的父親名字已不可考，史稱劉太公，母親王氏。據《史記》中的描述，劉邦相貌非凡：高顴骨，挺鼻樑，鬍子又長又黑，最奇特的是左腿上竟然長著72顆黑痣——古人認為這個數字很吉利，主大貴之相。

姓名：劉邦（本名劉季）
生年：周赧王五十九年（前256）
卒年：漢高祖十二年（前195）
在位：12年（包括稱漢王的4年）
年號：無
廟號：高祖
諡號：高皇帝
陵寢：長陵
父親：劉太公
母親：王氏
繼位人：劉盈（惠帝）
主要政績：推翻強秦，掃平割據，
建立漢朝。

劉太公薄有家財，可能是富農或者小地主，生了四個兒子，日子過得還算太平。可惜老三劉季不成器，整日遊手好閒，結交一幫地痞流氓。在劉太公想來，這個兒子唯一的長處就是好交朋友，不如給他弄個小吏當當。劉邦對此倒不反對，於是便做上了泗水亭長。

秦以十里為一亭，亭設亭長，相當於後世的里長。泗水亭在沛縣以東，隔泗水相望。古代官、吏區別很大，亭長為吏，俸祿不高，要管的雜七雜八的事務卻不少。劉太公沒想到這個兒子連做吏也不踏實，整天喝酒使性，還侮辱同僚取樂，遂憤恨地罵他「無賴」；但是單父（今山東單縣）人呂公倒很看得起劉邦，主動提出把女兒呂雉嫁給他為妻——呂雉就是後來的西漢呂后。

位於河南永城的劉邦斬蛇雕像

從混跡市井到君臨天下——漢高祖劉邦

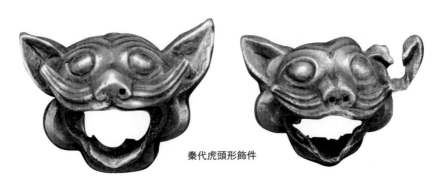
秦代虎頭形飾件

　　劉邦在家鄉過著遊手好閒的日子，天下形勢卻發生了翻天覆地的變化。秦始皇三十六年（前211）七月，秦始皇嬴政病逝於沙丘平台（今河北省平鄉縣東北），次子胡亥陰謀篡位，是為秦二世；二世元年（前209）七月，陳勝、吳廣在大澤鄉（今安徽宿縣東南劉村集）揭竿而起，拉開了秦末農民大起義的序幕。

　　其實在此之前，正當著泗水亭長的劉邦就已經準備造反了。他造反的理由和陳勝、吳廣頗有異曲同工之妙，也是押送一批農民去服徭役，只不過目的不是去漁陽戍邊，而是去驪山建造秦始皇的陵墓；不是因為延誤日期，而是因為沿途多人逃亡，估計等到了關中，恐怕只能剩下自己一個人了。反正完不成任務也是死罪，劉邦乾脆橫下一條心來，召集大家喝酒，說：「你們想逃就都逃吧！我也準備隱姓埋名去過流亡生活。」眾人一哄而散，只有十幾個青年感慕他的「義舉」，願意跟他一起逃亡。

　　據說當晚，一行人乘著夜色趕路，突然發現一條大蛇攔在路中，眾人驚恐不安！劉邦大喝道：「壯士行，何畏？」衝上去一劍把蛇斬為兩段。後來有人再經過此地，見到一位老婦哀哀痛哭，問她原因，回答說：「我兒子是白帝之子，變做一條蛇臥在當地，結果被赤帝之子殺掉了。」這就是高祖斬白蛇起兵的傳說。

　　劉邦既已逃亡，不敢回家，就藏匿在芒、碭兩山（今安徽碭山東南）間，跟從者日益增多。等到陳勝、吳廣舉事以後，關東很多郡縣的

百姓都殺死長官，打開城門回應起義軍。消息傳到沛縣，沛縣縣令坐不住了。他想與其被人殺掉，不如自動投誠，或許還能保住一條活命。縣令找來主吏蕭何和獄椽曹參，與他們商議此事；兩人建議說：「您是秦朝的官吏，現在想背叛秦朝，百姓們恐怕不會信任你。不如找一個逃亡在外的人領頭，大概可以招募數百人。再讓他們挾持縣內百姓，百姓就不敢不聽從了。」縣令覺得有理，蕭何、曹參就派樊噲去請劉邦。

蕭何、曹參和樊噲都是劉邦的老朋友，他們的意圖非常明顯，是想架空縣令，而擁劉邦為主，樹起反秦大旗。這一陰謀終於還是被縣令看破了，他緊閉沛縣城門，不肯放劉邦進來，還滿城搜捕蕭何、曹參。蕭何、曹參卻早就翻越城牆，出城去投奔劉邦了。

劉邦和蕭何、曹參商議了一夜，決定先殺了縣令。於是，劉邦寫了

漢城　展現古漢文化神韻和漢風習俗的文化旅遊景區——漢城，位於漢高祖劉邦故里江蘇沛縣。

封信，並抄寫多份，用箭射進城裡去。信中說：「天下苦於秦的暴政很久了，現在全天下的老百姓都想推翻昏君，可縣令卻頑固不化。如果沛縣的父老鄉親替他守城，恐怕等到諸侯並起的時候，沛縣就會被屠城。如果我們現在能殺了縣令，響應義軍，就能保存我們的家鄉。」城中父老果然響應劉邦的號召，殺死縣令，迎其入城，並推舉他當沛縣縣令。劉邦於是自稱「沛公」，正式舉起了反秦的大旗，並召募縣中青壯子弟，很快就聚集了數千兵馬。

秦二世二年（前208）十月，劉邦攻占胡陵（今山東金鄉東南）、方與（今山東金鄉北）兩縣，隨即在豐邑擊破秦泗水郡監的討伐軍；

張良進履

張良刺殺秦始皇未成，曾在民間蟄伏了將近10年。相傳，有一天，張良在圯上（即橋上）漫步，適遇一年邁老人。老人故意把鞋甩下橋底，傲慢地對張良說：「小夥子，下去給我撿鞋！」張良倒不生氣，不但下橋去取了鞋子，還恭恭敬敬地幫老人穿上；事畢，老人非但不謝，反而大笑而去。片刻，老人又返回，對張良說：「孺子可教也，5日後的黎明，與我會此。」此後兩次會面，皆因張良遲到而散；第三次張良夜半赴約，先老人一步。老人授給張良一本書，對他說：「讀此書則為王者師。10年後天下會大亂。13年後你會見我於濟北谷城（今山東平陰西南），山下的黃石就是我。」說完轉身就走了。張良次日天明一看，方知書名為《太公兵法》（太公，即姜太公，周武王的軍師）。張良從此日夜誦讀此書，終於成為一個深明韜略、足智多謀的「智囊」。10年後，果然陳勝起義爆發；13年後張良去谷城，山下確有黃石一尊，老人的預言奇蹟般地得到應驗。

十一月，他又在薛縣（今山東滕縣東南）、戚縣（今山東滕縣南）擊殺了秦泗水郡守。然而就在劉邦的勢力逐步壯大的時候，當年十二月，陳勝在下城父（今安徽蒙城西北）遇害，以章邯為主將的秦軍開始了大規模反撲。

劉邦從豐邑、沛縣一直轉戰到蕭縣（今安徽蕭縣）一帶，兵馬越打越少，唯一的收穫是得到了一個名叫張良的人才。

張良字子房，是韓國舊貴族的後代，城父（今安徽亳縣東南）人。自從韓國滅亡後，他就心存報仇之念，曾於秦始皇二十八年（前219）在博浪沙（今河南原陽東南）狙擊過秦始皇出巡的車駕。當時他雇傭了一名大力士，手持鐵椎奮力向秦始皇乘坐的馬車擲去。可惜事先情報不準，只砸碎了副車。秦始皇大怒，派人在附近大肆搜索了整整10天，張良無地存身，只好改名換姓，狼狽地逃到下邳（今江蘇宿縣西北）。

關東起義烽火燃起，張良也聚集了百餘名青年回應。因為聽說陳人秦嘉殺害了陳勝派去的監軍，在留（今江蘇沛縣東南）擁立景駒為楚王，就前往投靠；沒想到卻在路上遇到了劉邦。張良向劉邦講起《太公兵法》，粗識文墨的劉邦竟然一聽就懂。張良嘆道：「沛公是天縱奇才呀！」就跟從劉邦，做了廄將。

入關亡秦

繼陳勝之後，勢力膨脹最快的關東義軍是項梁、項羽叔侄。項梁是下相（今江蘇宿遷西）人，楚國名將項燕之子，因為殺人避禍於吳中（今江蘇蘇州）。他曾教侄子項羽寫字和舞劍，項羽對此卻毫不用心，還辯駁說：「寫字頂多就能記錄自己的姓名，舞劍也不過對付一兩個人，學了有什麼意義呢？大丈夫當學能匹敵萬人的本領！」項梁聽了大為驚異，就改教項羽兵法。

項羽自幼就有大志向。劉邦見了秦始皇的浩蕩車駕，不過感嘆一

句：「嗟乎，大丈夫當如是也！」秦始皇巡遊到會稽，項羽見了卻毫無畏懼地說：「彼可取而代也。」陳勝起義後，項梁殺會稽郡守殷通，募得吳中精兵8000人，很快就占領了長江下游以南的大片領土。他自封為會稽郡守，任命項羽做裨將。此時，項羽不過24歲而已。

陳勝被殺後，其部將召平南渡長江，矯詔拜項梁為楚的上柱國，命令他即刻率兵西向攻秦。項梁於是進占下邳，和部下商量說：「陳王首事，戰不利，未聞所在。今秦嘉背陳王而立景駒，大逆無道！」於是發兵殺死秦嘉，趕走景駒。秦二世二年（前208）六月，項梁得到了陳勝已死的確切消息，遂在薛（今山東滕縣）召集各路義軍開會；正走投無路的劉邦也匆忙前往參加。

居鄹（今安徽巢縣東南）人范增很有謀略，他在會上勸項梁說，陳勝所以失敗，是因為「不立楚後而自立」，並引用「楚雖三戶，亡秦必楚」的民諺，勸項梁立楚懷王的後人為王，以作號召。項梁遂於民間找來一個牧羊人，假稱是楚懷王的孫子，仍稱「楚懷王」，定都盱眙（今江蘇盱眙）。項梁自號武信君，並且接受張良的建議，立舊韓國公子韓成為韓王，任命張良為韓王司徒，派他們率領千餘人去奪取韓地。項梁也沒有小看劉邦，給他增兵5000，以鞏固在豐、沛一帶的占領地，並進取陳留（今河南開封市東南）。

秦將章邯擊敗陳勝、吳廣起義軍後，繼續東進，先後攻破復興的魏、齊兩國。項梁率主力前往迎敵，和劉邦聯兵，在東阿（今山東陽穀西北）大敗章邯。義軍乘勝追擊，攻占城陽（今山東鄄城），兵臨重鎮濮陽（今河南濮陽西北）。

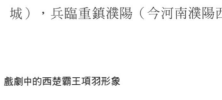

戲劇中的西楚霸王項羽形象

秦代銅車馬　出土於秦始皇陵西側約20公尺處，是中國迄今為止發現年代最早、形制最大、結構完整的銅質車、人、馬。車馬全長317公分，高106.2公分，大小約為實物的1/2。

章邯堅壁固守濮陽，義軍無法取勝，就轉向進攻定陶（今山東定陶西北），再敗秦軍。

當年八月，劉邦急行軍二百餘里，突然襲擊雍丘（今河南杞縣），曹參斬殺來此督戰的秦朝三川郡守李由（李斯之子），獲得大捷。不過劉邦轉攻雍丘，與其說是搶了個勝利，不如說是撿了條活路。因為不久以後，章邯夜襲定陶，殺死了正沉醉在勝利美酒中的項梁。楚軍大敗，劉邦倉皇後撤，楚懷王也被迫遷都彭城（今江蘇徐州）。

章邯認為楚軍已不足為慮，於是率軍掉頭攻擊趙國。秦軍攻破邯鄲，把趙王歇團團圍困在鉅鹿（今河北平鄉西南）。趙王向各國求救，楚懷王遂派宋義為上將軍，項羽為次將，范增為末將，率主力北上救趙。同時，他還封劉邦為武安侯，派他率偏師直搗空虛的關中地區，作為策應。楚懷王和諸將相約，「先入定關中者王之」。

劉邦為人好酒好色，行為放蕩，不拘小節，但很講「義氣」，更有識人之明，用人之量。率軍從碭郡西進以後，他一路召集各方反秦力量，先後攻破成陽、杠里（今山東范縣西）、成武（今山東成武）三地的秦朝駐軍，並於秦二世三年（前207）二月殺回了陳留。

陳留是中原要衝，城中「積粟數千萬石」。劉邦接受高陽（今河南杞縣西）人酈食其的建議，攻占陳留，並以此為根據地，兵力很快擴充至數萬。

三月，劉邦繼續西進，在白馬（今河南滑縣東）、曲遇（今河南中牟東）地區和秦將楊熊激戰。楊熊兵敗逃回滎陽（今河南滎陽），被秦二世下令處死。

劉邦採取避實就虛的靈活戰術，先引兵南下，攻打潁陽（今河南許昌市西南）。因聽聞趙將司馬卬也想南渡黃河，搶先入關，他就揮師北上，進攻平陰（今河南孟津東北），控制了黃河渡口，以阻擋趙軍。秦軍出洛陽迎戰，劉邦吃了個敗仗，只好還軍陽城，準備取道武關（今陝西商南西北），進入關中。

韓王成率軍前來會合，劉邦就留他守衛陽翟（今河南禹縣），牽制河南秦軍，自己則與張良等人進攻南陽郡，擊敗秦將南陽守。南陽守退守宛城（今河南南陽），不敢出戰。劉邦急於進入關中稱王，打算繞過宛城，卻被張良勸阻；於是劉邦假意放棄進攻宛城，卻於半夜突然掉頭殺回。南陽守自知難敵，急派部下去聯絡劉邦，說如果接受南陽守投降，並封他為侯，他就願意打開城門。心急如焚的劉邦立刻封南陽守為殷侯，合併了宛城的秦軍就繼續西進。

有了南陽守的榜樣，丹水（今河南淅川西）、胡陽（今河南唐河南）、析縣（今河南內鄉西北）、酈縣（今河南內鄉東北）等地的秦軍守將紛紛歸附劉邦；再加上劉邦所率軍隊紀律嚴明，所過之處不許士兵燒殺搶掠，因此深受當地百姓擁護，幾乎沒遭遇多大抵抗就順利抵達並且攻克了武關。

就在劉邦一路直進的同時，項羽在鉅鹿大戰中也取得了輝煌的勝利。當時秦將王離率30萬大軍包圍鉅鹿，齊、燕、楚等諸國救兵雖然趕到，卻都只敢遠遠觀望，堅壁固守，不敢與秦軍接戰。楚將宋義駐紮在安

中國十大傳奇帝王

陽（今河南信陽西南），「飲酒高會」46天，不肯前進一步。項羽大怒，遂矯詔殺死了宋義，自封為假（代理的意思）上將軍，準備攻秦救趙。

秦二世三年（前207）十二月，項羽率兵渡過漳水，衝向秦營。為了向士兵展示有進無退的決心，他下令砸爛飯鍋，鑿沉渡河的船隻——這就是成語「破釜沉舟」的由來。楚軍以英布和蒲將軍為前鋒，項羽統率主力，經過9次激戰，殺死秦將蘇角，俘獲王離，終於解了鉅鹿之圍。項羽的威名從此如日中天，各國兵馬全都歸他統一調配，尊其為「諸侯上將軍」。

鉅鹿之戰後，項羽乘勝追擊，又在棘原（今河北鉅鹿西南）再次大破秦軍。秦將章邯怕逃回咸陽也難免死罪，乾脆就投降了項羽。然而項羽雖然會打仗，卻不懂政治，並且心狠手辣。當年十一月，他竟然在新安（今河南澠池東）一夜坑殺秦國降兵20餘萬！劉邦之寬仁和項羽之殘暴，就此形成鮮明對比。

蕭何月下追韓信

秦末農民戰爭中，韓信仗劍投奔項梁軍，項梁兵敗後歸附項羽。他曾多次向項羽獻計，始終不被採納，一氣之下就投奔了劉邦。有一天，韓信違反軍紀，按規定應當斬首；他臨刑時看到漢將夏侯嬰，就問道：「難道漢王不想得到天下嗎，為什麼要斬殺壯士？」夏侯嬰見韓信談吐不俗、相貌威武，就下令釋放了他。夏侯嬰還將韓信推薦給劉邦，但未被重用；後來韓信多次與蕭何談論兵法，為蕭何所賞識。劉邦至南鄭途中，韓信思量自己難以受到劉邦的重用，中途離去，被蕭何發現後追回——這就是小說和戲劇中的「蕭何月下追韓信」。此時，劉邦正準備收復關中；蕭何就向劉邦推薦韓信，稱他是「漢王爭奪天下不能缺少的大將之材」。劉邦採納蕭何建議，擇選吉日，齋戒，設壇場，拜韓信為大將。從此，劉邦文依蕭何，武靠韓信，舉兵東向，爭奪天下。

秦二世三年（前207）八月，趙高殺秦二世，並且遣使向劉邦求和，「約分王關中」，遭到拒絕；九月，秦去帝號，不久秦王子嬰殺趙高。漢王元年（前206）十月，劉邦兵臨灞上（今陝西西安東），子嬰捧著皇帝的璽、印、符、節前往降伏，秦朝至此滅亡。

❀❀❀ 漢中稱王 ❀❀❀

劉邦率軍西進，前後不到一年的時間，就滅亡暴秦，攻克咸陽，這個速度是相當驚人的，從中可以看出他過人的智謀和行動能力。進入咸陽以後，劉邦想住入秦宮中享樂，但卻被張良、樊噲諫阻。於是劉邦封存了咸陽城中的「重寶財物府庫」，還軍灞上。十一月，他召集關中父老說：「你們為秦朝的苛暴法律所苦，我今天除去秦法，只和你們約定三條法規。」這就是著名的「約法三章」，即「殺人者死，傷人及盜抵罪」。劉邦此舉安定了關中的民心，為他日後以此為基礎進圖天下，打下了穩固的基礎。

項羽擊潰秦軍主力後，聽說劉邦已入關中，匆忙糾集各路諸侯兵馬西進，攻破函谷關（今河南三門峽西南），駐軍新豐鴻門（今陝西臨潼縣東項王營）。劉邦的左司馬曹無傷聽說項羽殺了過來，想要自我撇清，於是偷偷跑至項羽的軍營打小報告說：「沛公想在關中稱王，拜子嬰為丞相，把珍寶都據為己有。」范增勸項羽殺劉邦，準備天一亮就率軍攻打劉邦駐軍的灞上。當時項羽有兵馬40萬，號稱百萬，劉邦有兵馬10萬，號稱20萬，力量對比十分懸殊；如果兩軍對壘，劉邦根本就沒有勝算。

項羽的叔父項伯因與張良素有交情，於是連夜策馬到劉邦營中將范增的計謀密告張良，勸張良趕快逃避。張良把他引薦給劉邦，劉邦便請項伯從中調解。項伯答應為劉邦求情，但要他第二天親自前往鴻門去賠罪。隨後，項伯連夜趕回鴻門，勸說項羽。第二天早晨，劉邦親自來見

國畫《鴻門宴》

中國十大傳奇帝王

項羽，項羽設宴招待；席間，劉邦一個勁兒解釋、告饒，項羽也就消了氣，留他喝酒，還老實地說穿告密者：「是你的司馬曹無傷說你想反對我呀。」范增三次舉起所佩玉玦，示意項羽殺掉劉邦，項羽卻一直猶豫不決。范增於是指使項羽的堂弟項莊來席前舞劍助興，意在擊殺劉邦。項伯見此情況，也拔劍起舞，並經常用自己的身體來掩護劉邦。

張良偷偷溜出營去，找到樊噲，說：「今者項莊拔劍舞，其意常在沛公也。」樊噲勃然大怒，腰佩長劍，挺著盾牌就往裡闖，「嗔目視項王，頭髮上指，目眥盡裂」。項羽賜他酒喝，又命人呈上一隻生豬腿。樊噲把生豬腿放在盾牌上，拔出劍一邊切一邊吃。項羽問：「壯士，能復飲乎？」樊噲慷慨陳詞說：「我死都不怕，還怕多喝點酒嗎？想那秦王，有虎狼之心，殺人唯恐殺得不多，判刑唯恐判得不重，天下人全都背叛他。楚懷王與諸將約定：『先破秦入咸陽的，就在關中為王。』現在沛公先進入咸陽，什麼都不敢碰，封閉宮室，還軍灞上，專等將軍您來。這樣勞苦功高，沒有封侯重賞，反而聽信小人之言，想要殺害有功的沛公。這種行為和暴秦有什麼兩樣？我認為您不應該這樣做！」

西漢嵌金片
花紋鐵匕首

項羽聽了這話，感覺有點慚愧，半天開不了口。劉邦趁機藉口上廁所逃了出去。樊噲勸劉邦快走，不用告辭了。劉邦就請張良替他向項羽等人告別，還送上白璧、玉斗各一雙。他叮囑張良：「這裡距灞上20多里，我棄車騎馬，和樊噲、夏侯嬰、靳強、紀信四人從驪山山麓逃回，你估計我到了，再去辭行。」張良依計行事。項羽並不生氣，范增卻惱得把送給他的玉斗扔在地上，拔劍亂砍，說：「豎子不足與謀，奪項王天下者，必沛公也。」那邊劉邦一回到自己營中，立刻

就殺了向項羽進讒言的曹無傷。

劉邦知道以自己目前的實力，根本無法和項羽對抗，於是打開城門，迎接項羽進入咸陽。項羽在咸陽大肆屠殺了一番，不但宰掉投降的秦王子嬰，還放一把火把咸陽宮燒了，大火燒了3個月都沒有熄滅。這樣的暴行，當然得不到關中人心，他自己心裡也有數，就劫掠了大批財寶、美女，全都拉回關東去。

漢王元年正月（秦代紀年是以十月為歲首），項羽架空楚懷王，尊為義帝，將其送往長江以南居住；二月，他自立為西楚霸王，大封諸侯，破壞「先入關中者王之」的前議，把關中封給了秦朝的降將章邯、司馬欣和董翳（這三個人也被稱為「三秦王」），卻封劉邦為漢中王（領地為今天四川大部分地區和陝西南部），想把劉邦封閉在當時較為偏遠、落後的西南地區。面對項羽的強大勢力和如日中天的聲望，劉邦不敢不從，於是率軍歸蜀，還燒絕棧道，以示永不再回中原，以麻痺項羽。

其實，對項羽分封不滿的還大有人在，不止劉邦一個。項羽把反秦鬥爭中復國的各國諸侯都徙往偏遠地區，把他們的土地空出來封給自己的將領和親屬，引起了各方面的反對。劉邦剛歸國，關東就有田榮、陳餘等叛亂，項羽親往征伐，但各地反抗的怒火卻越燒越旺，使其自顧不暇，焦頭爛額。於是劉邦拜韓信為大將，暗渡陳倉（今陝西寶雞東），快速平滅三秦王，

西漢彩繪神人紋龜盾 長32公分，寬20.1公分，木胎，斫製，湖北江陵鳳凰山8號墓出土。整器呈龜腹甲狀，背面有盾把手。龜盾正面上部繪一個人首、人身、鳥足的神人，身穿豹斑紋的衣褲，作奔走狀。其下繪一鳥首、獸身的神獸，也作奔走狀。

重新控制了關中地區。

　　劉邦燒絕棧道是在漢王元年（前206）的四月，八月就還定三秦，前後不過四個月的時間。整體策略短時間內作如此重大的調整，昭顯了劉邦平定天下的宏圖大志和決心——楚漢戰爭，就由此拉開了序幕。

四年楚漢戰爭

　　從漢王元年（前206）八月兵出陳倉，到高祖五年（前202）初，楚漢戰爭延續了近四年的時間。在短短的四年內，劉邦以小擊大，終於迫使不可一世的項羽在烏江自刎，其原因是多方面的。就項羽方面來說，他殘暴寡恩，不但各方諸侯紛紛反項迎劉，連身邊親信也逐漸散去，終於落得眾叛親離的悲慘下場；而就劉邦方面來說，他對人才的籠絡和運用，對民心的掌控，以及對軍事全局的估量，都有很多精彩之筆，勝利雖然來之不易，卻絕非偶然。

　　劉邦先是「明修棧道，暗渡陳倉」，一戰擊敗章邯，司馬欣和董翳被迫投降。接著，為了麻痺敵人，他派張良寫信給項羽說：「漢王不過想得到關中，達成當初義帝『先入關中者稱王』的約定，就會止步了，不敢繼續往東方擴張。」同時還故意把齊、梁等國約同造反的密信送給項羽，項羽因此專顧北向進攻齊地，放鬆對西方的警惕。

　　當年十月，項羽派九江王英布、衡山王吳芮、臨江王共敖謀殺了義帝。劉邦得到這個藉口，大為高興，即刻揮師出關東向。他派蕭何穩定關中的民心，積聚錢糧；同時派張良、酈食其等人策動關東諸侯反項，自己則先後攻破河南王申陽、韓王鄭昌、魏王魏豹、殷王司馬，一直打進了洛陽城。劉邦隨即在洛陽為義帝發喪，號召各路諸侯，共討弒主逆賊項羽。

　　漢王二年（前205）四月，趁著項羽正在和齊軍大戰，劉邦率各路諸侯兵馬59萬，突襲項羽的大本營彭城（今江蘇徐州）。但進了彭城

中國十大傳奇帝王

以後，劉邦老毛病又犯了，盡收項羽的珍寶、美女，每日置酒高會，以為天下指日可定。項羽聽說彭城失守，急忙把討伐齊國的指揮權交給部下，自己親率3萬精兵趕了回來。兩軍在城外大戰，從早晨直殺到中午，漢軍潰敗，戰死20餘萬人。劉邦只在數十騎的保護下倉皇逃走，連父親劉太公和妻子呂雉都被項羽俘虜了。

經過彭城之戰，諸侯大多背棄與漢國的盟約，重新倒向西楚。劉邦逃到下邑，得到妻兄呂澤的幫助，收攏殘兵，退守榮陽。劉邦就在這裡堅守不戰，以牽制項羽主力，同時策動彭越和九江王英布從側面打擊項羽，派韓信北進，從趙地直到齊地，逐步蠶食搖擺於項、劉之間的諸侯勢力。韓信先後平魏，破代，攻滅趙國，逐一斬斷項羽在北方的臂膀。

劉邦還採納陳平之計，在西楚陣營內實施反間計，離間項羽與其部下的關係。他困守榮陽時曾向楚求和，項羽就派使者前往漢營。陳

霸王祠古名項亭，又名項王祠、英惠廟、項羽廟，位於安徽和縣烏江鎮東南側的鳳凰山上，現有享殿、衣冠塚、拋首石、駐馬河和碑廊等眾多景點。

平準備了美酒佳餚款待，可臨到使者準備動筷子，陳平卻故作驚訝狀，說：「我還以為是亞父（指范增）派來的使者，原來是項羽派來的使者啊。」於是命令撤掉美食，換上粗糧。使者回去後將此事稟報項羽，項羽果然對謀士范增起了疑心，因此范增屢次催促急攻滎陽，項羽總是不肯聽從。范增又是痛心，又是憤怒，說：「天下事大定矣，君王自為之，願請骸骨歸。」於是憤然離去，但還沒走到彭城，就重病身亡了。

楚軍圍困滎陽一年多的時間，斷絕了漢軍的運糧道路，劉邦實在熬不下去了。漢王三年（前204）五月，楚軍攻勢轉急，大將紀信對劉邦說：「請讓我去矇騙楚人，你趁機逃出去吧。」於是半夜打開滎陽東門，放出2000多披甲的婦女，紀信穿著劉邦的衣服，坐著劉邦的馬車，打著劉邦的旗號，跟隨在後，口中大喊：「城中糧食已經吃完了，漢王投降！」楚軍歡呼圍觀，劉邦趁機帶著十多名親信從西門逃了出去。

項羽知道上當後，凶殘地燒死了紀信。劉邦逃出滎陽，經成皋（今河南鞏縣東北）進入函谷關，在關中召募了一些兵馬，準備重返滎陽前線。袁生獻計說：「漢、楚兩軍在滎陽對峙了好幾年，士兵非常疲憊。希望大王兵出武關，項羽必會南下追擊您。這樣滎陽、成皋間的士兵就可以得到休整的時間。」劉邦採納了他的建議，進軍宛（今河南南陽）、葉（今河南葉縣）方向，與助漢的九江王英布相配合，以引誘楚軍南下。項羽果然中計，率主力匆匆殺來奪宛，劉邦堅壁高壘，不肯出戰。

深入敵後的豪傑彭越，恰在此時於下邳大敗楚軍，項羽被迫放棄劉邦，東征彭越。劉邦趁機北進至成皋，可是劉邦還沒站穩腳跟，項羽打敗彭越後又殺了回來，一戰攻克滎陽。劉邦匆忙和夏侯嬰兩人共乘一輛馬車，從成皋逃出去，北渡黃河，宿在修武（今河南獲嘉）。這裡已是趙地，韓信、張耳兩將正在此處指揮作戰。劉邦直闖入兩將營中，把他

中國十大傳奇帝王

們所有的兵馬都劃歸自己直接統轄，然後派韓信往東去經略齊地，張耳在趙地徵兵。劉邦有了這支兵馬，膽氣又壯了起來，他派盧綰、劉賈率兩萬精兵南渡黃河，配合彭越在西楚內部打游擊戰。

當年十月，已經攻克成皋的項羽率領主力東向，再次去討伐彭越。他留下大司馬曹咎守城，命其小心防守，不要與漢軍交戰。項羽一走，劉邦立刻就趕了回來，派人羞辱曹咎，誘其出城迎戰。結果是楚軍大敗，曹咎自殺，劉邦收復了成皋。項羽聽聞消息，匆匆回軍來救，和劉邦對峙於廣武（今河南滎陽東北）。

這半年多以來，項羽尋求決戰不得，平叛又疲於奔命，多少有點吃不消了，就提出願和劉邦單挑以決勝負。劉邦笑著數落項羽的十大罪狀：「一，封我做漢王，背棄了『先入關中者王之』的前約；二，矯詔殺死卿子冠軍（指宋義）；三，救趙以後不回報國君，卻裹脅諸侯兵殺入關中；四，燒毀秦的宮殿，挖掘秦始皇陵墓，所得財物全部私吞；五，殺死秦降王子嬰；六，在新安坑殺秦降卒20萬；七，封給諸將富庶的領地，而驅逐他們的故主；八，趕走義帝，自己霸占彭城，還奪取韓、梁等國的封地；九，派人暗殺義帝於江南；十，政令不公，不講信義，大逆不道，天下所不容。」末了還說：「我以天下的大義，聯合諸侯來討伐你。你最終一定會死在小兵手裡的，我為何要和你單挑？」

項羽聞言大怒，命令弓弩齊發，結果一箭正中劉邦胸口。劉邦恐怕動搖了軍心，假裝低頭摸摸腳趾，喊道：「啊呀，被賊人射中腳趾了。」然後率兵從容退守。

滅楚建漢

彭城大戰的時候，項羽捉獲了劉邦的父親劉太公和呂雉。廣武對峙，他綁起劉太公來要脅劉邦，說：「你不出來，我就烹了劉太公。」劉邦回答說：「我與你都曾是義帝的臣子，約為兄弟，我父親就是你父

親，你如果想要烹了自己的父親，請分我一杯羹吧！」

　　此番言語，突顯了劉邦的流氓嘴臉，然而天下無敵的項羽，偏偏就對這個流氓毫無辦法。項羽無計可施，於漢王四年（前203）九月放回劉太公、呂雉等人質，和劉邦和談，約定雙方以鴻溝（在榮陽東南）為界，以東屬楚，以西屬漢。高祖五年（前202）十月，和約達成，項羽回師東向。劉邦在張良、陳平的勸說下，突然發兵從後追擊，殺至固陵（今河南淮揚西北），但因為韓信、彭越沒來會合，遭到了項羽的反擊，再次大敗。

　　韓信在攻克齊地後，考慮到此前劉邦在修武曾奪取他的士兵，就要求劉邦封其為假齊王。當時劉邦正在榮陽苦守，聞言大怒，卻被張良、陳平暗踹其腳，提醒他不能在此緊要關頭失去了有力的盟軍。於是劉邦馬上轉怒為喜，回答說：「大丈夫稱王就稱真的，當什麼假王呀。」於是封韓信為齊王。但固陵之戰，韓信和彭越又沒來救援，劉邦只好虛與委蛇，答應破楚以後，把從陳縣以東直到海濱的土地都封給韓信，把睢陽以北直到穀城的土地都封給彭越。十二月，韓信、彭越及英布、周殷等各路兵馬齊集，把項羽團團包圍在垓下（今安徽靈壁東南）。

　　劉邦讓士兵們全都學習楚歌，整晚不停地吟唱。項羽聽了大驚失色，以為楚地已盡被占領。他慷慨悲歌道：「力拔山兮氣蓋世，時不利兮騅不逝。騅不逝兮可奈何，虞兮虞兮奈若何！」高歌數遍。虞姬唱和，「漢兵已略地，四方楚歌聲。大王意氣盡，賤妾何聊生。」隨後自

西漢駝虎咬鬥紋銅牌　兩件銅牌紋飾相同，但一正一反，剛好配成一對飾牌。駝俯首咬住虎的腿，而虎則咬住駝的脖子，造型生動，富有情趣。

中國十大傳奇帝王

呂后誅殺韓信

漢高祖六年（前201），劉邦將韓信貶為淮陰侯，但仍令其留居長安。韓信意識到劉邦「畏惡其能」，從此常稱病不上朝。一次，劉邦和韓信討論諸將的才能高下。劉邦問：「你看我能將多少兵？」韓信答：「陛下不過能將十萬。」「劉邦又問：「那你呢？」韓信說：「臣多多而益善耳。」這就進一步觸動了劉邦的痛處。漢高祖十年（前197）九月，陳叛亂，自立為趙王，劫掠趙、代屬地。劉邦親自率兵前去征討陳。當時韓信的舍人得罪了韓信，韓信想殺掉他。舍人的弟弟於是向呂后告變，說韓信與叛將陳豨合謀造反。呂后採用了丞相蕭何的計策，詐稱劉邦已誅陳豨，令韓信入宮祝賀。韓信一入宮，就被抓了起來，並斬殺於長樂宮鐘室。隨後，其三族都被誅殺。

殺。項羽含淚告別心愛的虞姬，騎上烏騅馬，率精銳800人奮戰突圍而出；等到渡過淮河，部下只剩了百餘人。

項羽最終逃至烏江（今安徽和縣東北）邊，從者僅28騎。烏江亭長駛一葉小舟前來接他，勸項羽說：「江東雖小，足可稱王。」項羽慨嘆道：「天要滅亡我，還回去幹什麼呢？我當年率8000江東子弟西渡，今天卻沒有一個能跟我回去。就算江東父老可憐我，仍以我為王，我還有什麼臉面去見他們呢？」於是他把烏騅馬送給烏江亭長，自己奮勇迎戰追來的漢軍，又殺百餘人，最終力盡自刎而死。楚漢戰爭就此結束，西楚滅亡。

高祖五年（前202）正月，諸侯共舉劉邦為皇帝，定都洛陽，西漢建立。幾年後，一次劉邦大宴群臣，趁著酒興對已被尊為太上皇的劉太公說：「您原來常罵我無賴，不能置辦產業，不如哥哥們，現在您看我這份產業，和哥哥們比誰多啊？」群臣高呼萬歲，劉邦仰天大笑，得意洋洋的流氓嘴臉，顯露無遺。

中國十大傳奇帝王

漢殿論功圖　此圖取材於「漢殿論功」的典故。全圖用精謹的筆法描繪植滿奇花珍木的宮院裡,漢高祖劉邦端坐於巨大屏風前,威嚴的武士守候一側,大臣們進諫、聽朝,井然有序。

❈❈ 掃平割據勢力 ❈❈

項羽雖滅，但此時的劉邦也只是名義上統一了天下而已。包括韓信、彭越等新封諸侯，以及殘存的舊諸侯在內，關東大片土地依然獨立於中央管轄之外，漢朝實際控制地域還不足全國的1/3。劉邦所要面對的，是一個更複雜、更艱難的削平割據的過程，這個過程，一直延續到他生命結束。

首先，劉邦先要對付自稱用兵「多多益善」的天才軍事家——韓信。韓信曾率軍出陳倉、定三秦、破代、滅趙、降燕、伐齊，直至垓下全殲楚軍，無一敗績，天下莫敢與之相爭。正因如此，劉邦底定天下後，首先便將矛頭對準了韓信。

稱帝之初，劉邦就將韓信由齊王改封為楚王，以剝離其牢固的山東根據地。高祖六年（前201），劉邦偽遊雲夢，大會諸侯，趁機捕拿韓信，沒收封地，降其為淮陰侯；高祖十一年（前196），又捕殺了梁王彭越，並將其屍體剁成肉醬，分賜諸侯。

韓信、彭越雖然擁兵自大，深藏反心，卻還沒來得及真正造反。劉邦所面對的第一波造反勢力來自於北方。高祖五年（前202）七月，燕王臧荼造反；九月漢軍平滅臧荼，封盧綰為燕王。不久以後，陳豨、韓王信勾結匈奴冒頓（音莫毒）單于，南下進攻太原；高祖七年（前200），劉邦親率大軍攻破韓王信，並殺向代谷（今陝西繁峙西北），希望一舉擊潰匈奴主力。

冒頓單于把壯士和肥牛馬都藏匿起來，因此劉邦的偵察人員看到的全是老弱殘兵，以及瘦弱的牲畜，於是回報說「匈奴可擊」。劉邦於是率32萬大軍北伐。他所在的先頭部隊殺到平城（今山西大同西北）白登，被冒頓單于的40萬大軍團團圍住。劉邦被困整整7日，多虧陳平獻計，派人賄賂匈奴閼氏（相當於皇后），才得以脫身。劉邦逃出後，遂採納婁敬的建議，與匈奴「和親」。劉邦本來是真打算把大女兒魯元公

主送過去的，可是皇后呂雉死也不肯答應。劉邦沒辦法，只好挑選了一名宮女，假冒長公主，嫁給冒頓。高祖十二年（前195），燕王盧綰也起而造反，被樊噲打敗，逃往匈奴。

第二波造反勢力來自於南方。淮南王英布，因為壯年時曾受秦朝的黥刑（在臉上刺字），也被稱為黥布。他被項羽封為九江王，後歸附劉邦，在南方攻擊項羽側翼，建功頗偉。彭越被殺後，英布害怕同樣的命運遲早會落到自己頭上，於是孤注一擲，舉起反旗。高祖十一年（前196）十月，已屆暮年的劉邦親自率兵南下，討伐英布。兩軍對峙，劉邦問英布為何造反，英布回答說：「欲為帝爾。」劉邦大怒，揮軍直進，終於平定叛亂，但他也在戰鬥中被流矢射中。

西漢梳墮馬髻的婦女木俑

歸師途中，劉邦回到老家沛縣，召見故人父老子弟，痛飲了十多天美酒。他想起百戰功成，英雄暮年，天下雖已基本平定，可是如韓信、英布等一流將才也被自己殺得差不多了。北方匈奴是最大的禍患，將來誰可抵禦呢？左思右想，慷慨生哀，這才唱出了著名的《大風歌》。

劉邦回到都城後就一病不起。呂雉延請良醫前來給他診脈，醫生說「病可治」，劉邦破口大罵：「吾以布衣提三尺劍取天下，此非天命乎？命乃在天，雖扁鵲何益！」他於是喝退良醫，不使治病，遂於高祖十二年（前195）四月，病逝於長樂宮中。

高祖之治

劉邦幾乎畢生都在戎馬倥傯中度過，但他並沒有僅僅滿足於軍事上的勝利。還在稱漢王時期，他就命令蕭何留守關中，輔佐太子劉盈，創建法律，立宗廟、社稷、宮室、縣邑。漢王四年（前203）八月，漢「初定算賦」，即首次確

中國十大傳奇帝王

定了人頭稅制度。

高祖五年（前202）五月，劉邦置酒洛陽宮，大宴群臣，總結取天下之道。他說：「運籌帷幄，決勝千里，我不如張良；安撫百姓，積聚錢糧，我不如蕭何；統率百萬大軍，戰必勝，攻必取，我不如韓信。這三個都是人傑啊，但我能任用他們，就得了天下。項羽只有一個范增都不能用，所以會被我打敗。」他命令太中大夫陸賈為他總結秦朝所以覆滅，漢朝所以建立，以及古代國家興亡成敗的經驗教訓，共寫成12篇奏章。

經過秦末長年戰亂，百姓流離失所，國家貧困不堪。劉邦雖為皇帝，出行時竟然湊不齊四匹同樣毛色的馬來駕車，很多大臣甚至只能乘坐牛車上朝。為了儘快使新生政權穩定下來，劉邦採納各方的建議，實行了一系列行之有效的方針政策。

首先，他聽取婁敬的意見，將都城從洛陽遷往長安。然後命蕭何以《秦律》為基礎，創建了比較完善的法律制度。《漢律》包括盜法、賊

商山四皓

商山四皓，指的是秦末漢初（前200年左右）的東園公、甪里先生、綺里季和夏黃公四位賢人——他們不願意做官，長期隱匿在商山，出山時都80有餘，眉皓發白，故稱「商山四皓」。劉邦久聞四皓的大名，曾請他們出山為官，卻遭到拒絕。劉邦登基後，立次子劉盈為太子，封三子如意為趙王。後來，劉邦見劉盈天生懦弱，才華平庸，而次子如意卻聰明過人，才學出眾，就有意廢劉盈而立如意。劉盈的母

親呂后聞聽，非常著急，便採納開國功臣張良的主意，禮聘商山四皓。一天，劉邦與太子飲宴，見太子背後有四位白髮蒼蒼的老人，問後才得知是商山四皓。四皓上前謝罪道：「我們聽說太子是個仁人，又有孝心，禮賢下士，就一齊來作太子的賓客了。」劉邦知道大家都傾向太子，又見太子有四位大賢輔佐，遂消除了改立趙王如意為太子的念頭。劉邦死後，劉盈繼位，即漢惠帝。

法、囚法、捕法、雜法、具法、戶法、興法、廄法九篇，後世封建社會的法規，基本以此「漢九章」為宗。

劉邦還把齊、楚等地豪強十萬餘口遷徙到關中，一方面充實都城附近的戶口；另一方面也是要削弱關東豪族勢力，使其不致作亂。最重要的是，劉邦大力推行重農抑商政策，獎勵耕戰，恢復社會生產力。高祖五年（前202）五月，下《復故爵田宅令》，號召因戰亂逃亡隱匿的百姓回歸原籍；又下令釋放奴婢，「民以飢餓自賣為人奴婢者，皆免為庶人」。高祖七年（前200）下詔，百姓生子可免除徭役兩年，鼓勵生育；額定田租為十五稅一。高祖十一年（前196）下《省賦令》，限制地方官和諸侯王額外增稅。

在鼓勵生產的同時，劉邦也開始制定新王朝的各種典章制度，鞏固封建集權。他初做皇帝時，認為過去的禮儀過於繁瑣，所以一概廢除。結果其手下的朝臣多是平民出身，沒有禮法約束就行為放縱，公然在朝堂上喊叫爭吵，甚至拔劍亂砍柱子；劉邦於是讓孫叔通擬定朝堂上的禮儀。禮儀制定好，長樂宮也正好竣工，百官順次朝賀，秩序井然，劉邦大喜說：「我今天才知道當皇帝是多麼尊貴啊！」

但是劉邦稱帝僅8年就去世了，朝廷制度、管理措施都才草創而已；同時，他也遺留給後世三個大難題。一是北方匈奴邊患問題。劉邦在平城被圍，自知實力尚不足以與匈奴抗衡，加之戰禍延綿多年，百姓也需要休養生息，於是才定「和親」之策，讓宮人或翁主（王、侯之女）假冒公主與匈奴聯姻，並允諾每年贈予匈奴大量財物。劉邦雖然曾徵調巴蜀步兵屯兵灞上，拱衛京師，並加強北部邊境防禦力量，但平城之戰以後，漢朝對匈奴採取的基本是守勢。

劉邦遺留給後世的第二個難題，是同姓王問題。劉邦削平大部分異姓王割據勢力後，又封了許多同姓王，比如封其子劉恆為代王、劉肥為齊王，侄子劉賈為荊王、劉濞為吳王，等等。他還殺白馬與諸臣盟誓，

說非劉姓不得封王，有敢稱王的，天下共討之。周朝分封諸侯，同姓諸侯大都集中在都城附近，疆域本窄，又缺乏發展餘地，所以叛亂的很少。劉邦大概因此以為同姓諸王比較不容易起異心吧！但他這一想法很快就被證明是錯誤的，所因此長出的荊棘，只有等他的兒孫們去費力辟除了。

連擊水碓（模型）　連擊水碓是西漢時出現的糧食加工工具，主要為穀類去皮。它以水為動力，可帶動四組碓頭同時工作。模型據《桓譚新論》及王禎《農書》復原。

劉邦遺留下的最後一個問題，就是繼承人問題。他雖然在漢王時代就立呂雉所生的劉盈為太子，但稱帝後寵愛戚夫人，便想讓戚夫人之子劉如意做繼承人。此事雖最終被勸阻，但直接導致了劉邦死後，戚夫人母子悲慘的結局，也間接埋下了呂雉專權的伏筆。

劉邦去世前，呂雉在病榻前問他說：「陛下百年以後，相國蕭何也年老了，蕭何若死，誰能做丞相呢？」劉邦回答：「曹參可以繼任。」呂雉又問：「曹參以後呢？」劉邦說：「王陵可以。但王陵此人過於憨直，要靠陳平來輔佐他。陳平很有智謀，但一人難當大局。周勃為人樸實，缺乏文采，但將來安定劉氏的，一定是他，可叫他擔任太尉。」呂雉再問，劉邦說：「那以後就不是你所能夠知道的了。」

劉邦死的時候，太子劉盈年僅17歲，而且生性懦弱。此後呂雉作為皇太后，成為實際掌控朝局的人物。她雖然重用呂氏族人，幾乎覆亡了漢朝天下，但對於劉邦所指定的丞相繼承人，卻一直沒有更替。也正因為如此，漢朝在劉邦死後終於能夠度過瓶頸期，得以走向太平富足的「文景之治」。

開疆拓土霸天下
漢武帝劉徹

　　一個「武」字高度概括了劉徹的一生：威嚴，堅定，武功卓著。他16歲登基，在位54年，一生中北拒匈奴，交通西域，將西南邊陲納入版圖之中，建立煌煌偉業，將西漢王朝推向輝煌的頂峰。劉徹的雄才大略、文治武功使漢朝成為當時世界上最強大的國家，他也因此被載入史冊，流芳百世。然後到了晚年，他逐漸好大喜功，迷信神仙方術，猜疑心重，最終導致了牽連甚廣的巫蠱之禍，令一世英名蒙上了揮之不去的陰影。

金屋藏嬌

　　劉徹本名劉彘，是漢景帝劉啟的兒子。但他既非長子，母親也不是皇后，太子之位落到他頭上，完全是宮廷鬥爭的結果。劉徹的母親王氏是槐里人（今陝西興平東南），原嫁丈夫名叫金王孫，生有一女。後來王氏的母親和金王孫鬧矛盾，想把女兒要回來改嫁他人，金王孫遂報復性地把王氏獻給了當時的太子劉啟。劉啟繼位後，封王氏為美人（漢朝嬪妃的一種稱號）。王氏後來生下三女一男，即平陽公主、南宮公主、隆慮公主和後來的武帝劉徹。

　　景帝的第一任皇后薄氏沒有子嗣，很早就被廢黜。景帝一直沒有冊封新的皇后，也沒有立太子，這就使得宮廷內部，甚至朝堂之上，為了這個問題紛擾不休。景帝前四年（前153）四月，景帝聽從母親竇太后的建議，立栗姬所生的長子劉榮為太子，同時封4歲的劉徹為膠東王。

　　景帝的姐姐館陶公主生有一女，姓陳，小名阿嬌。劉榮被立為太子

後，館陶公主就去和栗姬商量，想把阿嬌許配給太子為妃。然而栗姬自以為兒子當了太子，皇后寶座也遲早是自己的，非常傲慢，再加上素來和館陶公主不合，竟然一口回絕了。館陶公主又羞又怒，王美人就趁機湊了過來。於是兩個女人結為一黨，王美人答應讓兒子劉徹將來娶阿嬌為妻，館陶公主則力爭廢劉榮而立劉徹為皇太子。

據漢代班固的《漢武故事》記載：膠東王劉徹約四、五歲時，館陶公主將他抱在膝上，問：「兒欲得婦否？」劉徹答：「欲得婦。」館陶公主便指著左右一百多名女官和宮女，一一詢問他喜歡哪個，劉徹連連搖頭。最後，館陶公主指著女兒阿嬌問：「阿嬌好否？」劉徹笑著答道：「好！若得阿嬌作婦，當作金屋貯之也。」這就是「金屋藏嬌」典故的由來。

姓名	劉徹（本名劉彘）
生年	周赧王五十九年（前256）
卒年	武帝后元二年（前87）
在位	54年
年號	建元、元光、元朔、元狩、元鼎、元封、太初、天漢、太始、征和、後元。
廟號	世宗
謚號	孝武皇帝
陵寢	茂陵
父親	劉啟（景帝）
母親	王太后
繼位人	劉弗陵（昭帝）
主要政績	南平閩越，北征匈奴，交通西域，獨尊儒術。

景帝答應了劉徹和陳阿嬌的婚事，館陶公主遂開始大肆地在景帝和竇太后面前誹謗栗姬。她說栗姬崇信邪術，並且與後宮的妃嬪們不合，一心專寵，甚至不惜詛咒他人；如果栗姬做了皇后，恐怕又要重演呂后謀害戚夫人的悲劇了。景帝聽了這些話，大為驚怒，於是就找機會試探栗姬說：「我百年後，後宮諸姬，皆已生子，你應善待她們。」誰料栗姬臉色驟變，半天不發一語。景帝大為傷心失望，遂決定廢黜栗姬和太子劉榮。

景帝前七年（前150）正月，景帝廢劉榮為臨江王；當年四月，封王美人為皇后，立7歲的膠東王劉徹為太子。此後隔了不到兩年，劉

61

榮在臨江封國內因為侵占文帝廟址造宮殿，被告發後捕入長安，最終因受不了酷吏的折磨，自殺身亡。

長信宮燈 宮燈的燈座、燈罩、屏板及宮女頭部和右臂都可拆卸，罩下屏板能轉動開合，用以調整燭光照度；燈盤有一柄，便於轉動和調整照射方向。它一改以往青銅器皿的神秘厚重，顯得舒展自如，是一件既實用又美觀的漢代青銅燈珍品。

榮登帝位

景帝後三年（前141）正月，景帝劉啟病逝，16歲的太子劉徹繼位，即世宗孝武皇帝。

武帝年輕氣盛，很想做一番大事業。他登基後，就詔令各郡舉薦賢良方正、直言極諫之士，以備皇帝考察和垂詢。其中就有聞名後世的廣川（今河北棗強）人董仲舒。董仲舒曾三次上書，獻《天人三策》，請求黜刑名、尊儒術、明教化、興太學，令郡國盡心於求賢。武帝很讚賞董仲舒的學識與見解，封他為江都相。

皇帝既然推崇儒學，儒士出身的丞相衛綰就趁機建議，廢黜所舉賢良中，學習申不害、韓非、蘇秦、張儀之法的人，也得到了武帝的同意。然而這些舉措卻觸犯了喜歡黃老之學的太皇太后竇氏。在竇氏的干涉下，衛綰被罷免，外戚竇嬰繼任丞相。第二年，武帝寵信的另兩個儒者——御史大夫趙綰和郎中令王臧——也被罷免下獄，雙雙在獄中自殺。

在以竇氏為首的黃老派的抵制下，武帝崇儒的決心只好暫且放下。但他依然透過舉賢良方正的方式，使許多才智之士聚攏到自己的身邊，其中包括莊助、朱買臣、吾丘壽王、司馬相如、枚皋、終軍等。這些人逐漸形成了皇帝的親信秘書班底，為武帝削弱相權，把權力中心從「外朝」移入「內朝」，奠定了基礎。

中國十大傳奇帝王

漢武帝主政的道路坎坷重重，太皇太后竇氏剛去世，皇太后王氏又站了出來。她身在宮中，卻想操控政局。以竇嬰為首的竇氏才退出權力中心，王太后的同母異父兄弟田蚡又占據了丞相之職。田蚡喜歡安插自己的親信到朝廷各部門中去；一次，他上奏請求調動官員，武帝實在忍不住了，冷笑說：「舅舅安插夠了吧，留幾個位置讓我來封，行不行？」

在這種情況下，武帝滿腔熱情，在朝政上卻無從施展，於是被迫把目光轉向了朝廷之外，準備改變和親政策，和匈奴兵戎相見。

從馬邑設伏開始

西漢建立之初，高祖劉邦曾北伐匈奴，結果被圍困於平城（今山西大同西北）白登，整整七天七夜才脫險。其後，劉邦便採納婁敬的建言，用和親政策換取暫時的邊境和平。所謂「和親」，即漢朝公主遠嫁匈奴，做單于的閼氏（相當於皇后）。作為公主的陪嫁，還有大量珍寶錦緞，源源不斷地送往匈奴王庭。雖說皇帝並不捨得真把親生女兒送往匈奴，一般都是用宮女或宗室女假冒公主之名，最高檔次也不過翁主

帝王始用年號

漢武帝即位後的第二年（前140）十月，武帝定年號為「建元元年」，這是中國歷史上帝王使用年號的開端。此前，中國的帝王只有年數，沒有年號，有的用一、二、三……有的用前一、二、三……中一、二、三……後一、二、三來紀年。武帝即位時，有司上奏認為：元應當採用天瑞，不應以一、二數。一元叫建元，二元以長星稱「光」。於是，武帝以「建元」為年號，以西元前140年為「建元元年」；另一種說法認為，中國年號發端於元鼎四年（前113），武帝即位後的建元、元光、元朔、元狩等年號都是後來追紀的。自此，中國歷史上開始使用年號紀年；帝王年號紀年這種紀年方式一直沿用到清朝滅亡。

（王、侯之女）而已，但這種單方面的和親政策，本身就具有極大的屈辱性。

即便如此，和親政策也不能維持長久和平。匈奴以游牧為生，靠天吃飯的程度比農耕民族更為嚴重。一旦天氣寒冷而牧草大面積死亡，或者牛、羊等牲畜感染大規模瘟疫，匈奴貴族把漢朝公主的陪嫁也吃完用完了，就會揮兵南下搶掠。從高祖、惠帝、高後，到文、景兩朝，漢匈屢次和親。每次和親最多也就能維持三年的和平局面，超過三年，匈奴騎兵就會大掠北境，西漢朝廷又必須再次考慮和親的問題。

這種被動挨打的局面，是任何有志向、不苟且的皇帝都無法容忍的。文、景時代，曾大力鞏固北部邊防，選任良將，整飭軍備，隨時做好和匈奴正面較量的準備。但當時因國力問題，最多也就是將匈奴騎兵逐出塞外，既不敢遠追，殺傷也很少。武帝登基後，四海晏平，國庫充實，他於是開始考慮轉守為攻，要徹底解決邊患問題了。

戰爭的序幕是從馬邑伏擊戰開始的。武帝元光元年（前134），匈奴又來請求和親，武帝召集大臣們商議。比較熟悉匈奴情況的大行令（官職名，九卿之一）王恢建議放棄和親之策，派兵攻打匈奴；但御史大夫韓安國堅決反對，說：「就算得了匈奴的土地，也無法耕種；吞併了它的部眾，也無法駕馭。況且我們出兵千里，士卒必然疲憊，匈奴趁我疲憊來攻，軍隊必然覆滅。臣以為最善策莫過於和親。」韓安國是善戰的名將，連他都反對出兵，大臣們遂紛紛附和。武帝沒有辦法，只好再次選送「公主」出塞；可是主戰的王恢不肯甘休，第二年他胸有成竹地向武帝建議說，可以誘使匈奴單于南下，打一場伏擊戰，殲滅其主力。這樣不用千里用兵，也能得利，原因是馬邑（今山西朔縣）土豪聶

鎏金銀銅竹節柄薰爐
1981年陝西興平以東茂陵一號無名塚出土。薰爐通高58公分，口徑9公分，通體鎏金銀。爐蓋透雕多層山巒，雲霧繚繞。

壹願意詐降匈奴，引誘匈奴大軍犯邊。

年輕的武帝認為這是個大好機會，於是在元光二年（前133）六月，以韓安國為護軍將軍，李廣為驍騎將軍，公孫賀為輕車將軍，王恢為將屯將軍，李息為材官將軍，率30萬大軍齊集馬邑周邊設伏。接著，武帝讓聶壹去對當時在位的匈奴軍臣單于說：「我願意刺殺馬邑的漢官，舉城投降，那您就可以不費力氣得到全部財物。」

馬邑設伏其實是軍事史上的一個大笑話，30萬大軍的行動怎麼可

鑲寶石虎鳥紋金飾牌 這塊金飾牌反映了匈奴人對虎的崇拜。因為「虎」取義於天上的昂星團，此牌上嵌有七塊紅、綠色的寶石，象徵著昂星團由七顆星組成。

馬背上的民族——匈奴

匈奴是生活在北方蒙古草原上的古老游牧民族。戰國、秦漢之際，匈奴族迅速崛起，並不斷征服周邊其他游牧部落。第一代單于頭曼以今內蒙古黃河河套和陰山地區為駐牧及統治中心，建立了強大的部落聯盟國家，是中國歷史記載的第一個草原王國。其子冒頓單于即位後，東平東胡，北併丁零、薪犁等部，使匈奴的疆域空前廣大：東到遼東半島，西達蔥嶺，南收被秦朝時奪去的河套地區。

匈奴是一個以畜牧業為基礎的民族，凡有泉源、溝谷、湖泊，以及水草豐美的地方，便是其理想的牧場。匈奴人嗜好飲酒，喜愛穿皮衣、住穹廬。匈奴族日常生活的居室穹廬，形同現在的蒙古包。匈奴單于也住穹廬，稱「氈宮」，即帳篷宮殿，在穹廬內或穹廬外接見漢使。在生活其他方面，匈奴「以墨黥面」，即以面部紋刺花紋為裝飾，婦女在臉部抹紅，或擦口紅，故匈奴單于的妻子稱為「閼氏」，是「燕支」的同音異譯。「燕支」今作「胭脂」，即口紅。中原地區婦女抹口紅，應是草原文化影響於中原文化的一例。

能保密？無法保密的伏擊戰，又怎麼可能成功？軍臣單于一開始倒是相信了聶壹的詐降，親率10萬騎南下。但當他率軍到了距離馬邑百餘里的地方，突然發現滿山遍野都是牲畜，卻沒有一個牧人，終於起了疑心。軍臣單于於是派兵奪取附近的漢朝哨所，捉了名小軍官來審問。這一下漢朝的軍事秘密徹底洩露，單于大驚，匆忙退走。漢軍追趕不及，勞而無功。事後，王恢畏罪自殺。

馬邑設伏失敗了，從此漢匈兩家等於斷絕了正常的外交關係，進入戰爭狀態，漢朝的北部邊境更是危如累卵。不過，此後雙方持續數百年的大戰，也正是從這個大笑話開始的。

元光六年（前129）冬，漢匈之間爆發了第一次大規模戰役，即關市反擊戰；關市是指漢匈邊境上的通商貿易點。匈奴對上谷郡大肆搶掠，漢武帝於是派車騎將軍衛青出上谷，騎將軍公孫敖出代郡，輕車將軍公孫賀出雲中，驍騎將軍李廣出雁門，每路萬騎，指示說：「擊胡關市下。」此刻匈奴主力正在陰山以南活動，不但兵數比漢軍要多，靈活性也比漢軍要強。戰爭的結果，只有衛青殺敵700，取得小勝；公孫敖戰敗損失7000騎；公孫賀毫無斬獲；李廣竟然被匈奴擒獲，後在被押送途中奪得馬匹，單騎逃回。

關市之戰後，武帝和大臣、將領們總結教訓，秣兵厲馬，準備再次北伐。此後，從元朔二年到元狩四年（前127～前119）的八年間對匈奴發動了五次大規模戰役，終於轉敗為勝，取得了輝煌戰果。

千軍萬馬伐匈奴

河套以南地區氣候溫和，適於馴養駿馬。秦末，該地被匈奴奪取後，匈奴騎兵經此南下，一日即可馳至長安。所以漢武帝的第一個進攻目標，就指向了河套以南地區。奪取此地，既能解除長安北方的威脅，更能作為進攻匈奴的前線基地。

元朔二年（前127）春季，匈奴入侵上谷、漁陽等郡，殺掠吏民千餘人。漢武帝趁著胡騎東進之機，避實就虛，派車騎將軍衛青、將軍李息等部，由雲中出發，沿黃河河套進行深遠迂迴，直指隴西。此戰出敵不意，漢軍從匈奴右賢王和白羊王、樓煩王領地中間穿插而過，最終包圍白羊、樓煩兩王，予其沉重打擊。漢軍大獲全勝，斬首2300級，俘獲3000餘人，牛羊百餘萬頭。這就是西漢對匈奴三大戰役中的「漠南戰役」。戰後，武帝在河套以南地區置朔方郡，築朔方城（今內蒙古烏特拉前旗東南），並重修已經毀棄的秦代長城。

　　就在漢朝從守勢轉變為攻勢的時候，匈奴內部卻發生了分裂。元朔三年（前126）冬，匈奴軍臣單于去世，其弟右谷蠡王伊稚斜自立為單于。匈奴群王，單于以下，以左、右賢王最為尊貴。朔方郡建立後，惱羞成怒的右賢王遂屢屢南下，侵擾邊境。元朔五年（前124），漢武帝將兵鋒直指匈奴右賢王部。他用聲東擊西之策，派將軍李息、張次公率數萬人從右北平出擊，牽制東方的匈奴軍隊；同時以車騎將軍衛青率3萬精騎從高闕（今內蒙古潮格旗東南）出發，游擊將軍蘇建、強弩將軍李沮、騎將軍公孫敖、輕車將軍李蔡，從朔方出發，遠程奔襲右賢王王庭。

　　漢軍藉著夜色的掩護悄悄完成了對匈奴右賢王的合圍，到半夜發起進攻。正在尋歡作樂的匈奴右賢王眼見漢兵從天而降，不禁魂飛魄散，領著百餘名騎兵倉皇而逃。此役活捉右賢王麾下裨小王十餘人，虜獲男女1.5萬餘人，輜重物資無數。得到勝利消息後，武帝大喜，立刻派使節持大將軍印，到軍中拜衛青為大將軍，授命他統帥諸軍，其

漢代彩繪騎馬武士俑

部下七人封侯。

　　成功襲擊右賢王部，斬斷了匈奴單于的一條臂膀。為了報復，更為了扭轉戰局，伊稚斜單于更加頻繁地南下侵擾。元朔六年（前123）二月，武帝命大將軍衛青率中將軍公孫敖、左將軍公孫賀、前將軍趙信、右將軍蘇建、後將軍李廣、強弩將軍李沮等部，共十餘萬人，由定襄出發，北伐匈奴。

　　衛青出塞後不久，就遭遇單于主力，打了一次擊潰戰，殺敵數千人，隨即返回定襄、雲中、雁門休養。四月，衛青再次出塞遠征，戰鬥結果，勝負參半；蘇建部傷亡殆盡；趙信原是歸降的匈奴小王，兵敗後又投降匈奴；只有衛青再遇匈奴主力，殲滅萬餘人。此次戰役，雙方可謂打了個平手，但有一員年輕將領卻從中脫穎而出，那就是衛青的外甥霍去病。霍去病跟隨衛青北征，率800騎前出大軍數里，殺敵2000餘人，戰功冠於全軍，被武帝加封為冠軍侯——此時霍去病年僅18歲。

　　此前不久，張騫第一次出使西域歸來，向武帝稟報說：「西域諸國也都苦於匈奴的侵擾，如果我們與其聯合，就可以給匈奴以沉重打擊。」武帝遂決定打通河西走廊，遠通西域。元狩二年（前121）春季，武帝派驃騎將軍霍去病率一萬精騎突襲駐紮在河西的匈奴軍。此時匈奴主力已經遠遁漠北，霍去病遂長驅直入，從隴西出發向西北挺進，大破匈奴渾邪王、休屠王所部，殺折蘭王、盧侯王，俘虜渾邪王的兒子、相國、都尉等，搶走休屠王的祭天金人，總計斬、俘8960餘人。這就是歷史上著名的「河西戰役」。

　　透過此役，河西走廊被一舉打通。同年夏季，漢軍再次分東、西兩路北征。霍去病走西線，又獲大勝。東線卻損兵折將，李廣遭遇匈奴左賢王主力，幾乎全軍覆沒。戰後，渾邪王和休屠王因害怕受到單于懲罰，率眾降漢。

　　「漠南戰役」匈奴單于戰敗後，元氣大傷，逃遁漠北，以為漢軍

張騫出使西域

建元二年（前139），漢中成固（今陝西成固）人張騫應漢武帝召募出使大月氏，欲動員大月氏東遷敦煌、祁連之間，與漢朝共抗匈奴。但他在途中不幸被匈奴所俘，囚禁10餘年，並娶妻生子；後來，張騫終於設法逃出匈奴，到達大月氏。但當時的大月氏人已經在當地安居樂業，不願東歸；張騫只得動身返回。張騫這次出使西域歷時13年，行程數萬里，雖沒有達到結盟大月氏的目的，但掌握了西域的地理形勢、風土人情和物產特徵。

河西戰役後，通往西域的道路暢通了，漢武帝再次派遣張騫出使西域。這一次，張騫被任命為中郎將，率領300人，帶上萬頭牛羊和價值千萬的金帛貨物，

出使烏孫國（在今新疆伊黎河和伊塞克湖一帶）。張騫到達烏孫後，將所備重禮送給烏孫王，並說明來意。可是烏孫距漢太遠，大多數人不願和匈奴開戰，因此沒結成盟約；張騫於是廣派使者分行西域各國，有力地擴大了漢朝的影響。元鼎二年（前115），張騫回到長安，次年病死。自張騫出使以後，絲綢之路正式開通，商人使節往來不絕，漢朝文明通過西域傳向西亞和歐洲。

無法遠出，可以暫時隱忍，積聚實力，以圖捲土重來。元狩四年（前119）春，漢朝對匈奴規模最大，最具決定意義的「漠北之戰」拉開了序幕。

漢武帝在戰前對此役進行了周密的部署：派大將軍衛青以五萬騎兵為主力，出代郡進攻匈奴左賢王；派驃騎將軍霍去病率五萬「敢力戰深入之士」為主力，出定襄，直驅漠北進攻匈奴單于。除兩路軍10萬人外，還有編制外的「私負從馬」四萬匹跟隨前進，後面有步兵數十萬掩護輜重。軍勢浩大，天下震動。

但隊伍剛剛出發，便捉獲了匈奴的騎哨，得知單于主力已經東移。

此時的武帝更倚重僅有22歲的霍去病，於是臨時更改部署，遂命令前線兩軍調換出發地，仍希望讓霍去病去尋找匈奴單于決戰。但等大軍出塞後，才發現單于仍然在西，衛青遂直取匈奴主力，在漠北展開決戰，廝殺整日，傷亡相當；最後單于不支，趁夜逃走。

衛青追擊到闐顏山趙信城（今蒙古杭愛山南端），虜獲大批輜重物資，餘糧全部燒掉。衛青前後共殲滅匈奴兵1.9萬餘人。霍去病出塞後，即遭遇匈奴左賢王部，奮戰取勝，追擊到狼居胥山、姑衍（均在今蒙古烏蘭巴托以東），祭天立碑而還。霍去病總計俘虜屯頭王、韓王等3人，將軍、相國、當戶、都尉等83人，其餘人等7萬餘。

經過此次戰役，匈奴實力遭到重創，此後再不敢在漠南設置王庭。困擾漢初近百年的北部邊患，基本上算是解決了。

❧❧❧ 南定百越，通西南夷 ❧❧❧

「越人」，又統稱「百越」，是廣泛分布於南方的少數民族。其支系繁多，各有種姓，互不統屬，分為揚越、句吳、閩越、東甌、南越等支。百越以越語作為交流語言，小篆已經相當普及。百越人以種植水

霍去病墓 霍去病（前140～前117），西漢名將，4次領兵出擊匈奴，均大獲全勝，殲滅匈奴11萬多人，消除了匈奴對漢王朝的威脅。他屢出奇兵，屢創大功，死時年僅23歲。武帝下詔按王侯之禮大葬，其墓塚高大雄偉，建築華麗。

稻為生，生產方式及生活習俗、宗教信仰等都有本民族的獨特風格。

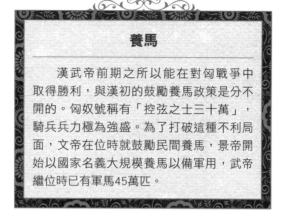

養馬

漢武帝前期之所以能在對匈戰爭中取得勝利，與漢初的鼓勵養馬政策是分不開的。匈奴號稱有「控弦之士三十萬」，騎兵兵力極為強盛。為了打破這種不利局面，文帝在位時就鼓勵民間養馬，景帝開始以國家名義大規模養馬以備軍用，武帝繼位時已有軍馬45萬匹。

武帝建元三年（前138），閩越受人唆使，進攻東甌。漢朝派軍援助，閩越倉皇撤退。東甌害怕閩越再度進攻，請求內遷。漢朝遷東甌四萬餘人於江、淮流域（今安徽廬江一帶）。建元六年，閩越王又滋生事端，興兵出擊南越，南越向朝廷告急。漢軍未到之前，閩越內部發生內訌，舉眾請降。元鼎五年（前112），南越國國相呂嘉弒王及太后，另立新君。漢軍五路齊發，以武力平定南越。次年，東越地區又發生叛亂。

漢朝平定叛亂後，武帝又遷徙其眾於江、淮間，成為國家的「編戶齊民」，從此控制了廣東、廣西大部地區及南越北部和中部。漢武帝以其地及今海南島分立南海、蒼梧、鬱林、合浦、交趾、九真、日南、儋耳、珠崖等九郡。

秦漢時，居住在蜀郡西南的各少數民族，史書稱為「西南夷」，主要有滇、夜郎等部族。受地理環境阻礙，西南夷與外界幾乎隔絕，發展落後，有些部族甚至還處於原始社會階段。建元六年(前135)，漢武帝派遣唐蒙出使招撫夜郎，於此地設立犍為郡；後又派遣司馬相如招撫邛、笮等地。張騫第一次出使西域，在大夏曾見到中國的邛竹杖和蜀布，得知是從巴蜀地區經身毒（今印度）販運過去的。武帝根據這一發現，於元狩元年（前122）派遣使者從巴蜀出發，試圖由此實現通西域的交通。

當時，滇人勢力強大，在其勢力範圍之內的各族首領都要向滇王

四牛騎士貯貝器 貯貝器是古代專門用於貯放貝幣的銅鑄容器，流行於秦漢時雲南滇族地區。這件西漢貯貝器高50公分，呈亞腰筒形，器側以兩隻伏虎為耳。器蓋四周順時針排列四頭大角瘤牛，中央樹起的小圓盤上立一騎士。騎士通體鎏金，赤足，佩劍，顯得威武華貴。

定期朝覲和納貢。滇王作為部落聯盟的最高統治者，非常傲慢自大。他曾問漢朝使者：「漢孰與我大？」氣勢之盛、見聞之陋可見一斑。因漢朝使者多次被夷人劫殺，武帝於是派兵遣將，出擊西南夷，在此地區相繼設置越、沈黎、汶山、武都等郡。元封二年（前109），滇王在漢軍重壓之下歸附漢朝，漢置益州郡，並向滇王賜予「滇王之印」，令其統領當地事務。

加強皇權

數次對外用兵均獲得勝利，使武帝的威望提升了，在朝廷上也獲得了更大的發言權；他逐漸放開手腳，開始實施自己的改革措施。漢武帝的改革，主要目的是削弱地方，收權中央，以鞏固皇權，加強封建集權統治。要完成他的目的，第一步就是削弱相權，把統治中心從「外朝」改為「內朝」。

漢初，丞相均由功臣封侯擔任，地位極尊，權力甚重。武帝親自主持朝政後，有意改變丞相位尊權重的傳統。他頻繁任免丞相，在位54年間，先後用相12人。除了4人在任上正常死亡外，其他的或被免職，或獲罪自殺，或下獄處死。朝臣對丞相一職，避之唯恐不及；當被封授丞相時，更有痛哭流涕、力辭不任之人。

武帝還特意從身份低微的士人中破格選拔人才，給侍中、常侍等加官，讓他們出入宮禁，侍從左右，顧問應對，參議要政，這些近臣，相

當於皇帝的賓客、幕僚。皇帝信任的高級將領，如大將軍衛青、驃騎將軍霍去病等，也往往參議機要。

相對於以丞相、御史大夫和九卿為首的「外朝」行政機構而言，皇帝左右親信人員構成的這個班子稱為「內朝」。重要政事，先由「內朝」在宮廷內做出決定，然後讓「外朝」官員去執行。「內朝」地位日益重要，凌駕於「外朝」之上，實際上是皇權的進一步加強。

這是對中央政府的改革。而對地方，武帝繼續壓制國王、列侯們的勢力。元朔二年（前127）正月，他接受中大夫主父偃的建議，頒布《推恩令》，允許各諸侯王除嫡長子繼承王位外，也可向朝廷申報，割出一塊領地來封其餘的兒子為王或侯。這樣一來，原本較大的王國被逐漸分割為許多小王國，諸侯王國再不能「連州跨郡」，形成足以威脅中央政權的勢力了。

元鼎五年（前112）九月，武帝藉口列侯們獻給朝廷以供祭祀之用的黃金成色太差，進行大規模搜捕、調查，總計削奪列侯爵位106人。文景時代數次勒令回到封地，卻總滯留長安，不肯成行，勾結官員，橫行不法的列侯勢力，至此幾乎被掃蕩一空。

西漢彩繪三魚耳杯

元封五年（前106），武帝初置刺史。他將全國分成13個監察區，稱為「部」，每部任命一名刺史（京城及附近地區的刺史稱為司隸校尉），對地方上的官吏和豪強進行監督。

不但在行政制度上中央集權，就連學術思想層面，武帝也要求獲得全國的統一，是謂「大一統」。董仲舒曾上書說：「我認為對於學習非儒家學說的人，全應堵塞他們當官的途徑，這樣則各種邪說可以平息，

漢樂府

元狩三年（前120），漢武帝設置樂府，令司馬相如等作詩賦，以宦官李延年為協律都尉，授2000石印，掌制樂譜、訓練樂工、採集民歌。樂府始創於秦，與掌管廟堂音樂的「太樂」併立。漢武帝時，為「定郊祀之禮」，大規模擴建樂府機構，對郊廟禮樂進行了重大改革，樂府的性質發生了變化。漢武帝建立樂府，目的是改革傳統的郊廟音樂，用新聲改編雅樂，以創作的歌詩取代傳統的古辭。所以，樂府的任務就是採集各地的民歌來創設新聲曲調；選用新創頌詩作歌辭；訓練樂工、女樂進行新作的排練。

樂府經武帝擴建發展，興盛一時，之後便日漸衰微。漢宣帝本始四年（前70），出於財政和意識形態方面的原因，樂府編制被削減；綏和二年（前7年），漢哀帝終於下令撤銷樂府。樂府作為掌管音樂的官署被撤銷了，但由於它專門搜集、整理民歌俗曲，因此後人就用「樂府」代稱入樂的民歌俗曲和歌辭；六朝時人們已將樂府唱的「歌詩」也稱為「樂府」，與「古詩」相對並舉；宋、元以後，「樂府」又被借作為詞、曲的一種雅稱。所以，作為文學體裁的「樂府」卻流傳了下來。

政令可以統一，法令可以清明，老百姓也知道要跟隨誰了。」於是，武帝改變高祖以來黃老立國的傳統，利用董仲舒的學說，將君權神化，同時宣揚忠孝節義等儒家思想，甚至定儒學為官學，以達到全社會思想統一的目的。這就是著名的「罷黜百家，獨尊儒術」。

後宮妃嬪多少事

漢武帝的第一任皇后，是館陶公主的女兒、「金屋藏嬌」的陳阿嬌。但阿嬌嫉妒心很重，倚仗娘家的勢力為所欲為，而且沒有生下兒子，武帝的興趣便逐漸從她身上轉移開了。這個時候，一位名叫衛子夫的歌姬出現在他面前。

中國十大傳奇帝王

衛子夫是平陽（今山西臨汾）人，大將軍衛青的同母異父姐姐，原是武帝之姐平陽公主府中的歌姬。因為陳皇后無子，所以平陽公主就把鄰近美貌的良家女子購來，置於府中，準備讓武帝選取為妃。適逢武帝在灞上祭掃後路過平陽公主府第，平陽公主趕緊將這些美女裝扮起來，供武帝挑選。沒想到，武帝都看不上眼，卻在宴會上相中了一個美麗的歌姬，就是衛子夫。

司隸校尉印　漢代司隸校尉的職務是監督軍事機構和官員的行為。

酒酣之際，武帝起坐更衣，衛子夫前來服侍，兩人一番顛鳳倒鳳，情意綿綿。武帝大悅，賞賜平陽公主千金，並

大司馬印　漢武帝時，太尉改稱大司馬。

將衛子夫帶回宮中。然而，後宮美女眾多，武帝雖然將衛子夫帶回宮，但是沒過多久便把她遺忘了。衛子夫入宮一年多，不但沒有得到武帝的寵幸，反而因為陳皇后的妒忌，被貶為宮婢。

後來，武帝準備釋放一批宮女，衛子夫也在其中。衛子夫趁機見到了武帝，哭訴了這一年多來的寂寞和思念。看著楚楚可憐、嬌美嫵媚的衛子夫，武帝心中的愛火又燃燒起來，便把她留了下來，加倍寵愛。愛屋及烏，武帝把衛子夫的兄弟衛長君、衛青召入宮中為侍中，衛家開始興起。衛子夫受到武帝非比尋常的寵愛。於是民間有歌謠傳唱：「生男無喜，生女無怒，獨不見衛子夫霸天下。」

皇后阿嬌出於嫉妒，聽信了一個名叫楚服的女巫的話，設壇齋醮，祈禱自己得子，並且重拾武帝的歡心。巫術本是漢宮中的大忌，消息洩露後，武帝大怒，不但殺了楚服，還把皇后宮中的宮女、太監300餘人悉數斬首。

元光五年（前130），武帝廢陳皇后，將她幽禁在長門宮中。後來陳皇后以重金贈武帝近侍、大文學家司馬相如，請他作一篇賦，以抒發

開疆拓土霸天下——漢武帝劉徹

自己的悲怨之情。武帝讀了司馬相如所作的《長門賦》，頗為感傷。可是此時他正寵愛著衛子夫，又必須倚靠衛青、霍去病等外戚良將作戰，雖然慨嘆，卻終究不肯赦免陳皇后。

元朔元年（前128），衛子夫生下長子劉據，遂被立為皇后，劉據也隨即被立為太子；為了拉近和衛氏的關係，武帝還把自己寡居的姐姐平陽公主下嫁給衛青為妻。衛、霍兩門，煊赫一時，衛子夫的榮寵也達到了極點。

然而，隨著容顏衰減，衛皇后受寵程度逐漸下降。武帝又開始把目光轉向了其他的嬪妃。他先是寵愛一位姓王的夫人。不久聽樂師李延年唱道：「北方有佳人，絕世而獨立。一顧傾人城，再顧傾人國。寧不知傾城與傾國？佳人難再得。」武帝慨嘆：「世上真有這樣的美人嗎？」李延年說：「歌中所唱，就是我的妹妹。」於是把其妹獻給武帝，就是著名的李夫人。

李夫人雖然深受武帝寵愛，可惜福氣太淺，年紀輕輕就去世了。李夫人去世以後，武帝每每思念，寢食難安，有個叫少翁的方士就誇口說能招來李夫人的魂魄，和皇帝再見上一面。於是在晚上佈設幃帳，點上燈燭，請武帝身居其他的幃帳中觀看；武帝果然看到對面幃帳中出現一個女子的身影，好像李夫人，又好像不似，於是作歌道：「是邪，非邪？立而望之，偏何姍姍其來遲！」

鎏金銅馬 1981年陝西興平以東茂陵一號無名塚出土。馬通高62公分，長76公分，通體銅鑄鎏金，馬身高大中空。此馬昂首翹尾，肌筋勁健，耳削鬃齊，四蹄直立，靜穆中蘊含著動勢，顯出非凡的氣度，據考證是根據大宛良馬的形象鑄造的。

❀❀ 巫蠱之禍 ❀❀

李夫人去世後，她的另一位兄長李廣利及其兒女親家劉屈企圖扳倒太子劉據，立李夫人所生的昌邑王劉髆為太子。但他們還沒來得及有什麼舉動，征和元年（前92）十一月，長安便發生了「巫蠱之禍」。

所謂巫蠱，指用巫術詛咒，或者將木偶人埋在地下，以達到加禍於人的目的。武帝晚年多病，懷疑是被左右的人巫蠱所致，遂發兵大肆搜索長安城。丞相公孫賀為贖其子公孫敬聲之罪，逮捕了陽陵大俠朱安世。朱安世反告

西漢彩繪陶樂舞雜技俑　長方形的灰陶盤長67公分，寬47.5公分，上有樂舞雜技及觀賞俑21個（原有22個）。陶俑造型拙稚但姿態生動，色彩豔麗，為今人了解西漢的樂舞雜技提供了形象的資料。

公孫敬聲與陽石公主（武帝與衛子夫之女，太子劉據的親姐姐）私通，並說他們派巫士在馳道埋木偶人以詛咒武帝。武帝信以為真，將公孫賀父子下獄；次年（前91）正月，公孫賀父子死在獄中；閏四月，諸邑公主、陽石公主以及衛皇后的姪子長平侯衛伉也被處死。

然而這件事情還沒有完。當時傳說有女巫往來宮中，教宮中美人躲避災難的辦法——在每間屋裡都埋上木頭人，進行祭祀。武帝得知後大怒，殺後宮及大臣數百人，並令繡衣直指江充審理此案。江充是有名的酷吏，嚴刑拷打下層層攀誣，最終因此事而死者竟達數萬人。

太子劉據素來厭惡江充。江充懼怕太子登基後會要自己的命，遂趁此機會，誣告說太子宮中也埋有木偶人。此時武帝正在甘泉宮養病，和朝中消息隔閡。劉據生怕此事傳到父親耳朵裡，於是先下手為強，矯

詔捕殺了江充，並派人到未央宮去，請母親衛皇后下旨，調發士卒以自衛。武帝派一名宦官前往調查此事，劉據列隊相迎，宦官卻以為太子要帶兵殺害自己，於是匆忙逃回甘泉宮，報說太子造反。武帝勃然大怒，派丞相劉屈氂前往長安捕拿太子。雙方在長安城內混戰了好幾天，最終劉據兵敗逃亡，最終自縊身亡，衛皇后也在宮中服毒藥自盡。

劉據倒台，太子之位空了出來，李廣利和劉屈氂這一將一相掌握著朝政，正好慫恿武帝立劉髆為皇太子。然而武帝事後卻越想越覺得奇怪，劉據素來仁孝，為什麼會倉促造反呢？正好此時經核查，官吏們舉發的巫蠱案大多不實，高寢郎田千秋趁機上書為劉據鳴冤。武帝派人反覆調查，得到了江充陷害劉據的證據，同時發現若非劉屈氂故意使事態擴大，本來當初就可以把問題解釋清楚的。武帝於是下令族滅江氏，並腰斬劉屈氂。

劉屈氂被殺的消息傳到李廣利耳中，正在前線和匈奴打仗的他大為驚恐，匆忙率兩萬騎兵北渡郅居水，希望「深入要功」以減輕罪責；結果軍心不穩，全數覆滅，李廣利也被迫投降了匈奴。

昏庸迷信的晚年

武帝劉徹是個性格相當鮮明的人，果斷、堅定，他一生中武功昭著，但是也有不少過失。

西域有一個叫做「大宛」的國家。據說大宛國中有天馬，國人捕捉野馬以與天馬交合，生下的小馬能日行千里，而且汗出如血，稱為「汗血馬」。武帝於是派人去大宛求取汗血馬。大宛拒絕了漢使的要求，說：「汗血馬是我們的國寶，況且寶馬離了大宛就很難生存。」武帝大怒，於太初元年（前104）封李廣利為貳師將軍，要他率領「屬國六千騎及郡國惡少年數萬人」前往西域大宛國的轄地貳師城搶奪汗血馬。

西域各國聽說漢軍來攻，都關閉城門，不肯提供糧草。李廣利花了

兩年的時間，損兵折將，卻毫無所得，只好退守敦煌。武帝拒絕眾臣的進諫，一意孤行，又赦免囚犯，徵發軍隊，湊了6萬人、10萬頭牛、3萬匹馬給李廣利。李廣利經過苦戰，終於迫使大宛投降，獻出了汗血馬數十匹，其他良馬3000餘匹。然而，汗血馬來到中原後，代代退化，很快就和普通的馬沒有區別了。從汗血馬一事中可看出武帝的偏執與固執，而晚年的他逐漸變得更加專橫，猜疑心重，好大喜功，剛愎自負。

拂袖女舞俑　西漢繁榮時期，樂舞藝術得到蓬勃的發展，長袖舞就是當時所盛行的舞蹈之一。這兩件陶俑長袖舒展飄揚，面含微笑，翩翩起舞，再現了漢代舞蹈藝術的無窮魅力。

在統治前期，武帝北伐匈奴，南平百越，西通西南夷，把漢朝的疆域擴展到今天兩廣、雲貴一代，為中原版圖奠定了框架。然而，長年征戰也給政府和百姓造成了沉重的負擔，武帝非但沒有體恤民生，及時止武，反而窮兵黷武。例如征伐匈奴，漠北之戰雖然取勝，但損失上萬人，歸來的官馬、私馬匹不足3萬。但在這種情況下，武帝依然不肯甘休，從元鼎五年（前112）到征和三年（前90）間，又六次發兵，北伐匈奴，結果僅一次小有斬獲，兩次無功而返，三次全軍覆沒，勝少敗多，已不復昔日的榮光了。

除了連年戰爭外，武帝從元鼎二年（前115）起，開始大興土木，屢修宮室，先後營建了建章宮、明光宮和柏梁台。長安周圍還建有長楊宮、五柞宮等六宮。為了便於巡遊，武帝還在各地大建行宮；園林中興修最早、規模最大的是上林苑，池沼最大者為昆池——修築這些宮室園池，消耗了西漢政府大量的人力和財力。元光二年（前133）以後，武帝多次攜帶文武百官巡遊全國各地，見諸於史冊的就達二十餘次，其巡遊的次數之多，範圍之廣，花費之大都超過了秦始皇，讓西漢的財政雪

上加霜。

武帝晚年篤信神仙方術，妄求長生不老，因此落下了不少笑柄，也引起了不少禍亂。巫蠱之禍之所以發生，與他迷信方術，且重用酷吏是分不開的。武帝對尋求長生不老之術有種不同尋常的狂熱，他頻頻召集方士煉丹，還出巡到東萊（今山東萊州）海邊去尋找神仙。元鼎二年（前115），武帝聽信方士之言，起造柏梁台，用銅做成承露盤，高20丈，粗可7人合抱，上鑄一隻巨大的「仙人」手掌，以承接露水——據說這些露水和著玉屑服下，就可以長生不老。

武帝曾經很信任一位名為欒大的方士。欒大吹噓他經常在海上行走，見過安期生等仙人，還說自己能煉黃金堵塞黃河決口，並能求得不死之藥；武帝信以為真，封他為五利將軍，還把自己的女兒衛長公主嫁給他。欒大的騙局被揭穿後，武帝腰斬了欒大。不過，武帝並沒有就此吸取教訓，仍繼續派人尋找神仙。

在盲目信任方士的同時，武帝還寵信張湯、義縱、江充等酷吏，加重刑法，屢興大獄。元光五年（前130），太中大夫張湯和中大夫趙禹共同制定律令；其中有一條稱為「見知法」，即官吏見到、知曉他人犯法而不舉發，是為「故縱」，要與犯法者同罪。元狩六年（前117），大農令顏異因為誹謗皇帝而被逮捕，張湯對他的判決是：「不入言而腹誹，論死。」腹誹竟然成為公開罪狀！

天漢二年（前99），李廣的孫子李陵出擊匈奴，以5000兵馬對抗匈奴的8萬鐵騎，惡戰到箭矢用盡，才被迫投降；武帝聽說後竟要誅滅李陵全家。《史記》的作者、太史令司馬遷上書為李陵求情，武帝認為是故意對照諷刺李廣利，遂處司馬遷以腐刑（割去生殖器）——老年的武帝，已經完全聽不進臣子的任何意見了。

非但如此，武帝晚年還經常濫殺大臣，弄得朝臣人人自危。有一次武帝病勢稍好，見到大臣義縱所治的郡路沒修好，於是發怒說：「義

中國十大傳奇帝王

縱以為我再也不會從這路上過了嗎？」最終找了個理由將義縱處死。後來同樣的麻煩又降臨到大臣上官桀頭上。當時上官桀負責在未央宮養馬，因為疫病流行，馬死得比較多，恰好被武帝看見了。武帝於是又發怒說：「你以為我再也見不到馬了嗎？」幸好上官桀是個機靈人，跪下回答說：「臣聽說陛下病重，愁腸百結，滿心期盼陛下早日康復，心思確實沒放在養馬上面。」這一席話說得武帝轉怒為喜，從此把上官桀記在了心裡頭，臨死之前還把上官桀任命為輔政大臣；可像上官桀這樣好運氣的大臣實在太少了——和武帝生在一個時代，是大臣們的幸事，也是他們莫大的不幸。

西漢羽人天馬玉飾 器高7公分，長8.9公分，白玉質。在飛馳於雲端的天馬上乘騎著一個羽人（即仙人）。羽人遍身毛羽，肩生羽翼，雙耳大而上聳，正是漢代人心目中的仙人形貌。

輪台罪己詔

巫蠱之禍以後，武帝想念廢太子劉據，深為自責，還建了一座「思子之宮」，以寄託哀思；大概受到此事的影響，他逐漸收斂了自己奢靡放縱的行為。

征和四年（前89）三月，武帝最後一次封禪泰山，採納田千秋的建議，決定趕走方士，不再尋求神仙。他對臣子們慨嘆說：「我原來糊塗，被方士們欺騙了。天下哪有什麼仙人，全是妖言妄語！頂多節制飲食，吃點補藥，可以少生病罷了。」六月，搜粟都尉桑弘羊請求派兵駐守輪台（今新疆輪台）並屯田，武帝反對，遂下了著名的《輪台罪己詔》。

文中說道：「以前，都是朕心裡不明白……所以派貳師將軍領兵去大宛，是希望威嚇對方，交出天馬……等到貳師將軍戰敗，士兵死傷不

計其數，朕到現在還一直感到悲痛。現在大臣們請求派兵去遙遠的輪台屯田，是使天下人為此而辛勞，不是安撫百姓之道。」

武帝最後還說：「當今最重要的是要禁止苛暴的政治，停止隨便增加賦稅的行為，全力發展農業生產。軍事上只要繼續大量飼養馬匹以補缺額，不使武備廢弛就可以了。」從此，武帝不再對外用兵。

此時武帝已經68歲高齡了，他自知時日無多，開始再次考慮接班人的問題。他最後一個寵愛的嬪妃，是年輕貌美的鈎弋夫人，就決定立鈎弋夫人所生的兒子劉弗陵為太子。鈎弋夫人是河間（今河北獻縣東南）人，相傳她姿容豔麗，但自幼兩隻手總握著拳頭，舒展不開；武帝打獵經過河間，聽說了這件事，就好奇地前往查證，結果經他一掰，鈎弋夫人的雙手竟然能夠舒展開來了，於是武帝就帶她進宮，號「拳夫人」，並為其修建了「鈎弋宮」。

漢五銖錢及銅範　漢武帝時鑄造五銖錢，通行全國，禁止舊幣使用。五銖錢大小輕重適中，是中國貨幣發展史中較成功的一種鑄幣，延續使用到隋末，長達700餘年。

太始三年（前94），鈎弋夫人生下一子。據說這個男孩是懷孕14個月才出生的，武帝大為高興，說：「我聽說堯是懷孕14個月誕生的，沒想到現在我的兒子也是如此。」於是他特意把鈎弋夫人產子時所居屋門稱做「堯母門」。其後太子劉據自殺，另幾個兒子早夭的早夭，不成器的不成器，只有劉弗陵雖然年幼，卻健康聰穎，很得武帝歡心；武帝遂決定立劉弗陵為太子。

後元二年（前87）二月，武帝病重，光祿大夫霍光（霍去病的異

母弟）哭著問：「如有不諱，誰當嗣者？」武帝說：「我立少子（即劉弗陵），讓你做周公。」霍光磕頭說：「我的才能、德行，都不如金日磾。」金日磾本是匈奴降將，趕緊謙遜地說：「我是外國人，不敢和霍光比。」於是武帝拜霍光為大司馬大將軍，拜金日磾為車騎將軍，又召來太僕上官桀為左將軍，搜粟都尉桑弘羊為御史大夫，讓他們接受遺詔，輔佐少主。

耬車（模型） 漢代的耬車是一種新型的播種工具，也是現代播種機的始祖。

　　可是在咽氣之前，武帝先命人縊死了太子的母親鈎弋夫人。霍光驚問其故，武帝說：「孩子還小，他的母親卻很年輕，將來寡居寂寞，一定會穢亂宮幃，如果插手政務，那就更了不得了；我不想女主稱制的局面重現。」立其子而殺其母，這份心腸可謂狠毒。次日，武帝病逝於五柞宮，劉弗陵繼位為漢昭帝，時年僅8歲。

現代播種機的始祖

　　西漢武帝時，搜粟都尉趙過創造了一種新型畜力播種機——耬車。耬車也叫耬犁，由耬架、耬斗、耬腿等幾部分組成。耬架為木製，供人扶牛牽。耬斗是放種子的木箱，分大小兩格，大格放大種子，小格相當於播種調節門，是一個帶閘板的出口，可控制下種速度，以均勻地播撒種子。耬腿是一只只開淺溝的鐵鏵，因播種幅寬、行數的不同而有一腿耬、二腿耬、三腿耬……之分。其中三腿耬能一次完成開溝、播種、覆土、填壓等多項工作，初步完成聯合作業，提高了播種品質與效率，是當時較高水準的播種工具。

83

威服四海的「天可汗」
唐太宗李世民

　　隋末天下大亂，英雄輩出，逐鹿中原。在諸路豪強中，李唐的旌旗迎風飄揚。高舉起這面旗幟殺出重圍、最終奠定大唐江山的，正是李世民。他是令敵軍聞風喪膽的秦王，是血腥發動政變登上皇位的太宗皇帝，是勵精圖治的貞觀明君，更是四方心悅誠服歸順的天可汗。這位人間至尊的帝王，在他的前半生創造了令後人難以企及的豐功偉績，卻在晚年漸失英明，以一種諷刺的方式離開了人世。

唐太宗李世民畫像

 ## 英姿勃發一少年

　　隋開皇十九年（599），李世民降生於武功（今陝西武功西北）李家別館。李家擁有顯赫的門第。李世民的八世祖李暠是西涼的開國皇帝武昭王。李世民的曾祖父李虎在北魏時官至太尉，封柱國，北周建立後被追封為唐國公；其子孫李昺、李淵相繼承襲了唐國公的爵位。西元581年，楊堅篡位，建立隋朝。李淵之母和隋文帝的皇后孤獨氏是姊妹，因此李氏家族在新的王朝中仍然屹立不倒。

　　李世民的母親竇氏是鮮卑貴族，北周武帝的姐姐襄陽長公主之女。竇氏美麗聰慧，知書達理，深受武帝喜愛，從小嬌養於宮

中。竇氏為李淵生下了四子一女，四子分別是建成、世民、玄霸和元吉，其中玄霸不幸早殤，女兒則是平陽公主。李世民自幼聰睿，備受父母寵愛。因為生長在軍事貴族家庭，李世民從小就嫻習武藝，擅長騎馬射箭，能在百步之外「射洞門闔」。此外，他還寫一筆好字，而且性情豪爽，遠見卓識。

隋仁壽四年（604），楊廣弒父篡奪帝位，即隋煬帝，這一年李世民6歲。李淵在隋朝的仕途還是比較順暢的，歷任滎陽、樓煩郡守等職，李世民也隨父宦遊各地。後來李淵調任回朝，他就隨父親回到了長安。

在長安居住的幾年裡，李世民結交了不少好友，長孫無忌便是其中之一。長孫無忌的母親高氏是治禮郎高士廉之妹，嫁給朝廷重臣長孫晟為繼室，生下一子一女，即長孫無忌和長孫無垢。

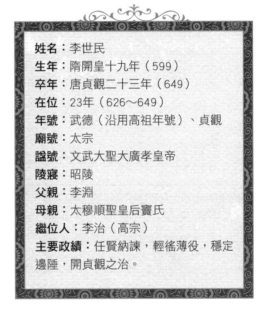

姓名：李世民
生年：隋開皇十九年（599）
卒年：唐貞觀二十三年（649）
在位：23年（626～649）
年號：武德（沿用高祖年號）、貞觀
廟號：太宗
諡號：文武大聖大廣孝皇帝
陵寢：昭陵
父親：李淵
母親：太穆順聖皇后竇氏
繼位人：李治（高宗）
主要政績：任賢納諫，輕徭薄役，穩定邊陲，開貞觀之治。

高士廉很看重李世民，隋大業九年（613），他做主將高氏之女長孫無垢（即後來的長孫皇后）嫁給了李世民。成婚時，李世民15歲，長孫無垢13歲。這樁婚事具有重要意義，不僅是因為長孫氏的為人處事對李世民有重要影響，而且也意味著李世民在未來的征戰生涯中有了可靠有力的智囊團。長孫無忌與當時的名士，諸如房玄齡、杜如晦、顏師古等人都有密切的往來。這些人後來群聚於李世民府中，為其稱帝以及開創「貞觀之治」做出了突出貢獻。

李世民首次在歷史上嶄露頭角是在隋大業十一年（615）。當時由

於中原局勢混亂，突厥趁亂而起，時常侵擾唐朝邊境。大業十一年，隋煬帝巡幸北方邊塞。東突厥始畢可汗趁機率領數十萬騎兵將隋煬帝圍困於雁門郡。隋煬帝被包圍於郡城（今山西代縣西），城中軍民共有15萬人，儲存的糧食僅能供應20天。在如此凶險的形勢下，隋煬帝將詔書繫在木棍上，投入汾水沿河而下，號召各地募兵救駕。

17歲的李世民應詔募兵救駕。他抵達雁門附近後，對屯衛將軍雲定興提議說：「始畢膽敢率兵圍困天子，必定是考慮到我軍倉猝之間不能赴援。如果我們白天搖旗吶喊，旌旗延綿數十里，晚上鉦鼓相應，突厥肯定會認為救兵已至，惶恐而逃⋯⋯」雲定興依計而行，模糊了始畢可汗的判斷，加上各地援軍陸續抵達，東突厥不得不撤兵離去。在這一事件中，李世民充分表現出了足智多謀的一面。

太原起兵反隋

隋大業十二年（616）十二月，李淵任太原留守，次年走馬上任。他把長子建成和四子元吉留在河東（今山西永濟），只將次子李世民帶在身邊。太原是北方的軍事重鎮，建有晉陽行宮，是兵家必爭之地。李淵的主要職責是和馬邑（今山西朔州）太守王仁恭一起防禦突厥。

由於隋煬帝剛愎自用，對大臣多有殺戮，令朝臣人人自危。李淵雖然處處謹慎小心，但是也無法逃脫隋煬帝的猜忌，因此起兵成了自保的唯一出路。李世民深知父親李淵身為朝臣，不便出面招徠門

唐代彩繪說唱俑 一長髯長者高坐在圓拱形墩上，似在說唱；一樂俑雙手握笙，盤膝坐在蒲團上；另一樂俑似在彈撥，但所持樂器已失。三俑均神態生動，栩栩如生，令人讚嘆。

客，便替父親廣泛結交太原的豪門官吏乃至市井之徒。他性格豪放，不拘小節，因此結識了許多能人異士，其中有兩個人在太原起兵的過程中起了重要作用，他們是劉文靜和裴寂。

李世民透過劉文靜結交了晉陽宮副監裴寂；相互試探後，李世民說出了欲起兵反隋的想法，裴寂深表贊同。李淵雖然有心起兵，但他是個極為老道謹慎的人，沒有十足把握，絕不肯輕易反隋。為了讓李淵早日決斷，裴寂將晉陽宮的兩名美女獻給李淵，再以「宮人奉公，恐事發及誅」為由促使李淵下定了起兵決心。

銅虎符 這對虎符為隋王朝調發府兵的憑證。兩件虎符均呈走虎形，長7公分，高4.7公分，虎昂首怒吼，尾端揚起，後肢曲蹬，耳下有一圓孔，供穿繫佩帶用。

隨後，劉文靜以晉陽令的身分偽造了隋煬帝的詔令，宣稱朝廷要在太原、馬邑一帶招募士兵，凡是20歲以上、50歲以下的男子，都必須應徵入伍。消息一傳出，太原等地人心惶惶，一些不願應徵的人紛紛逃到李淵手下。恰在此時，馬邑人劉武周殺死太守王仁恭，勾結突厥，準備進攻太原。李淵便以加強防禦為由下令募兵，順利招募到一批兵馬。同時，他遣使前往河東、長安，讓建成、元吉兄弟以及女婿柴紹等人火速趕赴太原。

隋大業十三年（617）五月，李淵自稱「義兵」，正式宣布起兵反隋。隨後，李淵開大將軍府，自任大將軍，任裴寂為長史，劉文靜為司馬，下設左右三軍，封李建成為左領大都督，統領左三軍，李世民為右領大都督，統領右三軍。

平陽公主

平陽公主是李淵與竇氏之女，史書上對其名字和出生年月並無記載。根據史實推測，她很有可能是建成之妹、世民之姊。平陽公主嫁給柴紹以後，定居長安。隋大業十三年（617），李淵在太原起兵；收到李淵的密信後，柴紹急速趕往太原。平陽公主避居鄠縣（今陝西戶縣），散盡千金，招募亡命之徒，同時遣家僕馬三寶勸降何潘仁等部，建立了一支精悍的軍隊；百姓尊稱她為「李娘子」，這支軍隊也被稱為「娘子軍」。平陽公主率領娘子軍橫掃關中，為李淵西進奪取長安掃清了道路。唐朝建立後，平陽公主和柴紹夫婦繼續南征北戰，兩人各自開府，各有幕僚，協同作戰，為大唐江山的鞏固和統一立下了汗馬功勞。武德六年（623），平陽公主去世，以軍禮下葬，謚「昭」。

❧ 唐帝國的建立 ❧

隋大業十三年（617）七月，李淵率軍誓師，任四子元吉為太原郡守，留守根據地，遣李建成和李世民分率左右大軍，開赴關中。在霍邑（今山西霍縣），李淵父子碰上了勁敵虎牙郎將宋老生。宋老生率精兵2萬駐守霍邑，而隋左武侯大將軍屈突通屯駐河東，兩支軍隊形成犄角之勢，正面迎擊李軍。

恰逢秋雨綿綿，道路泥濘，李淵父子率領的大軍無法前進，只得駐守於霍邑附近。陰雨連綿不斷，後方糧草遲遲不來，軍中糧食逐漸匱乏……惡劣的局勢令李淵坐立不安，於是打算退兵北還太原。李世民極力反對，認為已經到了秋收時節，不愁沒有糧食；宋老生是個有勇無謀的人，只需一戰便可把霍邑攻下；況且如果一遇到敵軍便輕易撤兵，義軍必定會受到天下人的鄙視。他甚至立下了軍令狀，「雨罷進軍，若不殺老生而取霍邑，兒等敢以死謝。」然而李淵退兵心意已決。看著軍隊陸續北退，李世民越想越覺得不妥，跑到李淵帳前求見，卻被拒之帳

中國十大傳奇帝王

外。眼看大好時機就要錯過，李世民號泣不已。李淵不得已召見了李世民。李世民條分縷析地陳述利弊，終於促使李淵改變了主意，下令追回了撤退的軍隊。

如同李世民所言，沒過多久，糧食運到，陰雨天氣也結束了，李淵父子率軍進攻霍邑。李世民和李建成各率數十騎至城下罵陣，肆意挑釁。宋老生沉不住氣，率兵開門應戰。李淵下令軍隊後退，宋老生以為李軍膽怯，貿然前進。李淵一邊遣將出戰，一邊令李世民和李建成率兵繞到敵軍背後，阻斷宋老生後路。宋老生軍中陣腳大亂，倉促退回城中。誰知城門已被李軍把持，宋老生前進受阻，後退無路，於亂軍之中被殺。李軍趁機攻城，拿下了霍邑。

攻占霍邑後，李軍勢如破竹，接二連三攻下了臨汾郡（今山西臨汾）、絳郡（今山西新絳），沿途守將紛紛投降。進入關中地區後，李淵命李建成等人屯守永豐倉和潼關，阻擋東面隋朝援軍；李世民、長孫順德等人率軍平定渭河北岸地區，包圍長安。關中是李氏家族的舊地，自從李淵太原起兵後，其家族成員紛紛招兵買馬，陸續收服了一些地區。因此李世民入關後，一路上幾乎沒有遇到阻礙，迅速抵達了長安附近。

很快，李家的二十餘萬大軍聚集於長安。隋朝大業十三年（617）十一月，長安被攻下。進駐長安後，李淵出於政治考量，沒有馬上稱帝，而是將隋煬帝之孫代王楊侑捧上皇位，遙尊江都的隋煬帝為太上皇，他自封為唐王。

次年三月，隋煬帝在江都被部將宇文化及等人所殺。宇文化及立秦王楊浩為帝，自任大丞相。洛陽的王世充也如法炮製，擁立越王楊侗為帝。面對這種混亂情況，李淵決定撕破臉皮，自己稱帝。他自導自演了一場禪讓戲，順利登上皇位，建立了大唐政權，改元武德，定都長安，立建成為皇太子，封世民為秦王，元吉為齊王。

娘子關位於山西平定縣城東北45公里處，地勢險要，為三晉門戶和交通要道，被譽為「天下第九關」。相傳，唐初李淵之女平陽公主曾統領娘子軍在此設防，遂改故名葦澤關為娘子關。

秦王破陣震天下

　　李淵稱帝之後，宇文化及和王世充也依葫蘆畫樣，相繼稱帝。除此之外，割據一方的豪強也紛紛立國稱王，例如李密建立魏，竇建德建立夏，薛舉建立西秦，劉黑闥建立漢等等。在群雄割據的時代，李唐若要統一中原，絕非易事。李淵身為一國之君，需要鎮守長安，李建成作為儲君，也需留守，因此帶兵四處征討的軍事任務便主要落在了李世民頭上。

　　武德元年（618）十一月，薛舉之子薛仁杲出兵關中。李世民領兵出征，一舉擊敗敵軍，生擒薛仁杲，解除了長安西面的威脅。武德二年（619），一個壞消息從太原傳來，北方豪強劉武周連續挫敗唐軍，最後竟攻占了李淵父子的老巢太原，並遣猛將宋金剛繼續攻占河東其餘地區。守衛太原的齊王李元吉倉皇逃往長安，長安上下驚恐萬分。李淵驚慌失措之下，居然打算放棄河東，保住關中。

　　李世民認為太原是王業的根本，絕不能放棄，因此自動請纓，掛帥

征討宋金剛。武德二年十一月,李世民率領軍隊渡過黃河,與宋金剛軍相互對峙。當時由於遭受過劉武周、宋金剛軍隊的掠奪,河東各州縣都沒有存糧,人心極為渙散。李世民發布軍令,禁止將士騷擾百姓,以安撫民心。百姓逐漸歸田,耕種土地,唐軍也因此得以徵收軍糧。

宋金剛軍隊來勢凶猛,李世民沒有正面迎戰,而是採取了穩坐泰山、深溝高壘,逐步耗盡對方的糧食的「拖字訣」。同年十二月,秦王麾下將領秦叔寶、殷開山等人大破敵將尉遲敬德等。隨後,李世民又親自率軍突擊敵軍,大大挫傷了宋金剛軍的銳氣。武德三年(620)二月,經過五個多月的對壘後,宋金剛軍糧食匱乏,士兵厭戰,不得不撤軍。趁敵軍撤兵之際,李世民發兵神速,晝夜疾行200餘里,不食不休,一路乘勝追擊,最終徹底擊敗宋金剛,收降尉遲敬德等大將,並成功收復河東故地。

開元通寶金幣和銀幣 唐高祖武德四年(621)廢隋五銖錢,鑄開元錢。「開元」是開創新紀元的意思,「通寶」是通行寶貨的意思。開元通寶是唐代流行時間最長、最重要的貨幣。開元錢仿漢五銖錢,每10錢重1兩,錢文端莊勻稱,鑄造精良規範。

不久,李世民又馬不停蹄地趕往中原,將矛頭指向據守洛陽的王世充。他率軍深入王世充的根據地,屢戰屢勝,不少州郡紛紛降唐,王世充軍不得不退守洛陽。李世民圍攻洛陽,切斷其運糧線路。武德四年(621),遭困的王世充被迫向竇建德求援,竇建德很快領軍來援。如果讓這兩支軍隊成功會合,此前獲得的軍事優勢便會喪失。李世民採取分兵策略:一部分軍隊繼續圍攻洛陽;他親自率領另一部分軍隊至虎牢關(今河南滎陽西北)攔截竇建德。

武德四年(621)三月,李世民急速行軍至虎牢關,阻斷了竇建德的去路,並派兵突襲其運糧道,斷絕竇軍糧草。同年五月,李世民渡

河，牧馬於河北，佯裝糧草已缺。竇建德果然中計，次日便率全軍列陣前進。晌午時分，竇軍士兵疲憊飢餓，全無鬥志。李世民看準時機，果斷出擊，在人數相差懸殊的情況下，擊潰敵軍，生擒竇建德，並最終迫降王世充。

在接下來的幾年裡，李世民和其他將領四處征討，配合作戰，逐一掃蕩了各路豪強。到了武德七年（624），除了零星流寇之外，唐朝基本統一了中原。

李世民在多年的征戰中，幾乎是攻無不克，憑藉的是其卓越的軍事才能和麾下驍將。他十分重視網羅將才，平定薛仁杲一役中，收降了翟長孫；在征伐劉武周的戰爭中收降尉遲敬德。原本隸屬於李密的秦叔寶、程知節等人也因為仰慕他的英名，歸附於他。這些將領在後來大唐統一中原的戰爭中發揮了極大的作用，都是大唐的開國功臣。

此外，李世民的勝利還離不開他手下的精銳部隊——玄甲兵。這支軍隊因為全體身穿黑色盔甲而得名，是李世民的親兵。這是一支以騎兵為主體部分的軍隊，裝備精良，選拔和訓練都十分嚴格。李世民每次作戰都身先士卒，帶領玄甲兵將士衝鋒陷陣，令敵軍聞風喪膽。

兄弟反目成仇

經過數年征討，李唐的江山終於得以坐穩。然而，圍繞儲位，李建成和李世民兩兄弟卻展開了一場激烈而殘酷的爭奪。從太原起兵到統一天下，李世民都功不可沒；他戰功顯赫，麾下有一批文臣武將，卻因為身為次子，不得不屈於李建成之下。

在建國初期，李建成曾和李世民並肩作戰，立過不少戰功。但自從當上太子後，他便很少出征，僅僅是在武德五年（622）出兵擒獲了豪強劉黑闥，還是在李世民將劉黑闥打得損失過半、狼狽而逃後，才撿的便宜。可以說，在軍功方面，李建成根本不能與李世民相提並論。但

是，李建成是嫡長子，而且得到一幫老臣、齊王元吉和李淵後宮嬪妃的支持。

從父子情感而言，李淵起初是傾向次子李世民的。李世民從小跟隨在他身邊，感情深厚。然而隨著李世民的坐大，再被枕邊風一吹，他的思想也逐漸發生了變化。據記載，李淵曾因為后妃之事與李世民發生過一次衝突。李世民任陝東道行台時，曾將數十頃田地賞給淮安王李神通。李淵后妃張婕妤的父親也看中了這塊田地，便利用女兒的關係，得到了李淵的賜田手諭。然而李神通以秦王賜田在前，堅決不肯讓步。張婕妤惱羞成怒，在李淵面前讒謗李世民。李

唐三彩三花馬　這匹唐三彩馬體形健壯，是典型的唐馬。馬鞍上披掛有墨綠色絨毯狀障泥，胸前、股後絡有綠色革帶，上面裝飾有黃花和金鈴。

淵大怒，痛斥李世民。父子感情也因此受到了損害。

李淵之所以不願立李世民為太子，一來是李建成雖無大的戰功，但為人比較寬厚，沒有廢黜的理由；二來是畏懼隋煬帝楊廣的故事重演。因為李世民與隋煬帝楊廣實在是太相似了——兩人都是戰功顯赫，皆因為是次子而未能成為太子，而且對權勢都有十足的野心。李淵擔憂世民被立為儲君後，會效法楊廣殺兄弒父。

由於種種顧忌，李世民的勢力被李淵逐步削弱，他府中的許多謀臣將士也被以各種理由調離。李世民察覺到了不利跡象，便暗中展開行動，收羅謀士能人，擴大勢力。而李建成的壓制行動也日盛，兩兄弟的矛盾逐漸加劇。

喋血玄武門

武德七年（624）夏，李世民和李建成的戰爭公開化。李建成開始積極地準備打擊李世民的活動，他擅自招募了2000餘名士兵保衛東宮，甚至還派人至幽州招募突厥兵。事情敗露之後，李淵勃然大怒，嚴厲斥責了李建成。

然而李建成並沒有就此罷手。他又派心腹楊文幹募兵組建成一支軍隊，趁李淵巡幸行宮之際，打算謀反。此事很快傳到了李淵耳中，他當下急召李建成前往行宮謝罪。消息走漏後，楊文幹舉兵謀反。李淵令李世民親自率兵征討，並許下了返回後即立他為太子的諾言。然而當李世民平定變亂回京後，李淵不但沒有兌現諾言，對李建成的處理也是十分輕描淡寫，僅僅是將隸屬於東宮的若干名臣子流放了事。

李淵的縱容，使太子李建成更加肆意妄為。史書中記載了兩起李建成意圖謀害李世民的事件；一次是李淵父子在城南狩獵，李建成故意將一匹肥碩而容易受驚的馬給李世民騎，結果李世民摔下來好幾次，幸而沒有受傷。還有一次李建成夜宴李世民，席間李世民突然胸口疼痛，吐血不止，後來被淮安王李神通及時攙扶回府，才撿回了一條命。

李世民率兵征戰多年，勢力主要在京外。李建成於是利用種種手段，不但將他困在京中，還要削去他的左右臂膀。李世民的謀臣房玄齡、杜如晦等人紛紛被譖告逐出秦王府，形勢愈發嚴峻。高士廉、長孫無忌、尉遲敬德等人勸說李世民及早對太子建成動手。

武德九年（626）夏，突厥來犯。以往凡是突厥侵擾，都是李世民督軍作戰，此次李建成卻提議令李元吉帶兵出征，藉此剝奪李世民的軍權；並提出徵調秦王府尉遲敬德、程知節、秦叔寶等大將，以削弱李世民的軍事實力。李建成還和李元吉商議藉餞行之機，斬殺李世民。這樁密謀被李建成的手下透露給了李世民。事態緊急，已到了你死我活的地步，李世民不再猶豫了。他與房玄齡、杜如晦等經過周密策劃後，決定

在宮城的北門玄武門伏擊李建成。

武德九年（626）六月三日，李世民進宮入稟建成、元吉與後宮嬪妃淫亂。李淵令建成和元吉明日上朝自辯。六月四日晨，李世民帶領長孫無忌、尉遲敬德等人埋伏在玄武門附近。

李建成、李元吉對此有所察覺，但是未知詳情，又自恃守備森嚴，因此缺乏警戒之心。當他們馭馬進入玄武門、發現不對勁時，李世民已經拍馬過來。李元吉急忙開弓，但慌張之下弓弦未能拉開，三箭都沒有射中。李世民引弓射箭，一箭射死了李建成。

尉遲敬德射中了李元吉的坐騎。李元吉棄馬逃入樹林中。李世民拍

大明宮

大明宮是唐朝宮殿，位於今陝西西安城北的龍首原上，在唐朝長安城的禁苑中。大明宮從貞觀八年（634）開始興建，初名永安宮，貞觀九年改名為大明宮，自龍朔三年（663）以後，是唐朝的主要朝會場所。大明宮與隋文帝時修建而唐朝沿用的太極宮，以及開元二年（714）興建的興慶宮，並稱「三內」，是唐長安城內著名的三處宮殿區之一。

大明宮主殿含元殿（見下圖）及其後的宣政、紫宸殿三殿相重附會的「三朝」佈局形制，對後來歷代的宮殿佈局制度產生了深遠影響。大明宮是中國古代人民偉大才能與智慧的結晶，反映了唐朝的建築技術水準及成就。它的形制、佈局和建築基址的結構對後代了解唐代建築風格及歷史情況提供了歷史依據和形象資料。

馬追趕，不料衣服被樹枝掛住墜馬。力大無比的李元吉按住倒地的李世民，正要將他置於死地時，尉遲敬德及時趕來，殺死了李元吉。與此同時，李世民的親軍也與趕來的東宮親軍展開了激戰，死傷無數，玄武門血流成河，史稱「玄武門之變」。

玄武門之變後，李世民遣尉遲敬德入宮向李淵稟明太子李建成、齊王李元吉「作亂」，秦王舉兵誅之一事。李淵對其中內情心知肚明，但是長子、四子已死，也無可奈何，只好下諭立李世民為太子。同年八月，李淵宣布退位為太上皇，李世民繼位。次年（627）正月，李世民改元為貞觀。此後，李淵又活了九年，直到貞觀九年（635）才逝世。

❊❊❊ 治國平天下 ❊❊❊

在殘酷的儲位爭奪戰中，李世民擊敗了太子建成，並最終登上皇位。即位後，他對東宮和齊王府的敵對勢力毫不心慈手軟，連續誅殺了李建成和李元吉的幾個兒子。此後，為了安撫人心，李世民下旨稱叛逆之罪止在建成、元吉兩個元凶，現已伏誅，其黨翼一概不追究。赦令一出，長安的緊張氣氛頓時得以緩解。緊接著，李世民開始大刀闊斧地整頓朝政，他罷免了一些尸位素餐的老臣，重用秦王府舊幕僚和原東宮府中的傑出人才，以房玄齡、杜如晦為相，建立了效率高又忠心耿耿的核心班底。

即位之初，李世民面臨的是百廢待舉、百亂待治的局面。他自幼跟隨李淵宦遊各地，對民生疾苦深有體會。他曾說過：「國以人為本，人以衣食為本」，要實現大治的理想境界，必須要與民休息。經歷隋末動亂後，茫茫千里，人煙斷絕，十室九空，大量空地、荒地無人耕種。武德末年，朝廷曾經推行過均田令，然而並未得到認真貫徹。李世民即位後，開始切實推行均田令，將官家、沒入官的土地以及閒散土地，依戶籍分給無地或少地的農民，嚴格控制土地買賣，同時減輕徭賦，鼓勵農

民移民墾荒。

　　為了提高農民耕作的積極性，李
世民還恢復了廢棄數百年之久的藉
田古禮，親自下田耕作。他經常
派遣使者巡視各地，考察官吏，
勸課農桑，禁止地方官員在農忙
時調用民工，以保護農業生產。他還
設置義倉，救災備糧，獎勵婚嫁，生育
人口。此外，李世民對水利建設也十分重
視，鼓勵地方官員興修水利。隨著種種有效
措施的實施，百姓得以休養生息，農業生
產逐漸從隋末的戰亂中恢復過來。

唐三彩絞胎騎射俑　此絞胎騎射俑除頭、手部使用本色泥料外，餘部皆有絞胎。人物橫跨馬上，腰間佩劍，身體右傾，目光凝視上方，兩臂作射箭狀。跨下馬匹神態安詳，駐足直立。

　　在政治方面，唐初所行制度，基本上沿用
隋制，但也有所完善改進。在中央，朝廷設中書、門下、尚書三省，由
三省長官中書令、侍中、尚書令共議國政，為宰相之職。尚書省下設
吏、戶、禮、兵、刑、工六部。尚書令總領百官，權力很大。為了削弱
尚書令的權力，李世民以他曾任此職為由，不再設尚書令一職，而是以
左、右僕射為尚書省長官，因此左、右僕射即宰相。

　　李世民往往任給職位較低、又有才能的官吏加上「參預朝政」、
「同中書門下三品」等頭銜，使其參與最高決策，實際上也相當於宰相
之職。如此一來，既能集思廣益、任用賢才，又進一步削弱相權，加強
了皇權。在律法方面，李世民命長孫無忌、房玄齡等人，本著「慎刑
寬仁」的原則，在唐初《武德律》的基礎上加以刪定，於貞觀十一年
（637）修成《貞觀律》。這部律法成為唐律的定本，還對後世法律產
生了深遠影響，是此後歷朝歷代制定律典的依據。

　　在文化方面，李世民尊崇儒學，崇尚經書，他宣稱自己：「朕

唐代彩繪貼金文、武官俑 兩俑出土於陝西禮泉鄭仁泰墓，文官俑高69公分，武官俑高72公分，胎質均潔白堅硬，釉上繪彩並貼金。

所好者，唯堯舜周孔之道」。貞觀二年（628），李世民詔令以孔子為先聖，在國學中設置廟堂，恢復學校中的祭孔儀式，並下令各州縣都置孔子廟。為了培養人才，他大力興辦學校，設立國子監，下屬國子學、太學、四門學、書學、算學、律學六種學校，在地方則設京都學及府、州、縣學。無論從規模、種類、數量還是科目而言，這些學校都較前代進步。特別是專科性質學校的出現，在中國教育史上具有重要地位。

貞觀四年（630），李世民命中書侍郎顏師古等考定《五經》。顏師古以晉、宋以來經籍古今本為依據，悉心校正，完成了《周易》、《尚書》、《毛詩》等《五經定本》，於貞觀七年（633）頒行全國。隨後李世民以「儒家多門，章句繁雜」為由，命國子祭酒孔穎達等撰定《五經義疏》，實現了經學思想的統一。

此外，李世民還很重視史學，強調以史為鑑，因而貞觀時期出現了前所未見的修史盛況。貞觀一朝，一共修成八部正史，即《周書》、《齊書》、《梁書》、《陳書》、《隋書》、《晉書》、《南史》和《北曆》，除了「南北史」為李延壽私修，其他皆是官修。在修撰前代史的同時，唐朝也開始修撰國史。貞觀三年（629），李世民始置史館，由宰相監修國史。貞觀十七年（643），他欲觀國史，房玄齡與給事中許敬宗等人，編訂了高祖、太宗實錄。從此在國史外，另設編年體實錄，歷朝相繼纂修不輟。

中國十大傳奇帝王

知人善任，納諫如流

貞觀之治的出現，與房玄齡、杜如晦等大臣的兢兢業業是分不開的，更離不開李世民的知人善用、從諫如流。李世民即位之前，便收羅了不少文武賢才，登基之後，更是強調舉賢任能。李世民求賢若渴，唯才是舉，用人不分親疏貴賤，一視同仁。為了更好地選任地方官，他命人將都督、刺史的姓名寫在屏風上，無論是坐著、躺著都經常察看，並把他們的治績分別列於名下，以便時時考察。

李世民不但任賢致治，而且善於納諫。身為一國之君，虛心納諫並不是一件容易事。李世民是一個性格剛烈、欲望心強的人，然而熟讀史書的他，深知很多王朝都是因為帝王偏聽偏信而亡，因此十分注重納諫之事。為了求諫，李世民即位之後，規定商議國家大事時，諫官必須在場，以便諫官及時發表意見。他還告誡中央機構官員要敢於提出建議，並重賞進諫的官吏。他每次接見群臣時，都會和顏悅色，虛心聽取臣子們的意見和建議。

在李世民的鼓勵下，朝廷上下進諫直言蔚然成風。在貞觀時期，出現了一批諫臣，如王珪、魏徵、劉洎等人。值得注意的是，王珪和魏徵

溫泉銘（拓片局部） 作為開創大唐盛世的一代帝王，唐太宗的政治手腕霸氣十足，但在書風上，卻更顯現出清秀的氣息，這是王羲之對他的影響。太宗有過「夜半把燭起學蘭亭」的勤奮，從王羲之的書法中獲益頗多，《溫泉銘》中就處處沁出王羲之書風的蹤跡。

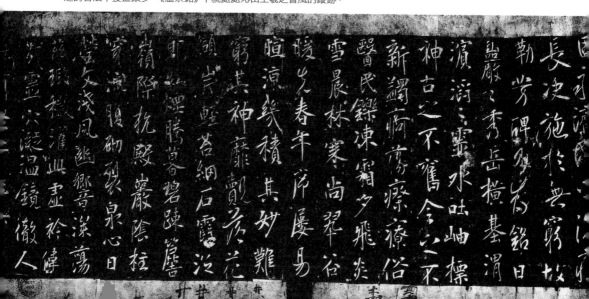

都是昔日太子李建成手下的核心人物，由此也可看出李世民的心胸氣魄絕非常人可比。

魏徵原為東宮幕僚，多次為李建成出謀劃策，並提議除掉當時尚為秦王的李世民。李世民登基之後，非但沒有怪罪，反而十分欣賞他的耿直，甚為重用他。魏徵也不辜負所望，往往敢於直諫，據理力爭，曾經進諫200多次直陳李世民的過失。

有一次，魏徵過於直言，令李世民下不了台。李世民沒有當場發火，勉強忍住，直到退朝回到內殿，他才將怒火發洩出來，罵道：「一定要殺掉這個田舍翁！」長孫皇后忙問是誰惹怒了他。李世民怒沖沖地說道：「魏徵常常在朝廷上羞辱我。」皇后一聲不吭，退回內室換上朝服，向他下拜。李世民驚問何故，皇后恭賀道：「我聽說君主英明則臣下正直，如今魏徵正直，正說明陛下之英明啊！」李世民轉怒為喜，從此更加看重魏徵的諫言。

還有一次，李世民得到了一隻鷂鷹，愛不釋手，於是讓牠停在自己的肩膀上賞玩。遠遠看到魏徵走來時，他趕緊把鷂鷹藏在懷中。不料魏徵奏事太久，而李世民又不敢取出鷂鷹，結果致使鷂鷹悶死在懷中。

對於魏徵的直率，李世民雖有時不喜，但大多數情況下還是能坦誠接受的。一日酒酣之際，他笑著說道：「別人都說魏徵舉止疏慢，我倒覺得很可愛呢。」魏徵去世後，李世民曾感傷地說：「以銅為鏡，可以正衣

魏徵書法 魏徵精通書法。唐太宗曾出御府金帛購天下古本，命魏徵、虞世南、褚遂良等朝臣鑑定真偽。

冠；以古為鏡，可以知興替；以人為鏡，可以明得失。朕很寶貝這三面鏡子，用來預防自己的過失。現在魏徵逝世，失去了一面鏡子。」

༺ 貞觀之治 ༻

　　李世民以秦、隋二世而亡為鑑，兢兢業業，勵精圖治。他在位的23年中，大唐王朝政治清明，社會安定，經濟發展，文化繁榮，國勢強盛，開創了自漢代以來前所未有的大治，史稱「貞觀之治」。

　　關中地區是大唐的京畿要地，經濟也首先得到恢復。貞觀三年至四年（629～630），關中農業豐收，流散人口紛紛回鄉。從貞觀七年（633）起，連續幾年都是大豐收，全國百姓生活都得到了極大的改觀。貞觀初年，天災不斷，糧食短缺，一斗米竟值一匹絹；到了貞觀九年，由於連年豐收，米價下跌，一斗米值四五錢；到了貞觀十五年，一斗米只需兩錢。史載「行旅自京師至於嶺表，自山東至於滄海，皆不齎糧，取給於路。入山東村落，行客經過者，必厚加供待，或發時有贈遺。此皆古昔未有也」。雖然不無溢美之詞，但是也反映出了當時農業生產迅速恢復和發展、百姓豐衣足食、社會安定富足的局面。

　　在社會秩序方面，貞觀一朝也是極其穩定。據記載，貞觀三年（629）全國判處死刑的囚犯只有29人。貞觀六年（632），死刑犯有290人。此年歲末，李世民特下旨恩准他們與家人團聚，明年再回來執行死刑。結果到了次年，290個死刑犯全部按期回到牢獄，無一人逃亡。

　　貞觀年間，大唐與少數民族、外國的聯繫大大加強。許多外國商人定居大唐，高麗、新羅、高昌、吐蕃等紛紛派遣貴族子弟來唐，學習大唐文化。西域的貴族、僧侶、樂工、畫師等大量進入內地，帶來了不同風格的音樂、舞蹈和繪畫藝術。「絲綢之路」這條聯繫東西方的紐帶的商業價值也得到了充分發揮。來往於絲綢之路上的商旅不絕於途，使絲綢之路成了整個世界的黃金走廊，唐朝都城長安也成為世界性的大城市。

長孫皇后

長孫皇后是歷史上有名的一代賢后；她13歲嫁給李世民為妻，性情仁孝儉素，知書達理，身為秦王妃時便受到王府幕僚的愛戴。李世民登基後，長孫皇后不僅將後宮事務處理得井井有條，對國家政務也常有獨到的見解，李世民經常與她商討國事。貞觀十年（636），年僅36歲的長孫皇后去世；彌留之際，她仍然不忘囑咐李世民善待賢臣，勿令外戚專權，並要求死後薄葬。皇后去世後，葬於昭陵。李世民的悲痛之情久久不能緩解，便在宮中建築了一座高樓，以便時刻登台遠眺昭陵，後因魏徵進諫才拆除。李世民死後，與長孫皇后同葬一穴。

「天可汗」威震天下

李世民不僅擅長治理國家，在處理周邊民族關係上也是遊刃有餘。玄武門之變後不久，東突厥認為長安混亂未平，唐軍實力衰落，於是趁機攻打長安。頡利可汗親自率領20萬騎兵長驅直入，於長安附近的渭水便橋以北列陣。李世民扣押了前來試探敵情的突厥使者，令軍隊嚴陣以待，自己輕騎出玄武門。兩軍對陣之際，他不畏危險，獨自與頡利可汗對話，譴責頡利可汗背棄和約。

頡利可汗見李世民單騎而來，心中驚疑，以為唐軍早有準備，於是立即遣使講和。李世民利用突厥「唯財是圖」的弱點，許以錢財金帛。次日，李世民與頡利可汗結盟於便橋之上，東突厥隨後撤退。如此一來，李世民沒有費一兵一卒，便迫使東突厥退兵了。

此後，李世民一邊從外交上分化突厥內部，一邊加強軍事訓練，整頓府兵制度。貞觀三年（629），突厥內亂，時值塞北發生天災，糧草乏絕。李世民當機立斷，決定出兵。他派李勣、李靖、柴紹等大將統軍十多萬人，兵分四路出擊東突厥。次年春天，李靖大破頡利可汗。頡利可汗敗走，李勣於途中伏擊。頡利可汗慘敗，最終被俘，東突厥滅亡。此役後，

原本隸屬於東突厥的各部落紛紛來降，尊稱李世民為「天可汗」。

　　隨後，李世民決意征討多次侵擾邊境的吐谷渾。貞觀九年（635），太宗命李靖為西海道行軍大總管，率侯君集、李道宗諸軍進擊吐谷渾。吐谷渾王伏允兵敗後逃入沙漠，唐軍深入追擊。伏允在逃亡中為部下所殺，其子慕容順降唐。

　　擊敗吐谷渾之後，李世民繼續向西域挺進，相繼平定了高昌、焉耆和龜茲，並於此設置龜茲、焉耆、于闐、疏勒四鎮，將安西都護府移至龜茲以統領四鎮，有效地控制了西域地區。

　　在東北，高句麗長期占據遼東，阻撓新羅、百濟與唐朝通使，而且不時侵犯遼西。貞觀十八年（644），李世民親征高句麗。次年，唐軍攻占遼東（今遼寧遼陽）等城，大敗高句麗軍，然而此後由於天氣轉冷、軍糧無繼等原因，不得不撤回。正當唐軍征遼東之際，漠北薛延陀乘機侵入河套。貞觀二十年（646），李世民派江夏王李道宗等分兵數路，剿滅薛延陀。

　　李世民對待少數民族的手段是恩威兼施：對侵犯邊境的少數民族政權，毫不猶豫地加以打擊；對願與大唐和平共處者則多加撫慰。貞觀時期，周邊少數民族政權紛紛遣使來朝，向大唐求婚。李世民也頻頻下嫁公主和宗室女。貞觀十年（636），李世民將衡陽長公主許配給突厥處羅可汗的次子阿史那社爾。貞觀十三年（639），吐谷渾可汗諾曷缽來朝請婚，李世民許之以弘化公主

文成公主和她的侍女畫像

等。在眾多和親聯姻中，影響最為深遠的是唐蕃和親。

貞觀八年（634），吐蕃贊普松贊干布遣使至長安，與大唐建立了直接聯繫，這是漢藏兩族關係在史籍上的首次記載。貞觀十年（636），松贊干布向大唐請婚，遭到了拒絕。松贊干布大失所望，於是惱羞成怒，興兵侵唐，結果被唐軍打敗。松贊干布以重臣祿東贊為使，前往長安謝罪，並再次提出了聯姻的請求。這一次李世民允准了，貞觀十五年（641），他命江夏王李道宗護送文成公主入藏。松贊干布大喜，親自到柏海（今青海鄂陵湖、札陵湖）迎接。為了表示對文成公主的敬重，松贊干布還專門修建了宮室，以供公主居住。

文成公主入藏，不僅帶去了大量的金銀、綢帛、珍寶，還帶去了內地先進的農業技術、菜種、蠶種、各種藥物典籍以及大批工匠和樂隊。在此之後，不少漢人被聘請到吐蕃掌管文書，也有很多吐蕃貴族子弟到長安求學，兩地文化交流日益密切。

在統一邊疆的過程中，李世民秉持了「中國根本，四夷枝葉」的原則，採取開明的民族政策，注意改善民族之間的關係。無論是被征服還是主動歸附的少數民族部落，他都不強行改變他們的生活方式，仍然重

閻立本所繪《步輦圖》中共有13個人物，分兩組。右部以太宗李世民為中心，9名宮女抬著步輦，手執華蓋、羽葆，簇擁而至；左邊3人，依次是宮廷禮官、吐蕃使者祿東贊和一名譯員。李世民是畫卷的核心人物，他體魄魁偉，目光深邃，表情莊重，彷彿正思慮著唐蕃和親、穩定邊陲的國家大事。

用其首領，甚至妻以宗室女。許多部落首領甚至可以在長安甚至皇宮內任職。

此外，少數民族可以進國學，考科舉，還可以做官。在唐代，湧現出了一批批著名的少數民族將領，如右衛大將軍李思摩、左驍衛大將軍阿史那社爾、右領軍將軍契苾何力、左領軍將軍執失思力等。他們都是突厥人，卻深得李世民信賴，立下了卓越戰功。這在歷朝歷代都是少有的。

未能慎終如始的晚年

貞觀前期，由於君臣同心協力，大唐王朝呈現出了蒸蒸日上、繁榮昌盛的局面。面對在政治、經濟、軍事上取得的輝煌成就，李世民開始變得有些驕傲自滿，納諫、執法皆不如以前，生活上也日漸奢靡。

李世民征戰多年，身上難免有舊傷，不適合住在潮濕陰暗的舊宮殿。貞觀初年，出於節儉的考慮，他一再下令不准營造宮殿。然而，一旦經濟形式有所好轉後，李世民便開始迫不及待地大興土木。

貞觀八年（634），李世民不顧群臣的反對，修復了隋朝的洛陽宮，接著又在洛陽修建飛山宮。貞觀二十一年（647），李世民嫌長安悶熱，便在陝西臨潼驪山頂上修築了翠微宮。同年，他又以宮室狹窄為由，重修玉華宮。此外，李世民行幸、遊獵的活動也增多。貞觀十五年（641），李世民巡行洛陽，行至溫湯時，苦於行役的士兵發動了一場小小的兵變。他們向行宮射箭，希望讓皇帝停止遊幸，結果全以大逆罪被處死。

對於國君和庶人的關係，李世民曾有自己獨到的見解，認為「君者，舟也；庶人者，水也。水則載舟，水則覆舟。」他曾以此為鑑，事事注意不加重百姓的負擔。然而到了晚年，與絕大多數皇帝一樣，他開始變得狂妄，輕視百姓，甚至說過「百姓無事則驕逸，勞役則易使」如此令人瞠目結舌的話。

世人很少知道的是，李世民這個曠世明君還有貪婪美色的一面。玄武門之變後，他便納齊王李元吉的妻子楊氏為妃。自從貞觀十年（636）長孫皇后死後，他對美色愈發貪得無厭，頻頻收羅美女充實內庭，生活用度也頗為奢侈。

晚年，李世民還做了一件令後人詬病的事，那就是強行查看史官所寫的起居注。起居注是皇帝的日常生活記錄，皇帝無權干涉。因此，歷代皇帝從不過目起居注。然而李世民不顧史官多次阻攔，強行索求查看，開了這個影響惡劣的先例。此後唐代帝王紛紛效法他的做法。

昭陵六駿

昭陵六駿是唐太宗昭陵前六匹駿馬的浮雕，是馳名中外的雕塑傑作。這六匹駿馬在唐王朝開國戰爭中跟隨李世民縱橫馳騁，立下了赫赫戰功；牠們是唐太宗李世民平定天下、南征北戰、馳騁疆場的輝煌經歷的見證，更是與他生死相依的戰鬥夥伴。

貞觀十一年（636），太宗李世民命宮廷畫師閻立本繪寫圖形，並選用名匠把牠們雕成比真馬略小的六塊浮雕，又命當時著名書法家歐陽詢在每塊浮雕右上角寫下太宗親自撰寫的贊詞。六駿浮雕原鑲嵌於昭陵的玄武門下，分東西兩側對稱排列，東為颯露紫、拳毛騧和白蹄烏，西為青騅、特勒驃和什伐赤。

六駿表現了馬的立、行、奔馳等各種神態，均栩栩如生。颯露紫前有丘行恭在拔掉馬身上所中的箭，拳毛騧和特勒驃作緩步行進的姿態，其他三匹都是四足飛騰作奔馳狀；六駿都有強勁有力的筋肉表現，細節描寫真實而富於表現力。颯露紫和拳毛騧（下圖即為拳毛騧浮雕）在1914年被盜運到美國，現藏於費城賓州大學博物館，其餘四塊石刻現存於陝西西安碑林博物館。

雖然李世民晚年不如早年英明，但也沒有到荒淫無道的程度。在一些場合，他仍然能聽取諫言。貞觀二十二年（648），也就是他駕崩的前一年，李世民為太子李治撰寫了《帝範》十二篇，其中寫道：「吾居位以來，不善多矣。錦繡珠玉不絕於前，宮室臺榭屢有興作，犬馬鷹隼無遠不致，行遊四方，供頓煩勞，此皆吾之深過也。」希望李治不要仿效自己，做個明君。可見他對自己的過失還是很清楚的。

錯服丹藥枉送命

多年的征戰給李世民身上留下了許多傷痛，晚年的沉迷酒色也令他的身體大受損害。貞觀二十年（646），李世民親征高句麗歸來途中，患了毒瘡，險些喪命。次年，他又得了風疾，一病不起，甚至有人直接上書勸他傳位給皇太子。後來雖然病癒，但他的身體已經非常虛弱，只能隔三日上一次朝了。

由於病痛纏身，李世民開始將希望寄託於方士丹藥，大量服用所謂的「金丹」。他曾譏笑秦始皇、漢武帝求神仙、服丹藥，幻想長生不老之事，說道：「神仙事本虛妄，空有其名，不煩妄求也」。如今，他的舉動簡直是自打嘴巴了。

貞觀二十三年（649），大唐藉吐蕃兵擊敗中天竺軍，俘虜了一位名叫那羅邇娑婆的方士，自稱能夠煉製金丹。李世民大喜過望，延請那羅邇娑婆至宮中煉丹。吃了那羅邇娑婆配製的「延年之藥」後，他非但沒有延年益壽，病情反而不斷惡化。同時，隨著高士廉、房玄齡等貞觀舊臣紛紛離世，他的心情也受到極大影響，常自傷時日不多。

貞觀二十三年（649）五月，李世民病危。他將太子李治、長孫無忌、褚遂良三人叫到身邊，寫下遺詔，令長孫無忌、褚遂良輔佐太子。不久，李世民病逝於翠微宮，享年51歲，葬於昭陵，諡號「文皇帝」，廟號「太宗」，一個時代從此悄然落下帷幕。

媚行深宮，坐擁天下
女皇武則天

　　野心勃勃、心狠手辣、牝雞司晨，無數個負面詞用在中國歷史上唯一的女皇帝——武則天身上。無論如何污蔑、詆毀她，誰也不能否認，武則天是歷史上最著名、最傳奇的女性。門第不高的她，在極其重門閥的一個時代，憑藉著隱忍之心、城府權術，打通了從才人通向皇后，最終登上皇位的艱難路途。稱帝之路坎坷又漫長，從來沒有、以後也不曾有女性走過這條路。她的功與過，罪與罰，正如陵前的那塊無字碑，自有後人評說。

武家有女初長成

　　武則天，祖籍并州文水（今屬山西），出生於唐武德七年（624）。其祖上曾在北朝魏、齊和隋朝為官，不過並不顯要。她的父親武士彠是一個以買賣木材發家的富商，平日喜歡結交權貴，招攬賓客。

　　隋末，李淵奉命到並州管理軍隊屯田事務，曾留宿武士彠家中，兩人私交不錯。後來李淵擔任太原留守後，委任武士彠為掌管兵甲的行軍司鎧參軍。李淵起兵反隋，開大將軍府。武士彠被任命為大將軍府司鎧參軍，並隨軍進入長安，成為大唐的開國元臣。

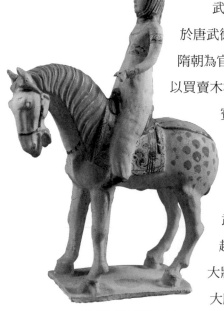
唐代釉陶戴笠帽騎馬女俑

唐朝建立後，他升授光祿大夫，封義原郡公，後官至工部尚書、利州都督，進封應國公。武士彠先後娶了兩房夫人，先娶相里氏，生有兩個兒子；後娶楊氏。楊氏出身於關隴名門、軍事貴族之家，其父楊士達在隋朝官至宰相。武士彠與楊氏聯姻，是由李淵做媒，費用則從國庫中支給。可見李淵對武士彠榮寵之深。

姓名：武則天
生年：武德七年（624）
卒年：神龍元年（705）
在位：21年（684～705），實際操縱朝政50年。
年號：光宅、垂拱、永昌、載初、天授、如意、長壽、延載、證聖、天冊萬歲、萬歲登封、萬歲通天、神功、聖曆、久視、大足、長安、神龍。
廟號：則天
諡號：則天大聖皇后
陵寢：乾陵
父親：武士彠
母親：楊氏
繼位人：李顯（中宗）
主要政績：重視發展農業，首開殿試、武舉，任用賢能。

武士彠和楊氏生有三個女兒，武則天是次女。其實，「則天」不是這位未來的女皇帝的名字，甚至也不是她在世時的名字，而是源於中宗李顯即位後所上的尊號「則天大聖皇帝」。她入宮後，太宗李世民賜名為「武媚」，後來，她又將精心挑選的「曌」字作為自己的名字；然而她自幼的閨名就不得而知了。

武則天自幼誦讀文史，聰敏機智，深得父母的喜愛。據說她小的時候，當時著名的相術師袁天罡曾到過武家相面。武則天穿著男孩衣裳，被乳母抱了出來，袁天罡一看便吃了一驚，說道：「龍瞳鳳頸，極貴之相。」然後他又不無惋惜地說道，「如果是個女子，當為天子。」

武士彠病故時，武則天才12歲，不久就跟隨母親搬回長安居住。因為武士彠前妻所生的兩個兒子武元慶、武元爽及其叔伯兄弟武惟良、武懷運對待武則天母女刻薄無禮。因此，受盡兄長白眼輕視的武則天在聽到召她入宮的詔令時，心中並非充滿喜悅。

❧❧❧ 初入皇宮做才人 ❧❧❧

貞觀十一年（637），14歲的武則天被唐太宗李世民選入後宮，充當才人。臨行前，楊氏想到母女從此再難相見，又思及後宮鬥爭的黑暗殘酷，不由淚流滿面。武則天卻平靜如常，並安慰母親說：「朝見天子怎麼知道不是福分？母親不必悲傷流淚。」

入宮後，李世民初見到美麗嫵媚的武則天，大悅，賜號「武媚」。然而，武則天的美貌只是令皇帝驚豔一時。唐代後宮制度，皇后以下有貴妃、淑妃、德妃、賢妃四妃，為夫人，正一品；昭儀、昭容、昭媛、修儀、修容、修媛、充儀、充容、充媛為九嬪，正二品；婕妤九人，正三品；美人九人，正四品；才人九人，正五品；寶林、御女、采女各二十七人，分別是正六品、正七品和正八品。可見，在後宮嚴密的等級中，才人不過是地位較低的一個品級。

唐三彩梳彩妝女坐俑　女俑左手作持鏡照面狀，右手做塗脂狀，儀態雍容，妝飾華麗，應是唐代宮廷的一名貴婦形象。

武則天入宮12年，品級徘徊於「才人」始終不得提升，而且未能生育一兒半女，可見並不受寵，這極有可能與她的性格有關。武則天雖然姿容豔麗，性情卻很剛烈。據她晚年回憶，太宗李世民有一匹名為「獅子驄」的馬，野性難馴。她入宮不久，便自請馴馬。太宗頗為驚奇，問她馴馬之術，她說：「臣妾只需三物：鐵鞭，鐵杖和匕首。牠不馴就用鞭子抽打牠；鞭而不馴，就用鐵杖猛擊牠的頭；杖而不服，就用匕首割斷牠的咽喉！」太宗見此氣概，大為讚賞。但是他喜歡的是柔順而有才情的女子，因此武則天始終不得寵倖。

雖不得恩寵，不過在服侍太宗的12年間，

武則天學到了許多為人君的處事謀略，也從勾心鬥角的宮廷鬥爭中學會了機變權謀，更重要的是她從太子李治身上得到了一個登天的機會。

太宗晚年多病，太子李治經常到父皇宮中問安。他看到在旁服侍的武才人姿容豔麗、媚眼流波，不禁心動神搖；而武才人也對太子百般逢迎。貞觀二十三年（649）五月，太宗李世民病逝。按照慣例，凡是沒有生育的妃嬪都要出家為尼。

唐代鑲金玉鐲 鐲體玉質晶瑩潤潔，分成三段，銜接處鑲金獸首；而且每個銜接處都有栓，可以活動、彎折。

武才人於是被迫到長安感業寺落髮，過起了與青燈古寺相伴的生活。

再度入宮封昭儀

在感業寺的武則天很快就等來了一個再次入宮的機會，而這個機會則來源於後宮爭寵。李治繼位後，太子妃王氏隨之被立為皇后。王皇后出身高貴，儀容端莊，無論從門第還是儀態上皆無可挑剔，是太宗親自為李治選立的。然而成婚多年，王皇后卻始終沒有生育，隨著年長色衰，備受高宗李治冷落；而李治寵愛的蕭淑妃卻生下了四皇子李素節。李治的長子、次子、三子的生母出身都不高貴，也不十分受寵。素節聰敏過人，深得李治喜愛，甚至有立為太子的傾向。母憑子貴，蕭淑妃在後宮中的地位隱隱有威脅皇后之勢，這令王皇后感到惶恐不安。

永徽元年（650）五月，高宗李治前往感業寺為太宗做法事，遇到當年的「武才人」。武才人悲悲切切的哭訴，令高宗感傷不已，回宮後還一直心神不寧。王皇后得知此事後，心中頓時起了將武則天迎回宮中、與她一同對付蕭淑妃的念頭。她一邊暗中派人讓武則天蓄髮，一邊

勸說李治接武則天回宮。

　　約在永徽三年（652）前後，武則天被接回了宮中。此時的武則天已近而立之年，心思更為縝密，城府也愈深。對於王皇后的用意，她心知肚明，因此入宮後便千方百計取得王皇后的歡心；王皇后經常向高宗稱讚武則天的賢德。高宗對溫婉賢淑的武則天也愈發迷戀，不久就進封她為「昭儀」；蕭淑妃逐漸失寵。

　　王皇后最初的用意達到了，但她沒有想到李治非但沒有回心轉意，反而專寵武則天，且比起寵愛蕭淑妃有過之而無不及。這一招大大失算了，簡直是引狼入室，王皇后叫苦不迭。憤怒之下，她又與失寵的蕭淑妃聯手共同對付武則天，經常在李治面前譭謗武則天。武則天也不甘示弱，她買通了王皇后和蕭淑妃身邊的侍女，監視兩人的一舉一動，然後搶占先機，針鋒相對。在這場爭寵遊戲中，李治毫無疑問是偏向武則天的，因此對王皇后和蕭淑妃的話往往置若罔聞。

　　入宮不久，武則天便身懷六甲。王皇后寢食難安，擔憂她生下兒子會危及自己的地位。此時，王皇后的舅舅柳奭出了個主意，讓她支持李

太平公主

　　太平公主，生年不詳，卒於713年，是高宗李治和武則天的幼女；因其外貌和行事方式皆酷似其母，因此深得武則天寵愛。吐蕃曾指名要迎娶太平公主，武則天不忍女兒遠嫁他鄉，於是讓她正式出家，成為女道士，才以此為由婉拒了吐蕃的請婚。此後，太平公主先嫁薛紹，薛紹死後又改嫁武氏子侄武攸暨。神龍元年（705），宰相張柬之發動兵變，誅殺武則天的兩個男寵張昌宗和張易之，逼武則天遜位給太子李顯。太平公主因在政變中參與誅殺二張，被封為「鎮國太平公主」，權傾一時；中宗李顯去世後，她又因擁立睿宗李旦即位有功而晉封萬戶，三子封王。而後在與玄宗李隆基的權力爭奪中，太平公主失利，被賜死。

中國十大傳奇帝王

治的長子李忠為太子。如此一來，既能保住自己的皇后之位，又斷絕了蕭淑妃或武則天之子被立為太子的可能。王皇后依言行事，在柳奭、長孫無忌、褚遂良等大臣的支持下，長子李忠被立為太子。

❀❀❀ 後宮爭奪的勝利者 ❀❀❀

武則天認為王皇后的舉動明顯是衝著自己來的，因此迅速展開了反擊行動，第一步就是將王皇后從皇后之位上拉下來。然而，李治雖然並不寵幸王皇后，但是因為皇后是太宗所定，而且無失德行為，所以沒有廢后的意思。

為了離間李治和王皇后之間的關係，武則天想方設法，甚至不惜犧牲自己女兒的生命。生下長子李弘不久，她又生下了一個活潑可愛的小女兒。一日，王皇后前去看望小公主。在王皇后離去後，武則天便悄悄將襁褓中的女兒掐死，然後誣陷是王皇后所為；王皇后百口難辯。李治極為惱怒，從此有了廢后的念頭。

焦慮的王皇后讓母親柳氏請來巫師，企圖做法詛咒武則天，挽回李治的寵愛。但王皇后還沒有行動，武則天就從安插在王皇后身邊的耳目得知了此事，於是向李治誣告王皇后詛咒他。李治大怒，下令禁止柳氏入宮；王皇后的處境愈發孤立無援。

此時，廢后只是時間早晚的問題了。為了取得朝廷重臣的支持，李治和武則天帶著重禮來到長孫無忌的府第，幾次提及王皇后無子，暗示要廢后，長孫無忌卻顧左右而言他。後來，武則天還讓母親楊氏去找長孫無忌，但仍沒有得到正面答覆。關於改立武則天為皇后一事，朝中大臣分成了兩派：長孫無忌、褚遂良等人堅決反對；而一向被權臣們打壓的李義府、許敬宗等人則站到了長孫無忌的對立面，支持武則天做皇后。

永徽六年（655）九月，李治決定要和群臣們攤牌了。一日退朝

後，他召集了長孫無忌、褚遂良等重臣到內殿議事，直接提出了要立武則天為后的想法。褚遂良極力反對，說王皇后出身高貴，又是太宗親自擇定，而武則天曾侍奉過先帝，如果立她為后，陛下必然會受到天下的非議。褚遂良一邊磕頭叩請皇帝三思，一邊提出辭官，以此相要脅。坐在簾子後的武則天聞言大怒，不禁喝道：「何不撲殺此獠！」幸而長孫無忌求情，褚遂良才保住性命，但被貶到了潭州（治所在今湖南長沙）任都督。

　　長孫無忌等人反對廢立皇后，李治為此猶豫不決，十分苦惱，後來還是從開國功臣李勣那裡得到了啟發。有一次，他向李勣諮詢此事是否

唐代宮樂圖　本圖描繪後宮嬪妃、侍女十餘人，圍坐在一張巨型方桌周圍，團扇輕搖，品茗聽樂，意態悠然。

可行，李勣輕描淡寫地說道：「這不過是陛下的私事，何必問外人？」
許敬宗也大造輿論，說「多收了幾斛麥子的莊稼漢還想換個新婆娘呢，
堂堂天子另立皇后又與他人有何相干？何
必妄加評論。」

唐代青玉透雕飛天佩

於是，李治下定決心改立武
則天為皇后。永徽六年（655）十
月，李治下詔廢王皇后，將蕭淑妃
貶為庶人。幾日後，他正式宣布立武則
天為皇后。同年十一月初一，李治在朝堂之上接
見了朝臣以及少數民族首領，隨即命令司空李勣、左僕射于志寧主持皇后
冊封大典。儀禮結束後，文武百官和少數民族首領還破天荒地朝拜了剛剛
冊立的皇后武則天；身著皇后禮服的武則天，儀態大方，雍容高貴，幾乎
征服了所有人。

並稱「二聖」

　　武則天如願以償地登上了皇后之位後，先是提拔了李義府、許敬宗
等人，接著就開始清算宿敵。在她的指使下，褚遂良一貶再貶，不久死
於任上。褚遂良等人相繼被貶後，長孫無忌在朝中勢孤力單。武則天見
時機成熟，便對長孫無忌開刀。

　　顯慶四年（659），有人告發太子洗馬韋季方欲行不軌之事。李治
讓許敬宗參與審理此案；許敬宗趁機誣稱長孫無忌和韋季方意圖謀反。
李治起初不信，但最終被許敬宗的誣陷之言所迷惑，以「圖謀不軌」
的罪名將長孫無忌貶為揚州都督，流放到黔州（今四川）。同年七月，
李、許敬宗等人受命複查長孫無忌謀反案；許敬宗派其同黨袁公瑜赴黔州
審問長孫無忌。袁公瑜到黔州後，逼長孫無忌自縊，其姻親大多被謫徙，
同黨或被殺或被流放。至此，武則天基本完成了對朝中宿敵的清洗。

對於改立太子的問題，武則天根本不用出手，太子李忠便因畏懼她的權勢，主動請求遜位。顯慶元年（656），武則天所生的長子李弘被立為皇太子。如今，她在後宮中的地位已是牢固不可動搖了。

武則天還是昭儀的時候，偶爾曾對一些政事提出過自己的見解，頗得李治賞識。因此，顯慶五年（660），當李治生病，精神衰弱，無法正常處理政務時，便將朝中政事交給了武則天審批裁決。武則天聰明敏慧，涉獵文史，處理政事妥當合理，深受李治贊許。

但武則天在協助李治處理國事的過程中，逐漸變得專斷，不再如以往那樣百依百順。同時，她還積極樹立自己的權威，大有凌駕於高宗之上的趨勢。高宗李治對此也有所察覺，便想伺機奪回失去的權力。

麟德元年（664），武則天秘密召道士郭行真入宮施行巫術。宦官王伏勝向高宗彙報了此事。高宗大怒，立即秘召近臣上官儀入宮商議如何處置武后。上官儀說：「皇后專權，早已為天下輿論所不容，我看應該立即下詔，把她廢掉。」李治點頭稱是，立即命上官儀草擬詔書。武則天得到消息後，匆匆趕來向李治分辯。廢后之意不過是李治在氣頭上的決定，聽完武則天的辯護，立即後悔了，為了給自己

唐高宗書《矛江敘貼》 唐高宗的書法頗具乃父李世民遺風，有「天縱之才」之譽。

「第一才女」上官婉兒

上官婉兒（664～710），上官儀的孫女。上官儀得罪武則天被誅後，剛剛出生的上官婉兒和母親被充入宮中為奴。上官婉兒天資聰慧，飽讀詩書，擅長寫詩作賦，又生得貌美如花，端莊秀雅，14歲時受到武則天的賞識，掌管宮中詔令。自此，武則天所發布的詔制，多出自其手筆。上官婉兒甚至一度被時人稱為「內宰相」；中宗復位後，上官婉兒被拜為昭容。在她的建議下，中宗設立昭文館，廣召天下文人學士。上官婉兒多次與善詩文的大臣們賦詩唱和，評論大臣所做之詩的優劣，還常常代替中宗、韋后和安樂公主做詩。

景龍四年（710），中宗被韋后、安樂公主毒殺，上官婉兒和太平公主一起草擬遺詔。臨淄王李隆基發動政變，殺死韋后及其黨羽，上官婉兒同時被殺。

找個下台階，他對武則天說：「我初無此心，皆上官儀教我。」武則天對上官儀由此心生怨恨，不久便讓許敬宗捏造上官儀和廢太子李忠圖謀反叛的罪名，一箭雙雕，不僅將上官儀處死，還賜死了廢太子李忠。

從此，高宗上朝議事的時候，武則天便垂簾於後，「天下大權，悉歸中宮，黜陟、殺生，決於其口，天子拱手而已」。朝廷政事，武后俱參與裁決。

自從廢后風波後，武則天產生了強烈的危機感。她意識到自己的皇后地位完全取決於李治的一句話，是立是廢，全掌控在他人手中。從此，她更加注意在朝中培植自己的勢力。武則天首先想到了自己的兩個同父異母的兄長武元慶和武元爽。雖然兄弟倆曾經苛刻地對待她們母女，但到底是血親，武則天於是表示希望和解，以共同鞏固武家的地位。誰知元慶、元爽竟然不屑一顧。武則天一怒之下將他們派往邊遠地區任官，然後將希望放在了姐姐韓國夫人之子賀蘭敏之的身上。然而這個賀蘭敏之是個好色之徒，不僅逼奸了李治和武則天打算選為太子妃的

名門閨秀，還姦淫了武則天幼女太平公主的侍女。武則天怒極，將賀蘭敏之流放，並派人在途中用馬韁繩勒死了他。此時武元慶、武元爽已死。咸亨四年（673），武則天將武元爽之子武承嗣召回京城，委以重任。從此，以武承嗣為主的武家外戚勢力開始膨脹發展起來。

上元元年（674）八月，李治被尊為天皇，武則天被尊為天后。同年，武則天向李治建言十二事：一、勸農桑，薄賦徭；二、給復三輔地（免除京畿地區徭賦）；三、息兵，以道德化天下；四、南北中（即全國）尚禁浮巧；五、省功費力役；六、廣開言路；七、杜讒口；八、王公以降皆習《老子》；九、父在，為母服齊衰三年；十、上元前勳官已給告身（委任狀）者，無追核（不再複核取消）；十一、京官八品以上益稟入（增加俸祿）；十二、百官任事久，才高位下者得進階申滯（得越級提撥）。高宗都一一下詔施行。

母子間的政治紛爭

上元二年（675）三月，李治舊疾復發，頭重而目不能視，無法上朝理政，於是打算讓武則天總攝國政；但他的決定遭到了朝臣們的反對，只好就此作罷。武則天為了能與群臣抗衡，招納了元萬頃、范履冰等一批「文學之士」，協助自己處理朝廷奏議及百司表疏，並分割宰相之權。由於這些人不經南衙，直接由北門出入宮廷，被時人稱為「北門學士」。可能是從這時候開始，武則天便有了稱帝的念頭；但此時，她最大的競爭對手竟然是自己的兒子。

武則天一共生有四個兒子，分別是長子李弘、次子李賢、三子李顯、四子李旦。李弘於顯慶元年（656）被立為太子；隨著太子逐漸長大，高宗李治也開始讓他參與朝政。李弘是個宅心仁厚的人，太宗征伐高句麗時，曾下了一道法令，征遼（遼東）逃亡軍人如果不在限期內自首，或再次逃亡，一律斬首，家口沒入官府。這條法令一直延續到李治

唐人張萱所繪《唐后行從圖》是武則天宮廷生活的寫照。圖中武則天一側目,隨行人員俱回頭看,表現了她的威望和地位。

時期。李弘認為此令過於嚴厲,便上表規勸父皇。李治對於太子的仁厚深感喜悅,便撤銷了此令。

太子的作為令李治和大臣都感到滿意。然而,令人意想不到的是,上元二年(675)四月,在陪從李治、武則天出巡途中,這位年僅24歲的太子卻猝死於行宮。關於李弘的死,史籍記載不一,有人認為是武則天毒死了自己的親生兒子,也有人認為李弘身體孱弱,是自然病故。對於長子的死,武則天的內心是悲痛的,但同時也鬆了一口氣,因為如此

一來，她爭奪皇位的成功機率大大增加了。同年六月，李賢被立為太子。李賢處事明斷謹慎，處理政務也頗有才幹；對於威嚴的母親，李賢又尊敬又懼怕。

永隆元年（680），宮中傳出了李賢是武則天的姐姐韓國夫人所生的謠言。謠言越演越烈，連李賢也不禁懷疑起來。正在這一期間，發生了一起命案：深受武則天信任的朝臣明崇儼被殺害。長安城中紛紛傳言，明崇儼是被李賢派人刺殺的。李治派大臣裴炎等人審查此案，結果屬實，而且從東宮裡搜出了幾百件盔甲。最終，李賢被控以「謀逆」罪，廢為庶人，流放到巴州（今四川巴中一帶），後被武則天派人逼死。

李賢被廢不久，武則天的第三子李顯被立為太子。弘道元年（683）十二月，高宗在東都洛陽病故。他臨終前，遺命大臣裴炎輔政，遺詔「軍國大事有不決者，兼取天后進止」。太子李顯繼位，即唐中宗。他立太子妃韋氏為皇后，尊武則天為皇太后，次年改年號為嗣聖。李顯個性懦弱，武則天以太后名義臨朝稱制，掌控了國家大權。

李顯即位後，為了與太后的勢力相抗衡，開始大封外戚。他先是將韋氏之父韋玄貞的官職由從六品提升為從三品，後來又想將他擢為地位相當於宰相的正三品侍中。輔政大臣裴炎表示反對，年輕氣盛的李顯怒道：「我就算是把天下讓給韋玄貞又有何不可？何必吝嗇一個小小的侍中？」裴炎對

大型唐三彩釉陶製燭台 陶燈主要由座、柄、盤、盞四部分組成，淺盤，盤心承托起一敞口小燈盞，猶如一個小碗置於盤上。燈柄上細下粗，燈座為覆盆狀，給人以穩重大方之感。釉色鮮豔華麗，斑紋交錯。整個器物於莊重典雅中又顯出頎長秀美。

於李顯的話感到不安，於是向武則天彙報；武則天與裴炎等幾個重臣商議，決定廢掉李顯。

嗣聖元年（684）二月，廢中宗為廬陵王。中宗被廢後，武則天立第四子李旦為帝，即唐睿宗，改年號為文明。睿宗即位後，武則天讓他另居別殿，不得干預朝政，一切政事全由她裁決。這一年，武則天率領百官移居東都洛陽，從此很少回長安。

隨著大權在握，武則天開始不滿足於以「太后」的身分臨朝。同年九月，她將睿宗李旦的文明元年改為光宅元年，改東都洛陽為神都，同時對朝服、官名、官署名稱也進行了相應的改變。武氏家族諸人掌握大權，大唐江山變色，易號變姓，只不過是朝夕之間的事情了；李唐宗室人人自危。

❧❧❧ 一代女皇登基 ❧❧❧

武則天臨朝稱制，引起了部分朝臣和皇室成員的反對。光宅元年（684，九月改元光宅），李勣之孫英公李敬業，以擁戴廬陵王李顯為名，在揚州聚眾十餘萬發動叛亂，要脅武則天讓位。詩人駱賓王還寫下了傳誦一時的《代李敬業討武氏檄》，聲討武則天；裴炎在朝內也堅決要求武則天還政。武則天採取果斷措施，將裴炎下獄處死，又派宗室李孝逸為揚州道大總管，率領30萬大軍，迅即討平了叛亂。李敬業等人被殺，駱賓王不知所蹤。

垂拱二年（686）正月，為了試探百官，也為了做給眾人看，武則天下詔還政於睿宗李旦。李旦不敢受，堅決推辭，於是武則天仍然臨朝稱制。垂拱四年（688），武則天在洛陽另建高祖、太宗、高宗三廟，隨之又立祭祀武氏祖先的崇先廟。她本來打算以皇家規格建造崇先廟，由於遭到大臣的反對才罷行。同年二月，武則天在洛陽建明堂（帝王宣明政教之所）。五月，窺知武則天心意的武承嗣讓人在石片上雕刻

皇澤寺武則天真容像 皇澤寺原名烏奴寺,位於四川廣元西郊嘉陵江畔。因武則天生於此地,她稱帝後,寺內尼姑奏請施恩,改寺名為皇澤寺。寺中則天殿內供奉著頭戴寶冠、身披皂帛的唐刻武則天真容像。

「聖母臨人、永昌帝業」等字樣,指使同黨獻給武則天,稱是從洛水中獲得的。武則天大喜過望,在城郊舉行祭天儀式,隨後在明堂接受大臣的朝賀,並加尊號「聖母神皇」。

從武則天的種種舉措中,李唐宗室聞到了令人不安的氣息。垂拱四年(688)七月,李唐宗室諸王聽說武則天圖謀剷除他們,為了自保,於是密謀起兵,約定同時發動變亂。不料計畫洩露,越王李貞在豫州(治所在今河南汝陽)、瑯琊王李沖父子在博州(治所在今山東聊城)提前起兵,以「匡復」李唐為名,偽造皇帝璽書,秘密聯絡絳州(治所在今山西新絳)刺史韓王李元嘉等宗室,企圖攻占洛陽,迫使武則天還政。

武則天派出大軍,迅速鎮壓了變亂,李貞、李沖父子被殺,受到牽連的唐宗室成員也幾乎被誅殺殆盡。從此,朝中人人自危,再也沒人敢挑戰武則天的威嚴,武則天為稱帝之路掃清了最後一道障礙。

基本清洗了李唐宗室及朝中大臣等反對派勢力後,武則天於載初元年(690)九月,舉行登極大典,正式改唐為周,自稱聖神皇帝,改元天授,史稱「武周」政權。同時,她降睿帝李旦為皇嗣,賜姓武;追尊武氏祖先為帝,立武氏太廟,封武承嗣為魏王、武元慶之子武三思為梁王,其他武氏親族子弟也紛紛被封王。

武則天以「周」為國號,是因為其父武士彠去世之後,曾被追封為周國公。為了抬高自己的出身,她甚至往上追溯,尊周文王姬昌為始祖

文皇帝。這與當年大唐初建，李淵、李世民父子追尊道教始祖李耳為先祖的做法如出一轍。

承前啟後的武周政權

武則天在位21年，如果從永徽六年（655）她被立為皇后，參與國事算起，至神龍元年（705）中宗復位，前後則共執政約50年。她執政期間，尤其是稱帝之後，勵精圖治，採取了一系列重要措施，推動了唐代社會經濟的進一步繁榮和發展。廣求人才，不拘資歷門第。武則天派人到全國各地搜羅人才，送到京城，由皇帝親自考試，成績優異者，不拘資格，任以要職。她下令，朝廷內外文武九品以上的官員以及普通百姓都可以毛遂舉薦，以免官方薦舉有所遺漏。

她還發展以鄉貢（貢舉），即由州縣保舉為主的科舉制度，增加了科目和錄取人數。武則天前後任用的宰相李昭德、魏元忠、杜景儉、狄仁傑、姚崇、張柬之等，武將如唐休璟、婁師德等，都是她親手提拔出來的人才，而且都為大唐盛世做出了突出貢獻。

唐代陶雙牛車 車廂上為卷棚，前開門，兩頭戴籠頭的牛昂首並立在車前，彷彿正在奮力拉車。整件陶俑為灰白色，造型逼真，有很強的寫實性。

銅匭

銅匭是武則天採納一位名為魚保家的臣子的建議，用銅鑄造的一種意見箱。銅匭立於朝堂之上，四面各設一個投信口，分別塗以青、赤、白、玄四色，東面稱「延恩」，專收歌頌朝廷、自薦為官之類的表疏；南面稱「招諫」，專收議論朝政得失之類的表疏；西面稱「申冤」，收納冤假案情之類訴狀；北面稱「通玄」，專收有關天象災變、軍事以及密告之類表狀。銅匭由正諫大夫、拾遺、補闕各派一人管理，每日黃昏時負責將當天收到的表奏送由武則天審閱。諷刺的是，銅匭的發明者魚保家曾說明叛變的李繼業鑄過兵器，後被人將此事投入銅匭告發。魚保家隨即被誅，成為銅匭的首批犧牲品。

此外，武則天還能廣開言路，注意納諫。垂拱二年（686），她在朝堂之上設立銅匭，鼓勵臣子和百姓上書言事。武則天善於納諫，有人在諫諍中直言不諱，甚至勸她退位，或是涉及她的私生活。她都能大度包容，並不降罪，有的還予以獎賞。在武則天統治時期，很少有人因為直諫獲罪的，因此直言敢諫在朝中蔚然成風。

在社會經濟方面，武則天重視農桑，發展生產，繼續推行輕徭薄賦、與民休息的政策。她明令規定，各州、縣境內，凡做到耕地增加、家有餘糧的地方，地方官就可以得到獎賞提拔。為了促進農業生產的發展，武則天還組織人編寫了農書《兆人記》，頒行全國，發給各州、縣來京的朝集史，對掌握農時、發展農業生產有一定參考作用。垂拱三年（687）山東關內發生饑荒；長壽元年（692）洛水氾濫，受災居民5000餘家，武則天都及時派官員視察，開倉賑濟。所有這些措施，都有利於促進農業生產的發展和人口的迅速增長。永徽三年(652)，全國僅為380多萬戶；而到了中宗神龍元年（705），武則天被迫退位時，全國人口竟增加到615萬多戶。

此外，武則天還注重開發邊疆，鞏固了唐帝國的邊防，排除了遊牧民族對中原的侵擾。她繼續推行前朝恩威並濟的民族政策。武則天統治時期一度與吐蕃、突厥、契丹等少數民族的關係比較緊張。武則天首先採取募兵、發奴、就地組織團結兵等一系列辦法，解決了兵源問題。長壽元年（692）利用吐蕃內亂之機，武則天命王孝傑、裴行儉率兵進攻吐蕃，大獲全勝，恢復和重建了安西四鎮——龜茲、于闐、疏勒、焉耆四鎮，鞏固了唐帝國西部邊防，確立了唐王朝對天山南北的統治，重新打通了一度中斷的通向中亞細亞的商路，促進了中外經濟、文化交流。

在武則天統治期間，由於實行政治改革，打擊士族豪強勢力，基本上消滅了關中軍事貴族，使庶族地主的地位得到了鞏固和提升。武則天廣開才路，重用庶族地主知識份子，擴大了其政治統治的社會基礎。她重視農業生產，使社會經濟得到發展，社會秩序進一步安定。可以說，在武則天統治時期，唐朝國勢繼續上升，既發展了唐太宗的「貞觀之治」，又為唐玄宗「開元盛世」定了良好的基礎。

施行酷吏統治

執政期間，武則天也做了一件令後人詬病不已的事情，那就是任用酷吏，鎮壓異己。嗣聖元年（684），中宗被廢，武則天獨攬朝政後，開始濫用酷刑。她在朝堂放置銅匭，接受告密文書，並且規定：凡是告密者，其他任何官吏不得過問，一律用驛馬送至京城，按五品官標準供給食宿，失實者不加追究；結果造成社會上告密之風盛行。

武則天任用了來俊臣、周興、索元禮等一批酷吏。這群酷吏作惡多端，殺人如麻，還發明了「定百脈」、「喘不得」、「突地吼」、「失魂魄」、「死豬愁」等駭人聽聞的酷刑。凡被下獄者，幾乎無一人生還。朝臣人人自危，不知何時會大難臨頭。

到載初元年（690），武則天稱帝為止，除了她自己所生的李顯、

請君入甕

周興、來俊臣都是武則天時期有名的酷吏。周興曾以「謀反」罪名殺害數千人，但不久他也被人告發「謀反」。武則天命來俊臣審理此案；來俊臣受命後邀周興宴飲。在喝酒時，來俊臣對周興說：「弟有案，罪犯不肯認罪，你看怎麼辦呢？」這時周興還蒙在鼓裡，不知就裡，便說：「這事還不容易，只要取一大甕來，四周架上木炭，點起火來，將罪犯置於甕中，還怕他不認罪嗎？」來俊臣連稱高見，立即命人抬來一個大甕，點起火，然後站起來向周興一揖，從容說道：「弟承密旨，有人告兄謀反，請君入甕吧！」周興一聽，才如夢方醒，只好叩頭認罪。這就是成語「請君入甕」的由來。

李旦外，李唐皇族近支幾乎被誅殺殆盡。對於唐室重臣元老，她稍有不滿，也大加殺戮。武則天靠著血腥的屠殺，打通了通往皇帝寶座的道路。稱帝之後，她繼續任用酷吏施行統治；朝臣連連被殺，宰相走馬燈般地更換。

酷吏們濫殺無辜，導致群情激憤。為了平民憤，緩和局勢，武則天誅殺了索元禮，流放了周興，以向天下人昭示，以往的濫殺罪在二人，不在自己。武則天任用的酷吏當中，最得力的一個助手便是來俊臣。來俊臣像一條瘋狗，見誰咬誰，甚至曾將宰相狄仁傑下獄。多虧狄仁傑處事精明圓滑，及時認罪，並尋機向武則天申訴，才保住了性命。

神功元年（697），來俊臣喪心病狂，竟然打算對武氏諸王和太平公主下手。他唆使手下羅織他們的罪名，還派人搜集皇嗣李旦和盧陵王李顯謀反的證據。此舉引起了武氏集團和太平公主的極大不安，他們聯合起來向武則天告發來俊臣的罪行。武則天起初猶豫不決，後唯恐民情激憤，於是下令處死了來俊臣。

來俊臣服誅後，他的仇家們爭著撕咬來俊臣屍體的肉，挖其眼珠，

剝其臉皮，剖其心肝，以解心頭之恨。武則天為了收攬人心，立即下詔書，列舉來俊臣的罪惡，並加以滅族罪，說是「以雪蒼生之憤」。

姓武還是姓李

登上皇帝寶座後，武則天在皇位繼承問題上一直左右為難。起初，她偏向於將皇位傳給侄子。長壽二年（693），武則天在萬象神宮舉行了祭祀，武承嗣為亞獻，武三思為終獻，而李旦卻被冷落到了一邊。武承嗣的熊熊野心被激發起來，他甚至公然挑戰李旦的皇嗣之位。

對於武則天欲傳位於侄子的傾向，大臣們激烈反對。宰相狄仁傑曾勸說武則天道：「如果立子為皇嗣，陛下千秋萬歲之後可配享太廟，承嗣無窮。如果立侄子為皇嗣，那臣可從來沒聽說過侄子為天子而將姑母祭祀於太廟中這類事。」武則天雖然有所感悟，但還是猶豫不定。聖曆元年（698）二月的一個晚上，武則天夢見一隻大鸚鵡的兩隻翅膀折斷了；次日，她讓狄仁傑為她解夢。狄仁傑趁機說道：「陛下姓武，鸚鵡即象徵陛下，兩隻翅膀便是陛下的兩個兒子。如果折斷了翅膀，鸚鵡欲飛不能。陛下只有重新起用兩個兒子，雙翼才能重振。」聽聞此言，武則天終於打消了傳位給侄子的念頭。

同時，宰相吉頊也極力維護李氏皇族，他慫恿最受武則天寵愛的男寵張易之和張昌宗兄弟，讓他們規勸武則天立盧陵王李顯為皇嗣，以此立功，日後才能永保榮華富貴。張氏兄弟被吉頊說服，於是多次勸武則

唐代三彩駱駝載樂俑

天立盧陵王為皇嗣。

聖曆元年（698）三月，武則天將盧陵王李顯接回洛陽。不久，皇嗣李旦請求遜位於兄長；同年九月，武則天正式冊立李顯為皇太子，李旦為相王。鑽營多年，企圖落空的武承嗣不久抑鬱而死。

聖曆二年（699），武則天賜太子李顯武姓。為了調解李氏和武氏之間的矛盾，她還召來太子李顯、相王李旦、太平公主和武氏諸侄子，讓他們向著祖先牌位發誓彼此扶持，共保帝業，並將誓言刻在鐵券上，把鐵券收藏在史館，作為佐證。

⚜ 女皇悲歌 ⚜

武則天晚年最寵信張易之和張昌宗兄弟。張昌宗原是太平公主的男寵，後來被太平公主獻給了武則天，他又隨之向武則天推薦了自己的堂兄張易之。張氏兄弟儀表堂堂，吹拉彈唱，無不精通，深得武則天歡心。武則天賜予他們高官厚祿，甚至不允許別人妄加議論他們；張易之和張昌宗憑藉著武則天的寵愛，在朝廷上呼風喚雨，為所欲為。

長安四年（704）十二月，武則天患病，心情煩躁，不願接見任何人，只留下張易之、張昌宗陪侍左右。武則天的病情略有好轉後，大臣崔玄暐上言請求讓太子和相王服侍，並稱宮禁重地，最好勿令異姓人出入。崔玄暐實際上是希望武則天將張氏兄弟驅逐，但未獲採納。

幾日後，洛陽一些地方出現了大字報，

唐代鏤空銀熏球 熏球是古代一種熏香器。該熏球為銀質，通體鏤雕，既起裝飾作用又便於香煙逸散。內部裝有設計巧妙的香盂，無論熏球如何轉動，香盂都能保持平衡。

中國十大傳奇帝王

上書張易之兄弟準備謀反，同時不斷有人向武則天揭發張氏兄弟意圖謀反之事。武則天不願處理此事，仍百般維護張易之和張昌宗。見此情形，宰相張柬之、司刑少卿桓彥範、中台右丞敬暉、內史崔玄暐等人決定以誅殺張易之兄弟為名，發動宮廷政變，迫使武則天退位。

神龍元年（705）正月，張柬之等人率領軍

乾陵無字碑 無字碑高6.3公尺，寬2.1公尺，厚1.49公尺。宋、金以後，一些遊人在上面題字，「無字碑」變成了「有字碑」。

隊進入武則天居住的迎仙宮，將躲閃不及的張易之、張昌宗斬殺於廊廡下，逼迫病中的武則天退位。接著，中宗李顯復位，尊武則天為「則天大聖皇帝」，令其遷往上陽宮。同年二月，正式恢復李唐國號，武周政權壽終正寢。

政變之後，精神遭到重創的武則天萬念俱灰。雖然中宗李顯對她還是非常敬重，但是失去權柄的滋味卻是那麼令她難以忍受。同年十一月，武則天病逝於上陽宮，享年82歲。臨終前，她留下了遺言：「去帝號，稱則天大聖皇后。」

根據武則天的遺命，中宗李顯將她與高宗李治合葬於奉天縣（今陝西乾縣）乾陵，並在其陵前立無字碑一塊。對於武則天為何立無字碑，後人說法不同，有人說她自認功高震天，不需刻一字，也有人認為她是有意將自己的功過是非留待後人評述。

千古風流話英雄
宋太祖趙匡胤

在中國歷史上，恐怕再也沒有一個時期比五代十國時期更加黑暗、動盪了，人人爭做皇帝，四處彌漫著腥風血雨。在這個驚疑不安的時代，趙匡胤異軍突起。這位以兵變起家的皇帝，靈活運用權謀，運籌帷幄，憑藉著卓越的軍事才華、高超的用人之道，指點江山，一統天下，從而結束了200多年的分裂局面，改變了唐末以來混亂的政治格局，將失控的歷史火車頭扭轉回原有軌道。

武將之裔

西元907年至960年，是中國歷史上一個大分裂、大混戰的時期，史稱五代十國。中原先後經歷了後梁（907～923）、後唐（923～936）、後晉（936～947）、後漢（947～951）、後周（951～960）五個王朝。王朝如走馬燈般輪換，在這個時代，武力決定了一切。

趙匡胤正是出生在這麼一個政權頻繁更迭、社會異常黑暗的時代。後唐天成二年（927），趙匡胤出生於後唐都城洛陽夾馬營的一個武將世家。其曾祖父趙珽曾任唐朝藩鎮屬官，累兼御史中丞；祖父趙敬曾出任營、薊、涿三州的刺史，到了他的父親趙弘殷這一代，已經進入了五代十國的軍閥混戰時期。趙弘殷驍勇善戰，是後唐莊宗李存勖的愛將，也因

滄州鐵獅子 後周世宗柴榮統治時期，山東匠人李雲鑄成著名的滄州鐵獅子。鐵獅子位於今河北滄州東南20公里的開元寺內，神態威武，為寺內文殊菩薩的坐騎。

此而顯貴；但是自從李存勗兵變被殺後，趙弘殷受到了冷遇，十幾年間，朝代兩度更迭，他的官職卻一直止步不前，家境也日益艱難。趙匡胤的母親杜氏是定州安喜（今河北定縣）人，共生下五男二女，長子、五子早夭，趙匡胤是其次子，而後來的宋太宗趙匡義則是三子。史載，趙匡胤出生時，「赤光繞室，異香經宿不散。體有金色，三日不變。」當然，這不過是他後來稱帝後，人們附會出來的無稽之談而已。

姓名：趙匡胤
生年：後周天成二年（927）
卒年：開寶九年（976）
在位：17年（960～976）
年號：建隆、乾德、開寶
廟號：太祖
謚號：啟運立極英武睿文神德聖功至明大孝皇帝
陵寢：永昌陵
父親：趙弘殷
母親：杜氏
繼位人：趙光義（太宗）
主要政績：憑藉兵變登基，杯酒釋兵權，統一中原。

趙匡胤自幼習武，身強體壯。據記載，一次有人牽來一匹尚未馴服的烈馬。趙匡胤見馬心喜，等不及套上馬鞍和籠頭，便一躍而上。烈馬嘶吼往城門狂奔而去，趙匡胤猝不及防，一頭撞到城門摔了下來。在場眾人紛紛掩目，以為他非死即傷。誰知他若無其事般躍起，繼續向烈馬追去。

約在後漢高祖乾元年（948），由於家境窘迫，22歲的趙匡胤決定離家，自己闖蕩世界。出外闖蕩的一年多時間裡，他處處碰壁，風餐露宿，受盡磨難，最終投到了後漢大將郭威麾下，當了一名普通士兵。此時，他的父親趙弘殷也在郭威麾下，因作戰勇猛，晉升為護聖都指揮使。

950年，郭威的妻兒為後漢隱帝所殺，他一怒之下發動兵變，滅掉了後漢，定都開封，建立後周政權。趙匡胤在兵變中擁戴有功，被提升為禁軍東西班行首，負責宮廷禁衛，而後又被提升為滑州（今河南滑縣）駐軍的副指揮使。郭威稱帝後，由於子女全被殺害，他的養子柴榮

實際上就成為了皇位繼承人。趙匡胤年輕有為，得到了柴榮的賞識，這成了趙匡胤發跡的關鍵一步。

以戰功發跡

後周顯德元年（954）正月，郭威去世，柴榮繼位，即周世宗。柴榮即位後，雖貴為天子，但是朝中老臣多不服他，他急需建立自己的班底。在這種情況下，深得柴榮器重的趙匡胤被提拔，當上了禁軍的一名中級軍官。

同年三月，柴榮出征北漢，趙匡胤隨軍前行。後周軍與北漢軍在高平（今山西晉城東北）遭遇，在後周軍連續潰敗、軍心不穩的情況下，趙匡胤身先士卒，率領軍隊衝鋒陷陣，大敗敵軍。戰後，趙匡胤因護衛世宗柴榮有功，被提升為殿前散員都虞候兼嚴州（今浙江建德縣）刺史。高平之戰，後周軍隊雖然取得了勝利，然而也暴露出了許多問題，柴榮決定整頓軍隊，便將這個重任交給了他賞識的年輕軍官趙匡胤。趙匡胤領命後，果然不辜負柴榮所望，很快就打造出了一支兵強將悍、所向披靡的軍隊。

隨後，趙匡胤追隨柴榮南征北戰，在攻打後蜀、南唐的戰役中立下了赫赫戰功，成為柴榮所倚重的武將之一。顯德三年（956），趙匡胤晉升為殿前都指揮使兼匡國軍節度使。顯德四年（957），他被加封為檢校太保，改任義成軍節度使，次年，他又改任為忠武軍節度使，同時還擔任殿前都指揮使之職。

顯德六年（959）三月，柴榮率領大軍北伐被契丹占領的燕雲十六州（即幽、涿、薊等州，位於今北京及河北、山西北部），首戰告捷。五月，正當柴榮準備攻打幽州時，卻染上了疾病，而且日趨加重，無奈放棄了北伐，班師回朝。同年六月，趙匡胤晉升為殿前都點檢，成為後周禁軍的最高統帥，同時兼任宋州（今河南省商丘縣南）歸德軍節度

中國十大傳奇帝王

使，負責防守汴京。

　　不到十年，趙匡胤便從一個普通士兵晉升為禁軍的最高統帥。如此快速的晉升，與他本人的軍事才能分不開，更加離不開柴榮的賞識器重。對於柴榮的知遇之恩，趙匡胤是十分感激的。然而，隨著權勢的擴大，他對皇位也隱隱起了覬覦之心。

　　早在受命整頓軍隊時，趙匡胤便暗中在軍中發展個人勢力，將潘美、羅彥環、張瓊等心腹安插在各軍隊要職上；同時結交了一批中級軍官，並與石守信、王

四天王木函彩畫（選二）

審琦、韓重斌、李繼勳等人結拜為「義社十兄弟」。隨著趙匡胤的職位不斷晉升，這些軍官也紛紛進入了高級軍官的行列。此外，經過多年的經營，趙匡胤擁有了一支聽命於他的軍隊，還網羅了趙普、王仁贍、楚昭輔、李處耘等一群謀臣武將。

　　柴榮身強體健時，趙匡胤稱帝的野心只是若隱若現。然而，隨著柴榮病情加重，趙匡胤又被提升為殿前都點檢，他的野心便大大膨脹起來。殿前都點檢是掌管禁軍的最高長官，掌控禁軍，實際上也就掌握了都城的安危，是一個極其關鍵的職位。

　　在趙匡胤之前，擔任殿前都點檢的是郭威的女婿、趙匡胤的老上司張永德。張永德的威望遠高於趙匡胤，又是皇親國戚，將他擠下這個位子幾乎是不可能的。不過，趙匡胤還是得到了機會。

　　柴榮北伐時，有人從地下發現了一塊木牌，上面寫著：「點檢做天

子」，人人異之。柴榮自然不能容忍，返回開封後，他便免掉了張永德的殿前都點檢一職，令趙匡胤繼任。趙匡胤如願以償地得到了這個夢寐以求的官職，邁出了重要的一步。

顯德六年（959）六月，趙匡胤升任殿前都點檢後不久，周世宗柴榮駕崩，從染病到駕崩，不過兩個月時間。柴榮本人正值壯年，身體又很強健，沒想到會一病不起，因此臨終前才匆匆將后妃符氏立為皇后，封年幼的皇長子柴宗訓為梁王。

陳橋兵變，黃袍加身

柴榮駕崩後，年僅七歲的梁王柴宗訓繼位。主少國疑，一時人心惶惶，謠言四起，「點檢做天子」的讖言又風行起來，鬧得開封城內人心愈加恐慌；趙匡胤想做皇帝的慾望之火也熊熊燃燒起來。

當時的局勢對趙匡胤是十分有利的：皇帝年幼，易於操縱；柴榮臨

趙匡胤華山圍棋圖 傳說五代時，道家高士陳摶老祖曾在開封設攤算卦，算定趙匡胤將來必定登基為帝。趙匡胤即位後，曾與陳摶老祖下棋，輸棋後便將華山賜給了陳摶。圖為兩人坐在華山松樹下下棋的情景。

終托孤的大臣王溥、魏仁浦、范質等人不是早對他示好，就是不足為慮之人；更重要的是，整個殿前司系統所有高級將領的職務基本上都由他的親信擔任，例如擔任殿前副都點檢的是他視為兄長的慕容延釗，殿前都指揮使石守信是義社十兄弟之一。不過，趙匡胤也有所顧慮：首先，他有心政變，卻不願讓篡位的惡名落到自己頭上；其次，擁護後周的副都指揮使韓通手握重兵，朝中也有一批效忠後周的大臣。在京城發動政變，如果不能順利掌控政局，後果將不堪設想。

顯德七年（960）正月初一，正當後周君臣慶賀新年之際，一份緊急戰報快馬加鞭送到京城，宣稱北漢聯合契丹軍入侵邊境。滿朝文武慌成一團。軍情緊急，宰相王溥、范質也亂了手腳，顧不上核實軍情，便以幼帝柴宗訓的名義下旨令趙匡胤率領禁軍北上迎戰。

這份軍情後來證明是謊報的，至於是不是趙匡胤偽造的，恐怕永遠也沒有人知道了。趙匡胤的機會來了，他把石守信等親信留在開封，以便控制局面，同時派慕容延釗率軍先行，然後在慕容延釗領兵出發時，製造「將以出軍之日，策點檢做天子」的謠言。京城頓時人心惶惶。效忠後周的大臣忐忑不安，趙匡胤卻處之泰然。正月初三，趙匡胤嚴整軍容，率領大軍出京，隨軍的有他的弟弟趙匡義、謀士趙普等人。部隊緩慢前行途中，一種鼓吹趙匡胤代周而立的輿論逐漸在士兵中蔓延開來。

當天下午，大軍屯營於距開封數十里之遙的陳橋驛（今河南新鄉封丘東南）。當天晚上，一群將士聚集在一起商議：「主上年幼，未能親政，我們這些人出生入死為國家破賊，誰能知道？不如先立點檢（趙匡胤）為天子，然後北征契丹也不遲！」趙匡義察覺到這一情況後，急忙找趙普商議。事尚未議完，將士們便蜂擁而入，促請趙普等人帶頭行動。史載，此時趙匡胤正在酒酣沉睡中。

正月初四清晨，趙匡胤被軍帳外的陣陣呼喊聲驚醒。趙普和趙匡義入帳向他彙報情況。趙匡胤剛剛起身披衣，披掛整齊的諸將就將他擁出

河南開封龍亭 龍亭風景區位於今河南開封城內西北角，是北宋的皇城所在地。趙匡胤建國後，按照洛陽皇宮的格局，在五代宮苑基礎上建起了大宋皇城。當年，龍亭這一帶樓台殿閣鱗次櫛比，金碧輝煌。如今，在龍亭大殿前的蟠龍御道上還保留有趙匡胤當年的馬蹄印。

帳外聽事；立即，有人將一件早已準備好的黃袍披在他身上，接著眾人齊齊跪拜，高呼「萬歲」。

趙匡胤幾番推辭，最終還是心滿意足地被諸將扶上馬，率領大軍掉頭朝開封前進。行軍途中，他與諸將士約法兩章：一是不得凌辱少帝、太后以及諸臣；二是入城後不許掠奪百姓。進城前，趙匡胤遣潘美先行一步，入朝要求合作，同時派人保護家人。

獲悉兵變的消息時，後周君臣正在上朝。宰相范質悔恨不已，抓住王溥的手連聲怨恨他們出兵過於匆忙。副都指揮使韓通迅速退朝，準備調兵遣將，卻被事先埋伏好的石守信軍突襲。韓通倉皇逃回家中，最終仍然被殺。京中局勢已完全被趙匡胤的親信所控制。趙匡胤順利進城，返回點檢公署。當將士把范質、王溥等大臣帶到公署時，趙匡胤對著他

們流淚一再表白：此次兵變完全是為將士們所迫。范質等人尚未答話，趙匡胤的親信便持劍向前，表示眾將士誓立點檢。王溥見狀立即跪下，口呼萬歲。刀劍無眼，范質等人兩股戰戰，只好隨之跪拜。

收服了朝中一幫大臣後，趙匡胤在諸將的擁護下來到崇元殿，接受七歲幼帝柴宗訓的「禪讓」。經過再三辭謝不受的戲碼之後，趙匡胤登基稱帝，建立宋朝（因其曾任宋州歸德軍節度使），改年號為建隆。

坐穩江山

當上皇帝的趙匡胤過得並不舒心。他雖然掌控了開封局勢，但還存在許多不穩定的因素，有次出巡時，甚至有人對著御輦射箭，幸而有驚無險。朝臣王溥、范質等人雖表示效忠於他，然而各地節度使除了張永德和符彥卿表示歸順之外，其他人均持觀望態度。這些將領一旦反叛，趙匡胤的皇位很有可能不保。

面對複雜的局勢，趙匡胤首先重賞擁戴他稱帝的文臣武將，穩住陣營。隨後，為了取得民眾的支持，他誅殺了入城時不聽從軍令擅自掠奪的將士。在輿論上，他也為自己爭取好名聲：封柴宗訓為鄭王，太后符氏為周太后；前朝官員的官位基本保持不變，對元老重臣謙恭有禮；嚴懲恃勢欺凌舊臣的新貴；對於那些懷有不滿情緒的官員，則是一笑了事，不以為意。因此，無論是自願還是被迫，後周朝臣對於新政權和新天子基本上都採取了合作態度。

對於各地節度使，趙匡胤一開始使用的是懷柔手段，盡力爭取他們的支持，爭取不

宋代景德鎮窯影青觀音坐像 觀音菩薩頭戴化佛冠，胸前佩瓔珞，外披通肩大衣，雙手結定印，面相豐腴，神情安詳。菩薩的外衣和坐處施影青釉，有冰裂紋。其造型、釉色和胎質均屬景德鎮窯的上品。

趙普「半部《論語》治天下」

趙普（922～992），字則平，生於幽州薊縣（今北京），後遷至洛陽。他曾出仕後周，歷任永興軍節度使從事等職，於滁州（今安徽滁州）軍事判官任與趙匡胤相識。兩人交談投機，相見恨晚；後來，趙普成為趙匡胤的謀臣，並在陳橋兵變中發揮了重要作用。削奪節鎮之權、加強中央集權等舉措，他也是主要的策劃者。趙普足智多謀，自稱「半部《論語》治天下」。趙匡胤對他極為信任尊重，稱帝後，對其妻仍然以「嫂」呼之，還曾雪夜訪趙普，詢問國策，留下了一段佳話；然而，隨著位高權重，趙普逐漸專斷跋扈，最終被免去宰相一職。太宗趙光義在位期間，他再度入閣拜相。淳化三年（992），趙普去世，諡「忠獻」，後又被追封為韓王，配享太祖廟。

成，即以武力相對。同年，他出兵鎮壓了打著為後周復仇旗號的節度使李筠和李重進。叛亂平定後，各地節度使懾服，紛紛俯首稱臣。

趙匡胤是個極其自信且頗具膽識的人，據說他曾將各地節度使召集起來，授予每人一套弓箭，然後與他們一同疾馳出城，在一片林子裡飲酒。正當節度使們面面相覷時，他徐徐開口：「此處無人，如果你們有人要做天子，可以殺了我取而代之。」節度使們懾於他的威勢，全都伏地戰慄，表示臣服。

唐末以來，皇權旁落，大臣見君王，不再是執笏而立、誠惶誠恐，而是列坐於殿上，有些權勢熏天的重臣甚至是與皇帝平起平坐。這種情況一直延續到了宋初。趙匡胤稱帝後，有意重建皇帝的威嚴。某日，宰相范質奏事，剛準備入座，趙匡胤便以眼力不濟為藉口，讓范質將奏摺呈上，范質起身上呈，待轉身要落座時，卻發現椅子不知何時已被撤去。此後，朝堂上不再設座椅，群臣必須恭恭敬敬地站立奏事。

❦❦ 杯酒釋兵權 ❦❦

　　皇位是怎麼來的，趙匡胤十分清楚，完全是靠軍隊、靠武力。當年
他身為一名小兵時，也參與過擁立周太祖郭威的政變。他靠軍隊奪取皇
位，任何人也不能保證同樣的事不會再次發生。因此，趙匡胤時時恐懼
著：參與政變的武將們看著原本平起平坐的他如今高高在上，自己卻只
能跪拜叩首，心裡會怎麼想？會不會也想篡權奪位？

　　只有將兵權牢牢控制，
削弱將領勢力，才能確保兵變
不會再發生。禁軍在歷次兵變
中皆起著重要作用，登基後，
趙匡胤將禁軍中的高級將領全
替換為自己的親信。建隆二年
（961），殿前都點檢、鎮寧
軍節度使慕容延釗改任山南西
道節度使。從此以後，宋朝不
再設殿前都點檢一職；侍衛馬
步軍都指揮韓令坤的職位也為
石守信所替代。

　　起初，趙匡胤對禁軍還不
想動得太快太早，然而趙普卻
深為憂慮。他多次向趙匡胤進
言撤掉石守信的侍衛馬步軍都
指揮一職，趙匡胤沒有同意。
於是，兩個人之間發生了這麼
一番對話，趙匡胤說道：「他
們跟隨我多年，絕無背叛之

雪夜訪普圖　描繪宋太祖趙匡胤在雪夜訪問功臣趙普，君
臣二人邊飲酒邊商定統一天下大計的故事。

心，你太多慮了。」趙普應道：「我不是憂慮他們，而是憂慮他們手下的將士。我仔細觀察，他們皆不是能夠統馭部下的將才，如果他們的手下也欲效仿『黃袍加身』一事，後果將如何？」趙匡胤默然許久。

建隆二年（961）初秋的一個晚上，趙匡胤設宴款待石守信、王審琦等將領。酒酣之際，他突然摒退侍從，嘆息道：「如果沒有你們的扶持，我哪有今天？你們的功勞我時刻不忘。可是你們不知道，做皇帝太難了，倒不如做一個節度使快活。自從當上皇帝以後，我就沒睡過一天好覺。」石守信等人大惑不解，忙問原因。趙匡胤意味深長地說：「這還不明白？皇帝的位子，誰不想坐？」眾人聽出了其中含義，都大驚失色，連忙跪下：「陛下何出此言？如今天命已定，誰敢有異心？」

趙匡胤道：「你們固然沒有，但難保你們手下沒有貪圖富貴之人。如果有一天他們也將黃袍披到你們身上，也由不得你們了。」石守信等人戰慄不已，跪倒在地：「臣等愚蠢，請陛下指明一條生路。」趙匡胤說道：「人生如白駒過隙，轉眼即逝。不如多積累點錢財，多買點田產留給子孫；自己置些歌兒舞女，飲酒作樂頤享天年，君臣之間又無猜

宋代名窯

宋代製瓷業發達，器型繁多，形式多樣，紋飾題材也極其豐富，以花卉、嬰戲、山水等題材為主。民間瓷器風骨樸實大方，宮廷瓷器則典雅精緻。宋代名窯眾多，遍布全國，其中最著名的是五大名窯，即定窯、汝窯、官窯、哥窯、弟窯和鈞窯；其中汝窯瓷器是宋代名窯中傳世最少的，南宋時期已經極為少見。過去收藏界即有「家有萬貫，不如藏汝一件」的俗語。真宗景德年間（1004～1007），江西昌南鎮設立官窯，進貢的瓷器底書「景德年製」款，精美絕倫，冠絕天下，昌南鎮遂改名為景德鎮。景德鎮瓷窯常燒不衰，形成了一個著名的瓷器體系。

忌，豈不是很好嗎？」眾人明白了皇帝的意圖，紛紛跪謝。

次日，石守信等人不約而同上書稱病，乞求解免兵權。趙匡胤大喜，好生安慰了他們一番，並賜予大量錢財，然後將他們調任為各地方節度使。石守信雖然暫時保留了侍衛馬步軍都指揮的職位，但也被調離京城，出任地方節度使，等同於解除了兵權。這就是歷史上有名的「杯酒釋兵權」。

掃平割據政權

宋朝雖然是中原王朝，但只有半壁江山，在其周圍有不少割據政權還對這個新建立的政權虎視眈眈。在北方，契丹人建立的遼國占據了燕雲十六州和長城以北廣大地區，是北方最強大的國家；倚仗契丹勢力的北漢，向來公然與從前的後周、現今的宋朝為敵；還有正在興起的党項人，也對宋朝造成了隱隱的威脅。在南方，

白釉刻花龍首淨瓶 高60.5公分，口徑2公分，為北宋早期定窯精品。淨瓶的短流做龍首狀，張開的龍口即為流口。通體施白釉，晶瑩潔淨，散發出恬靜的美感。

有占據四川盆地一帶、長期與中原王朝分庭抗禮的後蜀，長江流域的南唐，江淮以南的吳越，此外還有多個小政權割據一方。

這種「一榻之外，皆他人家」的局面令趙匡胤寢食難安。在這一盤亂局中，從哪個地方下手成為了關鍵。周世宗柴榮在世時，曾定下了「先南後北」，即先取南唐，再下南漢、後蜀，然後攻打契丹，最後消滅北漢的軍事策略。

趙匡胤經過反覆考慮，並聽取張永德、趙普等人的意見後，決定也採取「先南後北」的戰略。關於這個決策，後人批評良多，認為是造成宋朝「積弱積貧」的根源。然而，對於當時國力、兵力並不占絕對優勢的宋朝而言，這或許已是最好，也是最穩妥的戰略方針。

千古風流話英雄——宋太祖趙匡胤

141

花蕊夫人

　　花蕊夫人，生卒年不詳，是後蜀國主孟昶的后妃，一說姓費，一說姓徐，青城（今都江堰市東南）人。她才貌雙全，擅長宮詞，世傳《花蕊夫人宮詞》百餘篇。乾德三年（965），後蜀亡國，花蕊夫人隨同孟昶前往開封。路過葭萌關時，她曾提筆於牆上題詞，「將離蜀道心欲碎，離恨綿綿，春日如年，馬上時時聞杜鵑。」據說，花蕊夫人的美貌早為宋太祖趙匡胤所聞。孟昶到了開封後，不到半個月就不明不白地死去；太祖下令輟朝五日，素服發表，並追封他為楚王。此後，花蕊夫人被迫應詔進宮。趙匡胤聽聞花蕊夫人擅長詩詞，便令她即席賦詩。花蕊夫人悲憤交加，作詩一首，抒發亡國之痛：「君王城上豎降旗，妾在深宮哪得知。十四萬人齊解甲，更無一個是男兒」。太祖見她蕙質蘭心，風流婉轉，又添了幾分愛慕，不久就晉升她為貴妃。花蕊夫人後來因介於宋廷權力之爭，觸犯了太祖弟弟趙光義的利益，在一次打獵時被趙光義用箭射死。

　　乾德元年（963），趙匡胤出兵，一舉滅掉荊南、湖南割據政權，擴大勢力範圍，同時切斷後蜀和南唐的聯繫，也占據了對後蜀、南唐作戰的有利地勢。吞併荊南、湖南後，他開始策謀伐蜀。後蜀國主孟昶在位初期，尚能勵精圖治，還專門組建了一支攻打後周的軍隊，然後不過幾年，他便沉迷聲色，不理朝政。

　　趙匡胤對後蜀用兵蓄意已久。後蜀對此也有所察覺，在朝廷大臣中形成了主和、主戰兩派。孟昶傾向主戰，他派人送密信至北漢，打算聯合北漢合攻宋朝。沒想到，這封信卻被趙匡胤截住了。他喜出望外，並以此為名出兵討伐後蜀。臨行前，他下了三條命令，一是優待蜀軍歸降者；二是禁止宋軍燒殺搶掠；三是伐蜀以掠地為主，所獲錢帛全部分給士兵。趙匡胤對此次出征信心滿滿，甚至提前建造了房宅，準備安置後蜀國主孟昶。

乾德二年（964）年底，趙匡胤以王全斌、劉光義等人為將帥，分水陸兩路征討後蜀；宋軍連連破城，蜀兵死傷無數。孟昶被迫燒毀棧道，棄守成都，後退至葭萌（今四川劍閣東）；宋軍搶修棧道，進入四川腹地，大破劍門天險。孟昶見大勢已去，仰天長嘆，不得不投降。從出兵到孟昶投降，不過66天時間，趙匡胤便將後蜀這塊富庶之地據為己有。

　　先後攻下了荊湖、後蜀，趙匡胤躊躇滿志，於是修改了「先南後北」的戰略，轉頭對付北漢。他的決議並不是沒有依據的，通過幾次出征，宋朝的領土大大擴張，實力也進一步增強，而且此時北漢宮廷內部矛盾重重；在趙匡胤看來，這個機會千載難逢。

　　開寶元年（968）八月，趙匡胤派兵進攻北漢，起初進軍順利，連續攻占了多個州縣。不料，形勢很快出現了逆轉，宋軍連續為北漢軍大敗，先前奪得的州縣也全部丟失。趙匡胤大怒，開寶二年（969）二月，趙匡胤令皇弟趙光義（趙匡胤稱帝后，匡義改名為光義）留守開封，自己御駕親征。同年三月，趙匡胤兵臨北漢都城太原城下；但此後，宋軍圍攻數月，採取了引水灌城、火燒城門等戰術也未能將太原攻下。相反，由於時值盛夏大雨，蚊蟲滋生，宋軍士兵多患腹瀉，戰鬥力大幅下降；趙匡胤考慮再三後，決定撤兵。這次出兵雖然沒有滅亡北漢，但宋朝在對北漢作戰上已占了絕對優勢，從而為宋太宗趙光義最終平定北漢奠定了堅實的基礎。

巢車（模型） 宋代戰爭器械極為發達，被廣泛應用於戰爭中；巢車主要用以觀察敵情。

臥榻之側，豈容他人酣睡

　　征伐北漢失利後，趙匡胤重新調整回「先南後北」的戰略。開寶四年（971），宋朝滅掉了南漢；偏安一隅的吳越、漳泉兩個小政權也早已俯首稱臣。隨後，趙匡胤將目光投向了南唐；此時，南唐在位的皇帝是李煜，即歷史上赫赫有名的李後主。李煜才華橫溢，工書善畫，通音曉律，尤擅詩詞，是被後世廣為傳誦的一代詞人。無奈命運弄人，他被錯誤地推上了皇位，成為了歷史上一位著名的亡國之君。

　　宋朝建立後，後主李煜立即派使者表示臣服。隨著趙匡胤陸續滅掉後蜀、南漢，李煜愈加惶惶不可終日。開寶四年（971），南漢剛剛被滅，他便上表主動要求取消國號，放棄皇帝的稱號，改稱「江南國主」。次年，李煜又自貶儀制，改「詔」為「教」，並向宋朝納貢。李煜的屈辱做法引起了許多朝臣的不滿；他們數次上疏，甚至以死相諫，但都無法令李煜的骨頭硬起來。

　　南唐稱臣，宋朝自然是笑納，甚至與南唐維持了多年的友好關係。其實，趙匡胤連做夢都想把南唐這塊肥肉吞下；只不過在建國初期，為了消滅其他割據勢力，他必須將南唐穩住。況

孟蜀宮妓圖　（明）唐寅作，此圖畫前蜀後主宮中四樂伎，形容、姿態美麗雍容，色彩豪華富麗，是明代人物畫中少有的傑作。

且南唐朝廷雖軟弱無能，但畢竟擁有長江天險，短時間拿下也是比較困難的。不過，自從平定南漢後，趙匡胤便開始圖謀南唐。

開寶六年（973），趙匡胤派人前往南唐祝賀李煜壽辰，同時以「重修天下圖經」為由，搜集了南唐的地理形勢、戶口等資料。次年，趙匡胤又以舉行祭祀為名，企圖強迫李煜到開封為人質；李煜進退兩難，唯唯諾諾。開寶七年（974），趙匡胤正式發兵征討南唐，以浮橋渡過長江天險。李煜最初認為浮橋不過兒戲，直到南唐大軍被宋軍大敗於秦淮才如夢初醒。同年年底，趙匡胤直逼南唐都城金陵（今南京）；為了迫降李煜，宋軍圍困了金陵近一年時間。

李煜企圖議和；然而，趙匡胤認為「臥榻之側，豈容他人酣睡」，於是斷然拒絕。開寶八年（975）十一月，金陵淪陷，李煜投降。至此，除了苟延殘喘的北漢、吳越、漳泉之外，趙匡胤基本上統一了中原，結束了唐末以來的分裂局面。

淪為階下囚的李煜，後被趙匡胤封了一個頗具侮辱性質的「違命侯」，直到宋太宗趙光義即位，才改封為隴西公。他在開封過了兩年多俘虜生活，日日以淚洗臉，傷懷故國。其夫人小周后被封為鄭國夫人，常常被留在宮中數日始歸，每次出宮必大泣，恚罵李煜。

韓熙載夜宴圖（局部）　韓熙載是南唐大臣，因受後主李煜猜疑，便以聲色為韜晦之所。李煜派畫家顧閎中到韓熙載家窺探。顧閎中回來後創作了一幅反映韓熙載家中夜宴情景的長卷呈給後主李煜。圖卷全長三公尺，分為聽樂、觀舞、歇息、清吹、散宴五個部分，這就是名聞後世的《韓熙載夜宴圖》。

千古風流話英雄——宋太祖趙匡胤

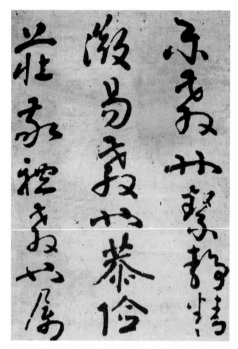

後主李煜手跡 李煜善詩文、音樂、繪畫,尤工詞。其書法遒勁如寒松霜竹,謂之「金錯刀」。

趙匡胤能容忍得了這位時常做悲詩的前皇帝,趙光義卻容忍不了。太平興國三年(978),李煜詞中的「故國不堪回首月明中」、「恰似一江春水向東流」等句惹怒了太宗趙光義,被趙光義派人以牽機藥毒死。據說牽機藥這種毒藥十分駭人,服後全身抽搐,頭腳縮在一起,死狀極為淒慘。

軍隊變革

在南征北戰的同時,趙匡胤也在著手改革軍隊,消除武將兵變和武力割據的隱患。他透過「杯酒釋兵權」解除了石守信等人的軍職後,任用一些軍職較低、對他忠心耿耿的將領統領禁軍。同時,他也意識到,單純依靠人事變更來抑制兵變不是長遠之計,如果要永除後患,必須從制度上分散軍權。

宋初,禁軍是軍隊的重要組成部分,和平時期負責守衛京師,戰時則應詔出征。禁軍分隸殿前、侍衛兩司,殿前都點檢、侍衛親軍都指揮使是其最高的軍事將領。杯酒釋兵權後,一些重要的軍職長期空缺。建隆三年(962),石守信識趣地辭去侍衛馬步軍都指揮一職,這個軍職自此也被架空。禁軍從此再無最高長官,逐漸形成了由官職較低的殿前都指揮使、侍衛馬軍都指揮使、侍衛步軍都指揮使分別統領的「三衙」制度。

此外,趙匡胤將帶兵權和調兵權分開,三衙負責帶兵訓練,而調兵

The Great Emperors in China

中國十大傳奇帝王

百家姓

《百家姓》是中國古代流傳最廣的啟蒙教材。此書將常見的姓氏編成四字一句的韻文，以「趙錢孫李」起頭，「百家姓終」為結束語，通篇押韻。字句之間雖然並無關係，但是讀起來朗朗上口，通俗易學。據南宋學者王明清考證，它成書於北宋初年，是吳越地區（今杭州一帶）一位不知名的儒生所著，開頭的四個姓氏是有講究的，「趙」是國姓，「錢」是吳越國主之姓，「孫」是當時吳越國主錢正妃之姓，而「李」是南唐國主之姓。

權卻屬於樞密院；樞密院是負責軍務的機構，掌管兵籍，握發兵之權。兩個機構互相制約，彼此牽制。趙匡胤還不放心，遇有戰事，他不任用三衙將領，而是臨時任命其他官員擔任將帥，事平之後，兵歸三衙，將還本職，再次分散三衙的兵權。

為了避免地方割據，趙匡胤採取了「強幹弱枝」的策略，即把部分精悍禁軍佈防在京師，部分禁軍分屯各地，用以制衡地方軍力。當然，駐紮地方的禁軍雖不若京師禁軍精銳，但數量相當，再加上地方部隊數量多於禁軍，如此一來，京師有變時，各地軍力聯合起來可壓制變亂，這即所謂的「內外相維」。

趙匡胤還創建了「更戍法」，輪流派遣禁軍戍守各地，使軍隊無固定駐地，以致「兵不知將，將不知兵」、「兵無常帥，帥無常兵」。

皇權的加強

軍隊變革之後，趙匡胤還不能安枕無憂。宋初，相權過重，皇權受到威脅；而中央與地方的關係也存在很大問題，中央大權旁落，地方藩鎮勢力過大，尾大不掉，這都是唐末遺留下來的弊病。

在削弱相權方面，趙匡胤主要採取了三個步驟。首先是設置副相削

弱宰相權勢；在宰相之外又設立參知政事，相當於副宰相，而且不止一名，由此牽制了宰相的權力。其次是設樞密院分割宰相兵權。六部中的兵部原本是掌管軍務的部門，由宰相統領。樞密院的設立等於是取代了兵部；樞密院的地位很高，甚至可以在朝堂上跟宰相分庭抗禮。最後是設三司（鹽鐵司、度支司和戶部司），負責管理財政收入、賦稅等，藉此分割宰相的財權；三司使人稱「計相」，地位僅次於宰相和樞密使。透過對相權的幾番分割，最終形成了宰相主民政，樞密院主軍事，三司主財政，各不相知、各不相干的制度。原本「一人之下，萬人之上」的宰相權力被大幅度削弱。

另外，趙匡胤還想出了一個別出心裁的招數來防止官員培植個人勢力，那就是「官職分離」、「名實不一」。在趙匡胤制定的制度下，「官」是品位，一種等級待遇，可按資歷晉升；「職」是一種虛銜，沒有實際權力，以「待文學之選」；要行使權力，必須有皇帝的「差遣」。即使一個官員不斷升遷，獲得高品級，但如果沒有皇帝的派遣，他手中仍然沒有半點權力。如此一來，官無定員，亦無專職，全憑皇帝差遣，從而加強了皇權。

在削弱藩鎮勢力、加強中央集權方面，趙匡胤採取的是循序漸進的辦法。建國初期，他率先鎮壓了節度使李筠、李重進的叛亂，殺雞儆猴，震懾其他節度使；同時對於其他效忠於他的節度使，則極為禮遇，以此安定人心。

然而，這只是安撫人心的過渡策略。待到大局已定，江山坐穩後，他便開始對藩鎮下手，再次以「杯酒釋兵權」的手段勸退了幾位資格老、名望高的節度使，然後改任文臣代替節度使掌管地方政務；限制地方選派官員的權力，令吏部選派官吏，分到各縣擔任縣令，抑制地方勢力，最終削藩。至此，節度使的權力受到了極大的削弱，到了後來，甚至是徒有虛名了。

在防止地方坐大方面，趙匡胤也有一套。他派遣文官取代武將擔任地方長官，並在知州之外設立通判，規定所有政令必須由通判和知州共同簽署才能生效，分散了地方長官的權力。設立轉運使負責管理地方財政，地方財政收入除必要的經費支出外，全部收歸中央。將廂軍、鄉兵等地方軍隊中的精銳將士抽調到京師禁軍，致使地方軍缺乏戰鬥力，難以獨自與禁軍抗衡。

宋代文官服 宋代百官常朝視事，皆穿公服，唯在祭祀典禮及隆重朝會時穿著祭服或朝服。公服襆頭，一般都用硬翅，展其兩角，只有便服才戴軟腳襆頭。

趙匡胤以恩威並施的手段、極其圓滑巧妙的方式實現了趙普提出的「稍奪其權、制其錢糧、收其精兵」三大策略，鞏固加強了中央集權，有效地防止了唐末以來地方軍閥割據、悍夫武將篡位奪權的情況再度出現。

勵精圖治

趙匡胤在位的17年間，將大部分精力用於統一中原，以及消除國內軍事割據的隱患。不過在恢復社會經濟、穩定社會秩序等方面，他也取得了可圈可點的成就。

農業是國家之根本，宋初，由於連年征戰，國內農事凋敝，田地荒蕪。為了恢復生產力，充實國庫，趙匡胤採取了重農政策，減輕徭役，獎勵農耕，幫助流民回到原籍，鼓勵開墾荒地、種植桑棗榆等經濟作物，同時還興修水利，治理常年氾濫的黃河。

在統一中原、消滅國內武裝割據的戰爭中，趙匡胤每攻下一個地

宋人科舉考試圖　宋代正式確立了州試、省試和殿試的三級科舉考試制度。殿試後，不須再經吏部考試，便可以直接授予官職。宋代重視文人，相臣多出自進士。

方，除了收編部分精兵外，其餘軍士一律遣返回鄉歸農，並令當地政府為他們修蓋房屋，發給耕牛、種子和糧食。如此一來，大批軍士解甲歸田，投入農業生產，對於社會經濟的恢復和發展起了推動作用。

吏治的好壞，關係到王朝的治亂興衰，因此，趙匡胤十分注重整頓吏治。他精簡機構，裁併人員，打擊貪官污吏，嚴厲處罰官吏的瀆職、失職行為，督促各級官員認真履行職責。他還繼續沿用地方官回避原籍的規定，同時也注意高薪養廉。

五代十國時期重武輕文之風盛行，知識份子備受輕視，世道混亂，全無君臣、父子之道。在治理國家的過程中，趙匡胤深感「馬上能奪天

下卻不能治天下」，因此，在思想文化方面，他重振儒學，尊重文人，命人在國子監祭祀孔子的廟宇裡塑繪先聖、先賢、先儒的肖像，並親自撰寫了孔子、顏回的贊文。趙匡胤還重視圖書典籍的搜集和整理，下詔以重金購買佚書，鼓勵民間獻書，並派人校勘典籍。他還常常吩咐武將也要讀書，以明治民之道。

此外，趙匡胤還施行了一件對中國歷史有深遠影響的舉措，那就是改革科舉制。鑑於前朝的種種弊端，他下令禁止了唐代以來盛行的「公薦」等考前推薦活動，規定朝臣不得保舉推薦士子，嚴禁權貴子弟倚仗父兄權勢考取功名，增強了科舉取士的公正性；規定考生無論年齡大小、家庭貧富都可應試，打破了唐朝科舉的門第限制。同時，趙匡胤還使創始於唐朝的殿試成為定制。如此一來，取士之權集中到皇帝手裡，一定程度上遏制了主考官徇私舞弊的現象。

「燭影斧聲」之謎

開寶九年（976）十月，年僅50歲的趙匡胤猝然去世。在此之前，正史中並無他患病的記載。對於他的死，《宋史·太祖本紀》只有一句簡單的記錄：「帝崩於萬歲殿，年五十」。與此同時，關於此事，野史中卻留下了許多生動而詳盡的記載。

宋人文瑩所著的《湘山野錄》中記載，趙匡胤未得志時，曾與一個道士交遊甚深；那位道士曾預言說他能做皇帝。趙匡胤稱帝後，在開寶九年又無意間遇到這位道士，於是迫切地向他詢問自己的壽齡。道士答道：可觀今年十月二十日夜間的天氣。如果晴朗，壽命還能延長一紀；如是不晴，宜當速備後事。

宋代鎏銀魚龍紋鐵斧

千古風流話英雄——宋太祖趙匡胤

十月二十日晚，趙匡胤登高觀望氣象，起初天氣晴朗，星光璀璨，不禁大喜；但不久，天氣驟變，陰霾四起，隨即雨雪紛紛。他急召皇弟趙光義入宮。趙光義到後，趙匡胤摒退宮侍，兩人對飲。宮人遠遠看到燭影搖紅，趙光義不時離席。喝完酒已經是深夜了，趙匡胤用玉斧戳雪，喊道：「好做好做。」隨後回殿就寢；當夜趙光義也留宿宮中。次日凌晨，趙匡胤便去世了；趙光義接受遺詔，於靈前繼位。

司馬光的《涑水紀聞》記載道，趙匡胤去世時已是四更，宋皇后命令內侍王繼恩把皇子趙德芳叫來。王繼恩卻直奔晉王府，去找趙光義。趙光義聽完王繼恩的來意後，猶豫不決，便說要與家人商量一下。趙光義進入內室許久沒有出來。王繼恩催促道：「時間長了，就被別人搶到前頭了。」趙光義於是決定進宮。進宮後，宋皇后問：「德芳來了嗎？」王繼恩回答：「晉王來了。」宋皇后驚詫莫名，繼而醒悟，對趙光義說道：「官家，我母子的性命，都託付給你了。」趙光義隨後即位。

王禹的《建隆遺事》記載的又是另一種版本，說趙匡胤去世前一天，召趙普入宮，欲立皇弟趙光義為帝。趙普建議立皇子，趙匡胤認為不忍違背太后慈訓，決意立趙光義為帝。

《燼餘錄》還記載了一種離奇的說法，說趙光義趁趙匡胤昏睡不醒時調戲花蕊夫人。趙匡胤被驚醒後怒不可遏，舉起玉斧砍向趙光義，但力不從心，沒有擊中。趙光義一不做二不休，索性殺死趙匡胤，奪取了皇位。

根據以上記載，趙匡胤去世當晚，出現了許多異常的情況。按照宮廷禮儀，趙光義是不能留宿宮中的，那晚他卻留在了宮中。宮女、太監竟然都不在皇帝身邊，究竟是趙匡胤摒退，還是趙光義為了掩人耳目，將這些人驅逐出去的？其中的引斧戳雪、趙光義不時離席等細節，言語躲閃，是不是也在暗示趙匡胤和趙光義之間曾出現過爭吵打鬥？更奇怪的是王繼恩假傳聖旨一事，一個內侍如果沒有他人的指使，怎敢違背宋

皇后的旨意？

　　也許是趙光義認為自己即位名不正言不順，便說兄終弟及是母親杜太后的主意。建隆二年（961），杜太后臨終前，突然問趙匡胤是否知道自己為何能做天子。趙匡胤思慮再三，才說是憑藉祖上和太后所積的功德。杜太后卻厲色訓道，趙匡胤能當上皇帝，是因為周世宗去世後，繼位的國君年幼的緣故。因此，立長君才是國家之福，於是要求立趙光義為嗣君。趙匡胤叩首稱是，並將太后遺囑寫於紙上，藏於金匱之中，這就是「金匱之盟」。

　　然而，所謂的「金匱之盟」存在著許多可疑之處。其一，杜太后去世時，趙匡胤只有35歲，正值壯年，而其長子德昭已11歲。杜太后怎能預知趙匡胤去世時，德昭還年幼，不能擔當國家大任？實際上，趙匡胤死時，德昭已經26歲了。況且，「金匱之盟」是趙光義登基五年後才公布的，如果真有其事，為什麼不在繼位之初便公布？

　　趙光義繼位後的舉止也令人頓生疑竇。新君即位，按照慣例是次年改用新年號紀年。但他等不到第二年，便迫不及待地改換年號，此後又逼死了趙匡胤的兩個兒子德昭、德芳；而宋皇后去世後，他也沒有按皇后的禮儀發喪。更令人嘖嘖稱奇的是，就連趙光義的子孫後代也相信他是弒兄篡位。

　　趙匡胤一生英明，善用權謀至登峰造極的地步，不料最終卻栽在弟弟趙光義的手下。太平興國二年（977）四月，停靈半年後，趙匡胤葬於河南鞏縣永昌陵，廟號太祖。

金背光銀菩薩像 菩薩像為銀質，菩薩頭戴寶冠，胸飾瓔珞，長裙曳地，左手托缽，右手拈花，慈祥中帶著幾分莊嚴。背光為金質，上面捶揲出火焰紋，愈顯金光閃爍。

黃金汗國的締造者
一代天驕成吉思汗

　　成吉思汗的一生，以一場戰爭開始，又終於另一場戰爭。他戎馬倥傯，征戰一生，無數次以少勝多，奇蹟般地贏得了一場又一場勝利。這位在中國歷史上占據了特殊地位的帝王，從草原上崛起、勃興，帶領著蒙古人走出草原，揮鞭一路向西。他的馬蹄踏過了遼闊的歐亞大陸，彷彿有一種無形的魔力在推動著他不斷地征服，再征服……對勝利的渴望，令他始終無法停止前進的步伐，最終締造了一個無與倫比的偉大帝國。

生於亂世的鐵木真

成吉思汗畫像

　　成吉思汗原名鐵木真，出身於蒙古族乞顏部一個貴族家庭。他的六世祖海都、高祖敦必乃等人都是蒙古族的顯赫人物，父親也速該素有勇士之稱。鐵木真的母親名叫訶額侖，是也速該搶來的新娘。當年也速該在斡難河畔打獵時，看見了與丈夫也客赤列都路經此地的訶額侖。當地有「搶婚」的習俗，美麗的訶額侖激起了也速該的愛慕之情，他便和兄弟一起趕走了也客赤列都，搶了訶額侖為妻。

　　鐵木真是也速該的長子。他

出生時，也速該剛好活捉了塔塔兒部首領鐵木真兀格。為了紀念戰爭的勝利，也速該給剛出生的兒子取名為「鐵木真」。關於鐵木真的出生年，蒙古民間傳說認為他出生於馬兒年馬兒月（1162），是戰神的化身；而元朝人楊維則認為鐵木真出生於亥年（豬年），即1167年。目前學術界傾向於認同1162年之說。

鐵木真出生在一個群雄逐鹿的年代。當時除了蒙古族外，草原上其他部族在長期的衝突與融合中，也形成了幾個強大的聯盟。其中主要有分布在呼倫湖、貝爾湖附近地區的塔塔兒部，土拉河、鄂爾渾河和杭愛山一帶的克烈部，以及阿勒台山一帶的乃蠻部，色楞格河和鄂爾渾河下游一帶的蔑兒乞部等。其中，塔塔兒部歷史悠久，人口眾多；而克烈部的勢力在當時的蒙古草原則是首屈一指。這幾個大部族相互毗鄰，時常為爭奪人口和牲畜而發生戰爭。

12世紀的蒙古草原諸部族除了相互間的征伐掠奪外，還處於金國的威脅之下。為了壓制草原部落的發展壯大，金國統治者採取了「分而治之」和屠殺掠奪的「減丁」政策。

金國的殘酷掠奪和壓迫引起了草原各部族的不滿，雙方時時爆發衝突。1146年，蒙古族首領俺巴孩汗被金熙宗根據懲治叛部法，釘死在木

姓名：鐵木真
生年：1162年
卒年：1227年
在位：21年（1206～1227）
年號：太祖
廟號：聖武皇帝
諡號：法天啟運聖武皇帝
陵寢：成吉思汗陵
父親：也速該
母親：訶額侖
繼位人：窩闊台
主要政績：統一蒙古草原，建立蒙古汗國，三征西夏，南下征金，西征花剌子模。

黃金汗國的締造者——一代天驕成吉思汗

蓮花紋高足金杯　杯足部剖刻荷葉紋，腹部是盛開的蓮花，當為蒙古貴族用具。

蒙古草原 「天蒼蒼，野茫茫，風吹草低現牛羊。」很早的時候，蒙古族的祖先就在這片肥沃的土地上繁衍生息，譜寫著自己的文明。

驢上；蒙古族從此與金國結下了血海深仇。俺巴孩汗死後，蒙古族陷入了混亂之中。也速該是蒙古乞顏部的首領，也是有名的勇士，他在群龍無首的情況下掌握了蒙古族的大部分勢力，雖未被正式推舉為可汗，但實際上已經統領了蒙古族。

鐵木真九歲那年，父親也速該決定給他定下一門親事。於是，也速該帶著鐵木真前往訶額侖所屬的弘吉剌部探望舅氏，同時希望為他物色一個合適的妻子。路上，父子倆遇上了弘吉剌部的德薛禪；「薛禪」是智者的意思，德薛禪也就是名為「德」的智者。

德薛禪一看到鐵木真便非常高興，認為這個男孩眼睛炯炯有神，臉龐飽滿發光，與他昨晚夢見「白色的鷹抓著日月飛奔而來，落在他手裡」的夢境吻合，於是盛情邀請他們到自己家中住下。德薛禪有一個女兒，名叫孛兒帖，比鐵木真大一歲。也速該見這個女孩美麗健壯，很討

人喜愛，便代鐵木真向德薛禪求婚，德薛禪一口答應了。

　　按照當時的蒙古族習俗，訂婚之後，男孩要留在未婚妻家工作幾年，完婚之後才能帶著妻子回家。也速該將一匹馬作為聘禮，並把鐵木真留在了德薛禪家。當時還不諳世事的鐵木真，戀戀不捨地望著父親的身影逐漸消失在視線裡，誰也沒有想到，這竟是永遠的生離死別。

飽經磨難的少年時代

　　也速該在回家途中，被仇敵塔塔兒部領袖鐵木真兀格之子札鄰暗中毒死。鐵木真聞訊趕回家後，已來不及見父親最後一面。母親訶額侖含淚向他轉述了也速該的臨終遺言：希望鐵木真長大成人後要為他報仇，將身高高於車輪的塔塔兒人全部殺掉！

　　也速該死後，其部眾紛紛離散。更為雪上加霜的是，對也速該早已心懷不滿的蒙古泰赤兀部的塔里忽台（俺巴孩汗的孫子），趁機煽動蒙古各部孤立鐵木真母子。這就使鐵木真一家人的生活驟然陷入了困頓之中。

蒙古秘史

　　《蒙古秘史》又稱《元朝秘史》，作者不詳，約成書於13世紀。據考證，原書很有可能是用畏兀兒蒙古文寫成的。此書記載了成吉思汗二十二世先祖至窩闊台時代（1240），黃金家族的肇始、發展、壯大史，其中著重描寫了成吉思汗崛起、建立蒙古汗國的一生。在描述蒙古族興衰史的同時，書中也記錄了當時的社會文化背景，還保留了許多民族神話傳說，對今人了解蒙古族的歷史有重大意義。明洪武年間，翰林院根據原書，用漢字拼寫成蒙古語（即漢文音譯本《秘史》），作為蒙語教材刊刻發行。有清一代，許多學者對《秘史》進行了校勘、注釋。19世紀以後，《秘史》引起了世界學者的注意，關於此書的專著和論文層出不窮，並形成了一門國際性的學科──秘史學。

也速該死時，留下了6子1女：正妻訶額侖所生的長子鐵木真剛滿9歲，次子合撒兒7歲，三子合赤溫額勒赤5歲，四子帖木格3歲，幼女帖木侖還在搖籃之中；此外還有也速該的次妻生下的兩個兒子：別克帖兒和別勒古台，年齡不詳。一家子3個婦女（包括一個老僕婦），7個孩子，沒有牛羊牲畜，所有的財產就是9匹銀合馬。

訶額侖是個性格堅強的婦女；她沒有怨天尤人，而是脫下華服，換上布衣，奔波於斡難河上下，靠挖野菜、拾野果，艱難地維持著一家人的生計。年幼的鐵木真兄弟為了替母親分擔重擔，也時常到野地裡挖野菜，或者到斡難河邊釣魚。一家人的生活雖然過得艱難，但也平靜和諧。

然而，隨著鐵木真兄弟一天天長大，當年唆使部眾背棄他們的塔里忽台害怕他們成年後會對自己施加報復。於是，他決定斬草除根，召集泰赤兀部的部眾襲擊了鐵木真一家。鐵木真是長子，因此這次襲擊實際上是針對他而來的。一家人在襲擊中離散了，鐵木真在慌亂中逃入了森林，他在密林裡躲了幾天幾夜，最終卻還是被塔里忽台抓住。塔里忽台下令將鐵木真關押在營房裡，要將他斬首祭天。

不甘心就此受死的鐵木真卻趁守衛鬆懈之際，逃了出來。在泰赤兀部一個名叫鎖兒罕失剌的奴隸的幫助下，他擇路而逃，終於躲過了塔里忽台的追捕，安全回到了家。正當一家人沉浸在團聚的喜悅之中時，一群不速之客——主兒乞人突然光臨，盜走了他們的銀合馬。

馬是蒙古人的重要財富，也是鐵木真家唯一的財產。失去了銀合馬，一家人等於沒了依靠。憤怒的鐵木真

蒙元時期的納石失辮線棉袍

騎上鎖兒罕失剌送的馬，追趕了六天六夜，終於將銀合馬奪回。在追馬的過程中，鐵木真還結識了一位可以生死相託的朋友博爾朮。後來博爾朮歸入鐵木真麾下，成為了蒙古汗國的一員悍將。

❧❧ 新娘意外遭劫 ❧❧

冬去春來，鐵木真年滿18歲了，到成婚的年紀了。憑著童年模糊的記憶，他找到了德薛禪家。德薛禪興高采烈地接待了他，信守諾言讓女兒孛兒帖與他完婚。新婚的喜悅讓鐵木真對未來充滿了希望，然而令他萬萬沒有想到的是，一場更大的災難很快降臨到了他頭上。

金馬鞍復原圖 蒙古人善騎射，連婦女、兒童也不例外。這件金馬鞍長72.5公分，寬31公分，高33公分，出土於內蒙古錫盟鑲黃旗烏蘭溝的蒙古貴族墓；墓主人是一個貴族少女。它是內蒙古草原上首次發現的蒙古貴族秘葬墓的出土品，具有極高的工藝水準和文物價值。

當年也速該從蔑兒乞部的也客赤列都那裡搶回了新娘訶額侖，蔑兒乞人對此一直耿耿於懷；當他們得知也速該的長子結婚後，便萌生了報復的念頭。一天清晨，鐵木真一家人還在酣睡中時，一群蔑兒乞人襲擊了他們的帳篷。警覺的老僕婦發現情況後，迅速叫醒訶額侖、鐵木真母子。鐵木真兄弟保護母親向山裡逃去，躲過了蔑兒乞人的襲擊，但是孛兒帖、別勒古台的母親和老僕婦卻被搶走了。

俗話說「殺父之仇、奪妻之恨，不共戴天」，父仇尚未得報，又添奪妻之恨，鐵木真心中的憤懣可想而知。妻子必須要奪回來，然而蔑兒乞部人多勢眾，不是他單憑自己的機智和幾個朋友的幫助便能打敗的。左思右想之後，他決定向父親的「安達」（意為義兄弟、盟友）——克

烈部的首領脫里求助。脫里是克烈部的合罕（同可汗），與金國的關係密切，並從金人那裡接受了「王」的稱號，所以又被稱為王罕。

鐵木真之父也速該曾多次幫助過王罕，而且王罕本身與篾兒乞部也有仇恨，因此當鐵木真前來求助時，他很爽快地答應了，還建議鐵木真去聯合札木合。札木合是札答蘭部的領袖，也是鐵木真的安達。對於鐵木真的求助，札木合也爽快地答應了。王罕出兵兩萬，札木合出兵一萬，鐵木真還召集了原來的部眾一萬人，如此一來，便組成了四萬人的大軍。

大軍壓境，篾兒乞部被打得措手不及，四處逃散。王罕和札木合帶兵追擊，並趁機掠奪人口和財物。鐵木真則騎著馬焦急地在奔逃的人群四處尋找孛兒帖的下落，大聲呼喚著妻子的名字。坐在車上的孛兒帖聽到丈夫的聲音後，哭著下車奔了過去，鐵木真也跳下馬，激動地擁住了孛兒帖；這對久別的夫妻歷盡艱辛，終於得以重逢。

此後，孛兒帖生下了一名男孩，取名「朮赤」（蒙語「客人」之意）。因為孛兒帖被俘後曾許配給他人，所以很多人懷疑朮赤不是鐵木真的親生子，後來還因此引發了一系列衝突。

由於戰爭的勝利，鐵木真的力量逐漸壯大起來，於是便率眾脫離了札木合。跟隨鐵木真離開的，除了百姓部眾，還有其他部落慕名追隨的將士。此後，乞顏部各支系的貴族也紛紛投靠了鐵木真。

1184年左右，鐵木真被推舉為蒙古乞顏部的可汗，這引起了札木合的忌恨。不久，札木合的弟弟因為一場衝

繡花靴套 這件靴套在紫地絹上繡有各色花朵、綠葉和花蕾。上面的兩條帶子用來綁腿，下邊的織物用於保護靴子，是一件具有濃郁蒙古族風格的文物。

突被鐵木真的部下殺死，這給了札木合引發戰爭的充分理由。札木合立即召集塔塔兒部、泰赤兀部、弘吉剌部等13個部落向鐵木真發起進攻。鐵木真也緊急通知盟友，集結了十三翼三萬騎兵應戰，這就是著名的「十三翼之戰」。由於部隊鬆散，人心不齊，鐵木真輸掉了這場戰爭。然而，札木合在戰爭中表現出來的殘忍無情卻使得更多人轉投鐵木真麾下，鐵木真的勢力得到了進一步的發展。

逐一擊破草原各部落

父親被塔塔兒人所毒殺，是鐵木真心中永不能抹滅的一道傷痕。隨著實力的增強，他心中復仇的火焰開始熊熊燃燒。恰在此時，塔塔兒部與金國爆發了大規模衝突。金國派使者通知鐵木真，令他配合金國，合擊塔塔兒部。鐵木真不假思索就答應了，同時，王罕的克烈部也加入了圍擊塔塔兒部的戰爭中。

在三方合擊之下，塔塔兒部毫無還手之力，從此一蹶不振。鐵木真為父報仇，贏得了草原各部落的敬重。他還藉此機會掠奪了塔塔兒部的奴隸和財富，擴大了勢力範圍。

打敗了塔塔兒人，鐵木真還沒有喘過氣來，乞顏部內部的矛盾又激化了。乞顏部由主兒乞氏、孛兒只斤氏等多個氏族組成的。雖然各氏族貴族都表示效忠於鐵木真，但並不都是心悅誠服的，尤其是主兒乞氏，時常有輕蔑之舉。

在一次宴會上，主兒乞氏和孛兒只斤氏發生了衝突，大為惱怒的鐵木真竟然不顧可汗威嚴親自下場鬥毆。事後，鐵木真向主兒乞氏示好，主兒乞氏首領卻不願意和解，率眾離開了鐵木真，單獨設營，後來甚至還趁鐵木真在前方作戰時襲擊了他的後營。

忍無可忍的鐵木真出兵擊潰了他們，並處死了主兒乞氏的首領，合併其屬民部眾。經過這場征討，鐵木真消滅了部落內部最不穩定的一個

因素，從而挫敗了乞顏部其他氏族貴族的囂張氣焰。鐵木真隨後又多次聯合王罕對外作戰，進一步壯大了勢力。

蒙古乞顏部的迅速崛起引起了草原各部落的警覺。1201年，乃蠻、蔑兒乞、泰赤兀、札答蘭、弘吉剌等12個部落舉行盟會，共同推舉札答蘭部的札木合為「古兒汗」（即眾汗之汗），立誓要與鐵木真、王罕死戰到底。

12個部落組成了聯軍，向乞顏部和克烈部發動了戰爭。鐵木真及時得知了消息，迅速派人通知王罕，王罕立即率領軍隊與鐵木真會合。鐵木真和王罕的軍隊搶占了有利地形，與部落聯軍對陣於闊亦田（今中蒙邊境的奎騰嶺一帶）。

兩軍對陣時，刮起了對鐵木真、王罕有利的順風，箭如雨般落到聯軍的頭上，死傷無數。面對突如其來的情況，眾部落為了保存實力，紛紛各自撤退。札木合戰敗，投降了王罕。鐵木真率兵追擊泰赤兀部時，頸部被箭射中，生命垂危，幸得忠實的「那可兒」（門戶奴隸之意）者勒蔑相救，他才活了下來；這也是鐵木真多年征戰生涯中最接近死亡的一次。

蒙古騎兵用過的箭袋
蒙古騎兵通常要隨身攜帶兩三張長弓和三個裝滿箭的箭袋。這個箭袋裝飾華麗，應為蒙古貴族之物。

1202年，鐵木真再次出兵，滅掉塔塔兒部，將凡是身高高於車輪的塔塔兒人全部處死，徹底報了殺父之仇。他還占據了水草豐美的呼倫貝爾草原，人口倍增，牲畜也大大增多，為以後的征戰提供了堅實有力的後盾。

經過多年的混戰後，草原上的局勢出現了巨大變化，許多部落不是被吞併便是遭受重大打擊，無力再爭奪霸主之位，只得紛紛依附大部落，由此出現了蒙古乞顏部、王罕的克烈部和乃蠻部三足鼎立的局面。

與王罕的盟誓破裂

鐵木真之所以能如此迅速地崛起，在很大程度上是因為受到克烈部王罕的幫助。而當王罕在內部叛亂、被逼得走投無路時，鐵木真也給予了他無私的援助，幫助他重振聲威。然而，這對義父子因為利益而結合，最終也因為利益而破裂。

王罕是個貪婪自私的人，在闊亦田之戰中，他追擊札答蘭部和蔑兒乞部，迫降了札木合，繳獲大量財物。鐵木真曾將自己搶到的戰利品全部交給王罕，王罕卻不願意分出一點給鐵木真。

1202年秋，打敗12部落聯軍之後，鐵木真和王罕開始向西推進，擊敗了乃蠻部的不亦魯黑汗。不亦魯黑汗是乃蠻部首領太陽汗的弟弟，兩人不和，因此分部治之。在回師途中，鐵木真和王罕的軍隊卻遭遇了乃蠻部的援軍。因為當時天色已晚，雙方便約定先紮營過夜，等待明日再戰。

紮營後，札木合蓄意挑撥離間王罕和鐵木真的關係，向王罕彙報說鐵木真已暗地裡向乃蠻部投降。此時與鐵木真已有嫌隙的王罕對此深信不疑，於是連夜撤營。次日，鐵木真發現王罕的營地空無一人，十分氣憤；為了避免不必要的犧牲，他也悄悄撤兵了。

王罕撤兵後，很快被乃蠻部追兵趕上，打得落花流水。鐵木真不計前嫌，毅然出兵援救。滿懷羞愧與感激的王罕再次與鐵木真重申了父子之誼，並希望他做自己的獨生子桑昆的長兄。此後，桑昆見父親倚重鐵木真，擔心他以後會和自己爭奪汗位，因此屢次向王罕提議剷除鐵木真，但都被王罕拒絕了。桑昆乾脆先斬後奏，派人燒毀了鐵木真的牧

蒙古軍攻擊圖　在冷兵器時代，弓箭是蒙古草原各部落互相征伐時，在戰場上使用的主要武器。

場，又以結親為理由邀請鐵木真前來聚會，企圖以此為契機活捉他。

　　沒想到，這樁陰謀被桑昆的一個部下透露給了鐵木真。鐵木真立即下令拋棄輜重，儘快遷移。桑昆得知陰謀敗露後，便將此事告知了父親王罕。王罕見事已至此，一不做二不休，率領軍隊追趕鐵木真。雙方在合蘭真沙陀之地（約在今內蒙古東烏珠穆沁旗北境）展開了激烈的戰鬥。鐵木真率眾反覆苦戰，終因眾寡懸殊，只得率領四五千名殘兵敗退到呼倫貝爾草原。

　　此後，為了避免遭到王罕的襲擊，鐵木真又將營地遷向班朱尼河邊（呼倫湖西南）。在遷移的過程中，一些依附鐵木真的部落相繼而去，軍隊又不斷受到王罕的追擊；到達班朱尼河時，跟隨他的人只剩下少數最忠實的將領了。

不久，鐵木真的弟弟合撒兒歷經千辛萬苦趕來與他會合。兄弟團圓，鐵木真喜不自禁，本來打算舉行宴會慶祝合撒兒的到來，但是軍營中已經沒有糧食了。合撒兒捕獲了一匹野馬，於是他們就以野馬肉為食，以渾濁的河水為酒。喝著濁水，鐵木真向天發誓：以後假如能成就霸業，必與眾人同享富貴！

征服蒙古草原

陷入低潮只是暫時的，隨著秋天的到來，天高馬肥，屬民部眾也逐漸回歸，鐵木真的勢力迅速得到恢復；而王罕獲勝後，更加驕縱輕敵，其部下札木合等人密謀殺害他，事敗後逃往乃蠻部。

1203年秋，鐵木真趁王罕宴飲歡娛之際，發兵突襲了王罕的營帳。激戰三天三夜後，克烈部主力被擊潰，王罕、桑昆父子趁亂逃走。王罕在逃亡途中被乃蠻部的哨兵誤殺，桑昆一直逃到了今天的庫車一帶，後被當地酋長所殺。

此役之後，鐵木真的勢力範圍擴大了，草原上唯一能與蒙古部抗衡的只剩下了乃蠻部。乃蠻部首領太陽汗坐立不安，因為鐵木真的崛起已經明顯地威脅到他的地位了。乃蠻部東南方有個名叫汪古剔的部落，與乃蠻部有姻親關係，太陽汗派使者前去求見汪古剔部首領阿剌忽失，提議兩個部落合力共同夾擊蒙古。阿剌忽失很了解蒙古的實力，深知此事不可為，於是逮捕了太陽汗的使者，並將此事告知了鐵木真。

1204年夏初，鐵木真以猛將哲別、忽必來為先鋒，率軍抵達乃蠻邊境。太陽汗也帶著兒子屈出律率領大批部隊翻越阿爾泰山，駐紮應戰。

為了震懾敵軍，鐵木真故布疑兵，讓各營帳篷分開設立，晚上每個人點起五堆篝火，造成滿山遍野都是人的假像。乃蠻的偵查兵果然被迷惑了，他們即刻報告了太陽汗。太陽汗令人通知屈出律退兵，以後再伺機反擊；血氣方剛的屈出律對太陽汗這種膽怯退兵的態度非常不滿，奚

落了太陽汗一頓。太陽汗被氣得七竅生煙，再加上麾下的大多數部將也不贊同退兵，只好號令軍隊，做好迎戰準備。

次日，兩軍展開了決戰。蒙古軍隊作戰勇猛，鐵木真以及手下一干大將更是驍勇無敵，步步逼近。相反，乃蠻軍卻是且戰且退，最後竟然被逼上了山巔。太陽落山後，兩軍停戰休息，約定明日再戰。夜裡，許多乃蠻士兵企圖逃走，結果不少人失足掉下山崖摔死，乃蠻軍營裡更加人心惶惶。

第二天，蒙古軍幾乎不費吹灰之力，便擊潰了乃蠻軍，太陽汗戰死，逃走的札木合也被活捉。為了顧及這位昔日「安達」的顏面，鐵木真以「不流血」的方式（裝入布袋中絞殺）處死了他。

成吉思汗統一漠北圖　1189年，鐵木真成為蒙古乞顏部首領後，開始了統一漠北的漫漫征程。他通過十三翼之戰、攻打塔塔兒、闊亦田決戰、消滅王罕、消滅乃蠻部等一系列重要的戰役，終於使草原各部落統一。

建立蒙古汗國

克烈、乃蠻等部相繼被滅，除了偏遠地區的一些小部落和少數殘餘敵對勢力之外，鐵木真已經基本上統一了蒙古草原。1206年春，他回到蒙古族的發源地——斡難河源頭，豎立起九白旗（最威嚴和聖潔的旗幟），舉行忽里台大會。鐵木真被推舉為蒙古可汗，上尊號「成吉思」。他建立的這個新政權，國號為「也客－忙豁勒－兀露絲」，漢語意為「大蒙古國」。在此之前，草原上有十幾個部落，每個部落都有自己的名字，蒙古部只不過是其中的一個，而今，隨著蒙古國的建立，「蒙古」也成為了草原各部的總稱。

建立蒙古汗國後，成吉思汗兌現了班朱尼河邊的諾言。他打破氏族部落的界限，將轄內人口分為95個千戶，下設百戶、十戶，接著論功行賞，將這95個千戶逐一分給功臣，先後任命了一批千戶官、萬戶官。

此外，成吉思汗還對親族及其子弟進行了分封。對諸子的分封，按照蒙古族「幼子守產」的傳統，拖雷得到了蒙古帝國中心地帶，即大汗斡耳朵（宮帳或宮殿）周圍地區。其他三個兒子的封地則在阿勒台山之西，稱「西道諸王」。長子朮赤在最西邊，包括花剌子模至不里阿耳

何為「成吉思」

1206年，鐵木真建立蒙古汗國，稱成吉思汗，這是薩滿（巫師、祭師）闊闊出以天神名義獻上的尊號。汗的意思很明確，即可汗，等同於漢語中的「皇帝」或「天子」，然而對「成吉思」的解釋，學術界歷來卻存在很大分歧。有人認為「成」是強大之意，「成吉思」是這個詞的複數形式；有人認為「成，大也，吉思，最大也」；也有人認為「成吉思」即騰汲思，是海洋的意思；還有人認為是「天賜」之意，成吉思汗即是「天可汗」。無論是哪一種解釋，這個詞都表明了對鐵木真偉大業績的讚頌。

地區以西；次子察合台封地在尤赤的東南部，包括畏兀兒以西、伊黎河、楚河、塔剌恩河流域；三子窩闊台的封地為阿勒台山原乃蠻之地及葉迷立、霍博等處。

與西道諸王相對應，成吉思汗將諸弟分在了草原東部，稱為「東道諸王」。其中，合撒兒封地在東北部，主要是也里古納河流域；合赤溫應得封地則由其子按赤台受封，主要在金邊牆附近；斡赤斤的封地在最東部，包括捕魚兒海（即貝爾湖）哈剌哈河流域至海剌兒河一帶；別里古台封地在溫赤台之西。除子弟之外，成吉思汗還給予后妃、外戚等一定的封地。

分封完畢後，成吉思汗開始著手擴建怯薛軍（即禁衛軍）。當時的蒙古高原上各部首領的斡耳朵都有相應的親兵護衛隊，這就是怯薛的前身。成吉思汗對原來的護衛軍加以擴充，形成了1萬人的怯薛軍，包括1000名宿衛，1000名箭筒士和8000名散班。

怯薛軍的主要職責是護衛大汗金帳並分管汗廷的各種事務，此外還負責大汗斡耳朵的各種勞役，包括文書、門衛、服飾、飲食等。這支軍隊的每個成員都由成吉思汗親自挑選，主要是各百戶長、千戶長及其他

中國十大傳奇帝王

The Great Emperors in China

官員子弟，這也起到以人質控制部下的功能。怯薛長由成吉思汗最親信的那可兒（親兵、戰友之意）博爾忽、博爾朮、木華黎、赤老溫四家子弟世襲擔任。這支軍隊由成吉思汗直接統領，又稱「大中軍」，是蒙古軍的精銳，也是控制地方的主要武裝力量。

蒙古族本無文字，在與乃蠻部一戰中，成吉思汗收降了畏兀兒人（即回鶻，今維吾爾族的祖先）塔塔統阿。塔塔統

漢白玉雕帝王像 這尊漢白玉雕刻的石像出土於一處大型祭祀遺址，是秘葬於漠北的某位蒙古先皇的雕像。雕像高155公分（頭部缺失），端坐在交股式圈椅上，身穿裝飾有龍紋和牡丹紋的華麗袍服。

阿是太陽汗的掌印官，《元史》中說他「性聰慧，善言論，深通本國文字」。塔塔統阿用畏兀兒字母拼寫蒙古語，創造了蒙古文字，即「畏兀字書」。有了文字之後，成吉思汗命人將習慣法刊刻成書，後形成了一部縝密的成文法——大札撒（札撒意為「法令」）。此外，他還確立了司法審判制度，逐步建立了比較完備的國家制度。

蒙古汗國在草原上崛起，迅猛不可擋，不久，成吉思汗降服了草原北部森林的部落，徹底統一蒙古草原。鄰近的小國畏兀兒、哈剌魯也分別於1207年、1209年歸附成吉思汗。

三征西夏

鐵木真建立大蒙古國的時候，北方草原上還有其他幾個比較強大的政權。党項族建立的西夏、女真人建立的金國等，都有比較強大的經濟和軍事實力，他們的社會和文化發展程度也遠遠高於大蒙古國；除此之

九斿白旗

九斿白旗，也稱九足白旗、九腳白旄旗等，蒙古人俗稱「查干蘇力德」，是代表成吉思汗乃至整個蒙古的旗幟。「斿」意為足、腳。蒙古人崇尚白色，以九為吉祥數字，他們認為軍旗裡面存在著守護神（蘇力德，具像為金三叉長矛），因此出征之前、慶祝勝利時都要祭祀軍旗。元朝滅亡之後，祭祀九斿白旗的活動仍然在蒙古人中進行。至於這面旗幟的形狀，目前有兩種解釋，一種是繫著九條飄帶的大旗，另一種是由九條白馬尾做成的旌旗，旗上繪有獅子、天馬等形象，每種圖案都有各自的獨特含義。

外，蒙古國的西北還有一些部落沒有臣服；與花剌子模的較量也早已暗暗醞釀……

西夏是党項人建立的國家，位於蒙古的東面，是一個經濟、文化都很發達的國度。成吉思汗在位期間，蒙古曾四次東征西夏。第一次是在1205年，蒙古軍襲擊了西夏的幾座城鎮，洗劫了當地的牛、羊、駱駝等牲畜和財產。對於蒙古汗國而言，這只是一次試探性的軍事行動，他們沒有深入西夏內陸，僅在邊境地區掃蕩過一回後便回師了。

「監國公主」銅印　印文為九疊篆體，寫著「監國公主行宣差河北都總管之印」。印正中的兩行字就是畏兀兒體蒙文。監國公主是成吉思汗的三女兒阿剌海別乞，嫁給汪古部首領為妻。這方銅印說明她不僅掌管汪古部的政事，還管轄著黃河以北的廣大地區。

1206年，主張聯金抗蒙的夏襄宗登上了西夏國主之位。夏襄宗登基之後，積極地與金國結盟。金國和蒙古是仇敵，西夏聯合金國，就等於與蒙古為敵。從當時北方的局勢來看，如果西夏、金國聯手進攻，形勢對蒙古是很不利的。而且從長遠目

標出發，如果要攻打金國，位於金國和蒙古之間的西夏是必然要征服的對象。因此消息傳來之後，成吉思汗便決定再度征伐西夏。

花形金盞托 該盞托形狀像蓮花，由托盤和盞兩部分組成，用純金製成。製作精緻，造型美觀，是西夏文物中的精品。

1207年秋，成吉思汗率兵攻打西夏軍事重鎮斡羅孩城（今內蒙古烏拉特中後旗西部）。蒙古軍隊是騎兵，打的基本都是移動戰，沒有過攻克大型城池的經驗。為了攻克此城，蒙古軍組建步兵，還向畏兀兒等民族學習攻城本領，圍攻了幾個月，才將斡羅孩城攻下。由於糧草已絕，成吉思汗不得不在次年春夏之際返回。

1209年秋季，經過一年多的備戰後，成吉思汗三征西夏，這一次他是有備而來。夏襄宗自然也是不甘示弱，任命世子李承禎為元帥、高令公為副元帥出兵應戰。兩軍在黑水城（今內蒙古阿拉善盟額濟納旗南部）北遭遇。蒙古軍是狼虎之師，衝鋒陷陣如入無人之境；甫一開戰，西夏軍便自亂陣腳，不久即被擊潰，高令公被擒，李承禎逃走。

擊敗西夏軍後，蒙古軍突破了重鎮斡羅孩城，向西夏內陸進軍，一路勢如破竹，直指西夏都城中興府（今寧夏銀川）。夏襄宗向金國求援，金國拒不出兵，企圖坐山觀虎鬥。蒙古軍雖然包圍了中興府，但是久攻不下；在無計可施的情況下，成吉思汗下令引黃河之水灌城，誰知中興府城牆又高又厚，河水非但不能淹城，反而倒灌，險些淹沒了蒙古軍陣營。於是，成吉思汗只好派使者去招降西夏王。

中興府雖暫時能夠安然無恙，但畢竟不是長久之計，久圍之下必有危機，金國又不願意出兵相助。孤立無援之下，無可奈何的夏襄宗被迫答應每年向蒙古納貢，並將女兒察合公主獻給成吉思汗，以示誠意。

三征西夏之後，成吉思汗取得了可觀的戰果，不僅掠奪了大量奴隸

黃金汗國的締造者——一代天驕成吉思汗

171

和牲畜等財產，迫使西夏稱臣，還解除了後顧之憂，為出征金國創造了良好的條件。

南征金國

　　金國是由興起於今黑龍江、松花江流域及長白山地區的女真族建立的政權。女真人驍勇善戰，勢力強勁，曾一度消滅遼和北宋，統一了包括黃河流域在內的北方地區，一時成為北方霸主，與南宋形成了對峙局面。長期以來，蒙古各部也多處在金國的威脅和統治之下，直到鐵木真建立大蒙古國時，還沒有擺脫金的控制。

　　蒙古帝國日益強盛，而金的統治卻逐漸走向了衰落。蒙古軍隊在迫使西夏臣服之後，對金的戰爭已箭在弦上。從當時的情況來看，表面上金國的勢力遠遠強於蒙古，金國的人口比蒙古多40倍，兵力也在蒙古的10倍以上。但是金國自庸碌無為的衛紹王永濟繼位後，內部矛盾重重，正處於崩潰邊緣，只消一擊，便可以全盤瓦解。

　　為了確保勝利，成吉思汗孤注一擲，僅留2000人馬留守大本營，幾乎傾盡全國兵力南征金國。1211年2月，蒙古軍越過沙漠進入金國北方邊界汪古剌部的領地。汪古剌部原是金國防守邊境的一個部落，後

供養菩薩壁畫　此圖為敦煌莫高窟第328窟中的西夏作品。繪畫色彩保存如新，調子熱烈明快，繪工精緻，是西夏壁畫的代表作品之一。

中國十大傳奇帝王

來歸附了蒙古；但金國對此似乎一無所知，竟無半點應對措施。在汪古剌部領地，成吉思汗整頓軍隊，等候機會出擊。直到當年4月，金國才得知蒙古入侵的消息，慌忙調兵把守，然而已經錯過了防備的最佳時機。

成吉思汗騎射圖 成吉思汗一生戎馬倥傯，叱吒風雲，在中國乃至世界歷史上留下了重重的一筆。

1211年7月，蒙古軍兵分幾路進逼金國，直取昌州（今內蒙古太僕寺旗九連城）諸城。為了遏制蒙古軍的前進，金國將主力部隊集中到野狐嶺（今張家口萬全西部）一帶，企圖在此殲滅蒙古軍。當時金軍號稱40萬，蒙古軍僅有10萬，兵力相差懸殊。成吉思汗毫不畏懼，他以大將木華黎為先鋒，率領死士衝擊金軍中路，隨後集結所有兵馬攻擊同一個目標。

蒙古軍強悍勇猛，視死如歸，最終大敗金軍主力；金軍潰逃，伏屍百里，血流成河。蒙古軍繼續追擊圍剿，消滅了金軍的後繼部隊，並攻占了宣德府（今河北宣化）。野狐嶺一役大大削弱了金國的軍事實力。

此後，蒙古軍勢不可擋，奪取了居庸關，接著翻山越嶺，進逼金中都（今北京）。金軍誓死迎戰，蒙古軍多有折損，不得已繞過中都，進入金國內地，一路燒殺搶掠，攻城陷地。到了1212年，蒙古軍已經掃蕩了黃河以北的大部分地區。不過蒙古軍旨在掠奪，每攻下一座城池後，並不派兵把守，因此昌州、西京（今山西大同）、東京（今遼寧遼陽）等地又陸續被金國奪回。

1212年秋，成吉思汗再度出征。在攻占西京的戰役中，他採取誘敵深入的策略，全部殲滅前來支援的金軍，但也不慎被箭射傷，因而沒有再深入，撤回陰山附近駐守。

1213年7月，成吉思汗率領大軍，發動了對金朝的第三次進攻。蒙古軍順利地攻下宣德府等地，並在中都附近的懷來（今河北懷來縣）大敗金軍，而後又攻下居庸關。1214年春，蒙古各路軍隊會師於中都城下。諸位將領提議乘勝攻下中都，成吉思汗認為還未到時機，因此沒有同意。他派使者至中都，說準備撤軍，並要求金國「犒軍」。

新即位的金宣宗正苦於困局，馬上答應議和條件，獻上衛紹王的女兒歧國公主及金帛、500童男童女、3000匹馬，並遣丞相將成吉思汗送出居庸關。

蒙古軍撤走後，金宣宗仍然坐立不安，於是將都城南遷往汴京。成吉思汗得知這個消息後，再次派兵包圍了中都。1215年5月，蒙古軍攻克中都，搶劫財物，燒毀宮室，迫降了一大批金朝官員，後來對元朝產生重要影響的名相耶律楚材便是其中一員。

坐式銅龍 出土於金上京會寧府遺址。銅龍昂首，張口，弓身，尾上卷；左前足踏地，右前爪抓一朵祥雲，後腿坐在地上。龍髮向後飄揚，與肩部升起的蔓狀煙雲相接，有如騰雲駕霧。

1216年春，蒙古大軍退回漠北。1217年，成吉思汗封木華黎為太師國王，命他「召集豪傑，勘定未下城邑」，統領諸軍專征金朝。木華黎剿撫並用，金朝北部地方武裝紛紛歸降；木華黎率兵打到了西安、鳳翔一帶，此後，蒙古軍主力轉向西征，成吉思汗也於1127年病逝。蒙金雙方以黃河為界進行著拉鋸戰，金得到20餘年的苟延時間。

西征花剌子模

花剌子模是中亞的一個大國，位於阿姆河下游，領土廣闊，商業也十分發達。1216年，花剌子模國王摩訶末派遣使節覲見成吉思汗；成吉思汗也派使者回訪，表達了希望

耶律楚材

耶律楚材（1189～1244），契丹皇室後裔。他自幼聰明好學，知識非常淵博，凡天文、地理、律曆、術數及釋老、醫卜諸說，無不通曉。金章宗時耶律楚材以宰相子補省掾，後任開州（今河南濮陽）同知。1214年，金宣宗南遷汴京（今開封），耶律楚材仍留中都（今北京），任尚書省左右司員外郎。1215年，蒙古軍攻陷中都，耶律楚材歸附了蒙古，後成為成吉思汗近臣。西征期間，他陪伴成吉思汗左右，為其出謀劃策，深得信任；成吉思汗親切地稱呼他為「吾圖撒合里」（意為長鬍人）。窩闊台（元太宗）時期，耶律楚材官拜中書令，負責主持制定儀禮，並建立了課稅制度。他多次諫阻蒙古軍屠城，制止蒙古貴族將中原變為牧場的企圖；同時，他還改革了中央、地方的政治體制，實行編戶制度，提倡科舉取士，主張尊孔重儒，對蒙古政權的鞏固、中原文化的恢復和發展做出了突出貢獻。他是促使成吉思汗、窩闊台等蒙古貴族接受中國傳統文化的第一人。耶律楚材於1244年五月去世，死後被追封為廣寧王，諡文正。

兩國能夠友好通商的願望。不久，成吉思汗派出一支450人的商隊，帶著大量金銀，前往花剌子模進行貿易，換取當地的特產珍品。這支商隊走到花剌子模的訛答剌城時，訛答剌城的海兒汗以他們是間諜為由殺害了他們，並掠奪了財物。

海兒汗殺人越貨的消息很快傳回了蒙古。成吉思汗派使者前往花剌子模詢問事情真相；摩訶末礙於各種利益關係，無法將海兒汗定罪，索性殺死了來使。成吉思汗聞訊後勃然大怒，立誓要花剌子模血債血還；他當即召開會議，商討西征事宜。

西征之時，成吉思汗已近花甲之年。這一次遠征，前途不可預料，迫切需要確立一個汗位繼承人。

在會議上，他的兒子們為此爭論得面紅耳赤。成吉思汗的正室孛兒帖共生有四個兒子，分別是朮赤、察合台、窩闊台和拖雷。由於朮赤是

長子，成吉思汗便試探性地向眾人詢問是否可立。話一出口，立即遭到了察合台的反對，他認為朮赤不是父汗的親生子，不能立為繼承人。被惹怒的朮赤與察合台當場爭辯，甚至要大打出手，諸將分別拉住他們，才沒有打起來。朮赤與察合台都不願對方成為可汗，於是一同推薦窩闊台。窩闊台雖然不若朮赤、察合台勇猛善戰，但是心思縝密，從不參與兄弟間的爭鬥。成吉思汗也頗為賞識窩闊台，便將他立為繼承人。

對於成吉思汗而言，出征花剌子模，除了報復、掠奪財物之外，又多了一個目的，那就是征服更廣闊的土地，然後劃分給諸子統治，以免因汗位繼承之事再起紛爭。

1219年6月，成吉思汗親率20萬大軍出征花剌子模。成吉思汗統率大軍越過阿勒台山，在也兒的石河駐夏後，即進入花剌子模國境，兵分四路大舉進攻：命察合台、窩闊台圍攻訛答剌；阿剌黑那顏率一軍攻錫爾河上游各城；朮赤率一軍攻錫爾河下游各城；成吉思汗與拖雷統率中軍徑趨河中府。

摩訶末企圖分散蒙古兵力，收以逸待勞之效，因而把決戰地點放在撒馬耳干，不料卻被成吉思汗的迂迴包圍戰略各個殲滅，很快攻下了不花剌（今布哈拉）城和舊都花剌子模城。與此同時，朮赤已攻克錫爾河下游各城，察合台等已攻克訛答剌，他們率軍前來協助成吉思汗。於是，成吉思汗直接向新都撒馬耳干發起了圍攻；摩訶末慌忙逃離撒馬耳干，退到阿姆河之南；成吉思汗下令圍城五日，迫使守軍獻城投降。成吉思汗下令將投

彩繪騎馬陶俑 蒙古族尚武，重騎射，封賞功臣都是以軍功大小作為衡量標準，因此出土的俑中有大量此類的騎射俑。

蒙古騎兵押送戰俘圖　這幅具有西域特色的古畫，描繪了蒙古軍隊在西征中用木枷押送戰俘的場景。該畫是波斯史學家拉施特丁《史集》中的插圖，現收藏於德國柏林。

降的官兵三萬人全部殺掉，並挑選居民分給了諸子和將領。

　　占領新都後，成吉思汗立即派哲別和速不台領兵三萬，對摩訶末窮追不捨。摩訶末逃往裏海的一個小島，1220年底病死在島上。此後，其子札蘭丁繼位，並先後兩次打敗了前來追擊的蒙古軍。成吉思汗被迫親征，札蘭丁力不能敵，逃往印度，蒙古軍最終吞併花剌子模。成吉思汗在中亞各地設置鎮守官，加強了對這個地區的控制。

成吉思汗之死

　　關於成吉思汗沒有繼續向西進軍的原因，史書有多種解釋，其中一種便是西夏叛變。早在西征之前，西夏便有不臣之心，成吉思汗曾派使者去西夏徵兵，卻遭到了西夏的拒絕。

　　1223年，大將木華黎攻打金國鳳翔府（今陝西鳳翔），西夏奉命出兵相助。蒙古軍久攻不下，西夏軍為了保存實力，擅自撤軍。木華黎派使者質問夏神宗李遵頊，李遵頊懼怕不已，讓位給兒子李德旺，是為

獻宗。

　　蒙古屢次徵兵，西夏不堪重負。早已心懷不滿的李德旺繼位後，決定起而抗之。當時蒙古軍主力在西征前線，木華黎不久又病死，後方處於空虛狀態。李德旺決定趁機而動，他派人聯繫漠北各部，聯手抗蒙。成吉思汗雖然遠在中亞，但是對西夏的行動瞭若指掌，他命令木華黎之子孛魯進攻西夏。西夏大敗，元氣大傷；李德旺轉而與金國結盟，聯合抗擊蒙古。

　　如果西夏和金國結成穩固的聯盟，對於蒙古而言是相當不利的。1225年，成吉思汗回到草原後，不顧勞累和高齡，當年秋天即祭旗出兵，這是他此生最後一次出征。進軍途中，成吉思汗在圍獵野馬時，不幸墜馬，當晚高燒不止。諸將商議退兵，成吉思汗卻不願無功而返。他下令就地紮營，先派遣使者探聽西夏態度；然而西夏的大臣卻口出狂言，挑釁蒙古，不願議和。成吉思汗聽到回覆後大怒，決定繼續前進，不滅西夏誓不還。

　　按照成吉思汗的指示，蒙古軍兵分兩路進攻西夏，陸續攻占沙洲、甘州、肅州、靈州等地；同年十月，李德旺在憂慮驚懼中死去。1227年春，成吉思汗留下部分軍隊圍攻中興府，自己則率大軍南下，進入金國，攻下了臨洮府、河州等地，然後前往六盤山（即隴山，今寧夏固原西）駐夏；同年六月，他進駐清水縣（今甘肅天水東北）。在此期間，成吉思汗派使者招降西夏，西夏已無力對抗，答應和談，請求成吉思汗給予一個月時間，以便準備禮物並將中興府居民遷出來；成吉思汗答應了。

　　自從墜馬之後，成吉思汗一直健康欠佳，一年多的運籌帷幄使得他的身體更加虛弱不堪。1227年夏，成吉思汗患上了斑疹傷寒病，身體狀況每況日下。他自知不久於人世，於是召集窩闊台、拖雷幾個兒子（此時朮赤已死）和諸將來到身邊，留下了三條遺囑，一是立窩闊台為

中國十大傳奇帝王

成吉思汗陵之謎

在內蒙古鄂爾多斯市伊金霍洛旗的草原上，有一座宏偉的成吉思汗陵（見下圖）；然而，這只是一座衣冠塚，成吉思汗的遺骨並沒有埋葬在那裡。當時蒙古的王族盛行潛埋密葬，不封不樹。據記載，成吉思汗入葬後便用數匹馬將墳頭踏平，等來年春天草木繁盛後，陵墓地表就與其他地方無異了。成吉思汗陵位於何處，向來都是一個謎；幾百年來不知有多少人前往探尋，但都是一無所獲。對於其具體位置，目前大致形成了四種說法：一是內蒙古伊金霍洛旗；二是內蒙古鄂爾多斯市鄂托克旗境內；三是新疆北部阿勒泰山；四是寧夏境內的六盤山。近年來，有許多人宣稱他們找到了成吉思汗陵，然而皆不能提出確鑿有力的證據。看來，這個千古之謎還將繼續延續下去。

可汗，諸兄弟同心協力輔助窩闊台；二是提出滅金的策略方針；三是秘不發喪，待西夏國王及居民出城時，將他們全部消滅。

1127年8月25日，成吉思汗於清水縣去世，享年66歲。按照他的遺命，蒙古人隱瞞了他的死訊，滅掉西夏後，才將他的靈柩護送回三河源頭。根據蒙古習俗，幼子拖雷主持了葬禮，全蒙古為之哀悼。葬禮過

後，蒙古人秘密將他葬於一個不為人知的山谷中。

成吉思汗雖然已死，但是他的軍事指導策略還深深影響著蒙古軍隊前進的步伐。據他生前制定的戰略，1234年，蒙宋聯手，滅掉了金國。1271年，他的孫子忽必烈建立元朝。1276年，元軍攻陷南宋都城臨安（今杭州），1279年，徹底消滅南宋勢力，南宋滅亡。

在成吉思汗以及其後人西征獲得的廣闊土地上，後來逐漸形成了四大汗國，即欽察汗國、察合台汗國、窩闊台汗國和伊利汗國，分別由成吉思汗四個兒子的子孫後代統治，與元朝形成了名義上的宗藩關係，實際上已是各自獨立發展。

「一代天驕」的功過得失

成吉思汗雄才大略，史家有「深沉有大略，用兵如神」的讚譽。在近50年的戎馬生涯中，他用智慧、膽略和才能征服了整個北方草原。

成吉思汗擁有卓越的軍事才能：他創建和統帥的蒙古軍，訓練有素，紀律嚴明，既善野戰，又能攻堅；他善於用人，集了一批忠誠效力、能征善戰的將領；他也善於用兵作戰，巧妙地利用敵方矛盾，取得事半功倍的戰果；其戰術戰法靈活多變，或迂回或果敢，很多戰役都是軍事史上津津樂道的話題。成吉思汗的軍事思想和指揮藝術，在世界軍事史上都占有重要地位，對後世產生了深遠影響。

成吉思汗雄韜偉略，是草原上的「天驕」。他統一了蒙古各部，也統一了分裂長達400多年的北方草原，加速了北方各民族的文化交流和融合，也促進了少數民族的社會進步，為中國統一多民族國家的發展做出了巨大的貢獻。在他奠定的堅實基礎上，他的後代建立了橫跨亞歐大陸的世界性大帝國，為中西文化、宗教、經濟等方面的交流開闢了暢通的管道。成吉思汗被西方人稱為「千年風雲人物」、「打破東西方壁壘的千年偉人」。

另一方面，戰爭具有野蠻和殘酷性，成吉思汗的偉大功業就是建立在這種殘酷性上面的。征戰中大規模屠殺本地居民，毀滅城鎮田舍……不論蒙古人還是其他被征服的人民，都為此付出了慘重代價。可以說，蒙古帝國是用血腥的鐵蹄踏出的疆域，因而西方人也稱成吉思汗為「最完美地將人性的文明與野蠻集中於一身的人。」但征服的殘酷性並不能否定成吉思汗輝煌的功績，儘管他「只識彎弓射大雕」，但依然是世人讚譽的「一代天驕」！

成吉思汗陵（衣冠塚）壁畫　成吉思汗陵內的西走廊壁畫，生動地反映了成吉思汗的畢生功勳和當時蒙古族的社會狀況、宗教信仰和生活習俗。

從和尚到皇帝的傳奇之路
明太祖朱元璋

作為中國歷史上第一位出身於社會最底層又頗具個性的皇帝，朱元璋向來是人們談說、爭論的熱門人物。他出身於草莽之間，卻最終推翻暴元，奠定了大明王朝近300年的宏基偉業。他沒有多少文化，卻深曉馭人治國之道，並分注重對後世子孫的約束和教育。他十分機智精明，從普通的士卒一步步成長為叱吒一方的霸主；但又有幾分狡黠和陰狠，在建國之後使用各種手段將功臣元勳們一一剷除。他關心普天之下百姓的疾苦，痛恨官吏們的驕奢腐敗，但其使用的嚴刑重典又過於殘酷暴虐……

於是，有人把他看作聖賢、豪傑、偉人，也有人視其為文盲、盜賊和暴君。然而有一點不可否認的是，朱元璋確是一位有膽有識，在中國歷史上留有濃墨重彩的一代傳奇帝王。

生逢凄苦亂世

元元朝末年，政權衰敗，統治黑暗，各州、縣官吏多貪污腐化，沉迷酒色，政治、經濟環境惡劣，社會矛盾日益激化，加上災害連年，旱災、蝗災、瘟疫頻頻，民不聊生——朱元璋就生於這樣一個亂世之中。

朱元璋乳名重八，初名興宗，字國瑞，元文宗天曆元年

朱元璋畫像 朱元璋是從草莽英雄中湧現出來的帝王。他的成功，就在於很好地把握時機，把軍事與政治手段緊密地結合在一起。

（1328）九月十八日生於安徽濠州太平鄉（今安徽鳳陽地區）一個貧苦的佃農家庭。其祖上數代都是莊稼漢；他的父親名世珍，被鄉人稱為朱五四，一輩子做佃客；母親陳氏也是個老實的農婦。朱五四夫婦有四個兒子，朱元璋最小；幼時的朱元璋經常和小夥伴們去村旁的皇覺寺玩耍，寺內的高彬長老見他聰明伶俐，討人喜愛，便抽空教他識字。

姓名：	朱元璋
生年：	元文宗天曆元年（1328）
卒年：	洪武三十一年（1398）
在位：	31年
年號：	洪武（1368〜1398）
廟號：	太祖
謚號：	高皇帝
陵寢：	孝陵
父親：	朱世珍（又名朱五四）
母親：	陳氏
繼位人：	朱允炆
主要政績：	從草莽起兵推翻暴元，建立明朝，懲治貪腐，整頓吏治，強化君權；特務治國，誅戮功臣，濫殺無辜。

後來迫於生計，尚是孩童的朱元璋開始為村中的地主家放豬、放牛，其間忍饑挨餓，受盡苦頭。元順帝至正四年（1344），淮北發生了嚴重的旱災和蟲災，顆粒無收，繼而瘟疫流行，人畜大批地死亡，到處一片淒涼慘澹的景象。在這場災難中，朱元璋的家裡也發生了重大變故。先是64歲的父親朱五四一病不起，離開人世，不久朱元璋的母親和長兄也先後身亡，二哥外出逃荒。16歲的朱元璋靠鄉鄰的幫助，草草埋葬了親人之後，無奈到附近的皇覺寺當了小和尚，拜高彬長老為師。

不久，災情更加嚴重，寺廟中的和尚們也沒有了糧米，高彬長老只好將徒弟一個個打發出去，雲遊四方，自謀生路。入寺還不到兩個月的朱元璋也被打發出去，做了遊方和尚。說是「遊方」，其實就是到大戶家討要錢糧。

朱元璋背著小包袱，一手拿木魚，一手托瓦缽，遊食於淮西、豫南一帶。他日間四方乞討，夜宿山野之處，嘗盡了顛沛流離之苦。這段艱苦的遊歷生活對朱元璋的人生來說是一種磨礪，既開闊了視野，增長了

從和尚到皇帝的傳奇之路——明太祖朱元璋

見識，也使他了解到民生的艱辛，為他日後參加元末農民起義埋下了伏筆。當然，艱難困苦的生活既造就了朱元璋勇敢堅毅的性格，也鑄造了他殘忍、猜忌的另一面。

直到至正八年（1348），朱元璋才告別了仰食他人、朝不保夕的化緣生活返回皇覺寺。但當他邁入寺中，看到的卻只是塵絲蛛網，灰土厚積，一派淒涼慘澹的景象。原來，在他遊方的這幾年，家鄉民生凋敝，寇盜四起，昔日的師兄也都死的死，逃的逃，無一倖存。後經鄉鄰挽留，朱元璋留下來暫時做了皇覺寺的主持。

從草莽和尚到一方霸主

此此時的元朝，官府橫徵暴斂，苛捐雜稅名目繁多，全國稅額比元初增加了二十多倍。腐朽殘暴的統治使百姓本已淒慘不堪的生活更加雪上加霜，社會底層的積怨日益加深。至正十一年（1351）五月，飽受摧殘的廣大農民終於拿起長槍和鋤頭，紛紛揭竿起義，隊伍迅速擴大到幾十萬人。因他們每人頭裹紅色布巾，史稱「紅巾軍」；紅巾軍支系甚多，雖遍布大江南北，卻是各自為戰，力量較大的有劉福通、彭瑩玉、方國珍、張士誠、徐壽輝等幾支隊伍。

流民圖（局部）　明代畫家吳臣繪。此圖原共繪流離失所的難民25人，無論老幼病殘、豔醜賢愚，均栩栩如生。這種描繪生活在社全最底層人物的繪畫，在古代是極其罕見的。作者自題曰「警勸世俗」，即要喚起世人的仁愛之心，憐憫周濟這些流離失所、無奈乞食的流民。

身居清靜之門的朱元璋，耳邊不斷傳來戰事，心情難以平靜。至正十二年（1352），朱元璋幼時的夥伴來信邀請他加入盤踞在濠州城的紅巾軍郭子興部，從此，朱元璋開始了他的戎馬生涯。這一年，朱元璋25歲。

朱元璋膽大機敏，打起仗來總是奮不顧身，爭先衝殺。加之他又識得一些文字，就格外受郭子興的器重。不久，郭子興就將朱元璋由一名普通士卒提升為親兵九夫長，並將養女馬氏許配給他（也就是後來歷史上赫赫有名的馬皇后）。如此一來朱元璋就成了統帥郭子興的女婿，身價頓時飆漲，士卒們也開始另眼看待他。就在這一時期，他給自己取了一個官名叫元璋，字國瑞。

至正十三年（1353）春天，朱元璋奉郭子興之命，回到家鄉豎起紅巾軍大旗，募集兵馬。小時候的夥伴湯和、周德興及其他鄉鄰聽說朱元璋要來招兵，都紛紛趕來投奔，短短數日內朱元璋就聚起了近千人的隊伍。郭子興將這支隊伍交給朱元璋帶領，並提升他為鎮撫。朱元璋從家鄉招募的這些人後來跟隨他衝鋒陷陣、出生入死，一直是朱元璋隊伍中的骨幹力量。其中的徐達等24人亦文亦武，作為朱元璋的左右手，隨他征戰多年，立下了汗馬功勞，成為後來大明王朝的開國元勳。

有了自己隊伍的朱元璋開始嘗試獨立發展。經過一番精心整備之後，他率領徐達等人揮軍南下，開始開創屬於自己的宏圖大業。

明代銅俑（一對）

首役驢牌寨，朱元璋軍偽裝成後方運糧的隊伍，智破擁有3000守軍的地主武裝；再役奇襲橫澗山，收降兵兩萬，兵力大增；進而又攻占了定遠，開始勤民練兵，從此威聲遠揚、四方歸附。在此期間，馮國用、馮國勝、李善長等一批富有智謀的儒子也慕名而來，屢屢為朱元璋獻上奪取天下的方略，這更加堅定了朱元璋橫掃群雄、統一全國的信心。

至正十五年（1355），朱元璋攻下和州後，郭子興稱滁陽王，並命朱元璋總制諸將。同年三月，郭子興病逝，劉福通建立的宋政權任命朱元璋為這支紅巾軍的副元帥。不久，其他兩位副帥先後戰死，朱元璋又被提升為大元帥。至此，這支由郭子興親手締造的紅巾軍全部歸由朱元璋指揮了。

至正十六年（1356），兵強馬壯的朱元璋統領水陸兩軍進攻金陵。在城外的一場激戰中，元軍大敗，朱元璋收元朝降兵達3萬多人。降兵收容後不知會遭到如何處置，個個驚恐異常。朱元璋在降兵中挑選了500名驍勇健壯之人，帶到自己的營房，夜裡讓他們環榻而寢。朱元璋獨自脫甲而睡直至天明；500名降兵非常感激朱元璋的信任。幾天之後，朱元璋用這500名降兵作為先鋒，攻打金陵城。降兵們感恩

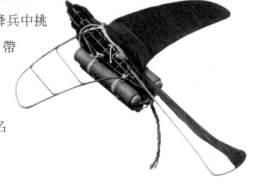

明代神火飛鴉（模型）　長45.5公分，寬57公分。這是用竹篾紮成烏鴉形狀的飛彈，其內部裝滿火藥，由4支火藥筒做推進器，可飛300多公尺，落入敵營，鴉身火藥燃燒，攻擊敵方。

開國第一功臣徐達

徐達（1332～1385），字天德，濠州（今安徽鳳陽）人。徐達自幼務農，元至正十三年（1353）加入農民起義軍郭子興的隊伍，隸屬朱元璋部，曾率24人跟從朱元璋取定遠。至正十五年（1355），他跟隨朱元璋渡長江，克采石，下太平（今江蘇當塗），俘虜元將納哈出；次年攻克集慶（今江蘇南京）。至正十七年（1357），徐達率軍克常州，並分兵取常熟、江陰等地，阻止張士誠軍西進。次年，他留守應天（今江蘇南京），升為奉國上將軍、同知樞密院事。在鄱陽湖大戰中，他身先士卒，衝鋒陷陣，敗陳友諒前鋒，殺敵1500人，進左相國。至正二十七年（1367）徐達統軍征吳，破平江，擒張士誠，師還，封信國公；復拜征虜大將軍，與副將常遇春率步騎25萬北伐，平山東，破潼關，克元大都（今北京）。此後，徐達又乘勝攻克太原、大同等地，平定陝西，大勝北元之擴廓貼木兒軍。洪武三年（1370年）授中書右丞相，改封魏國公。洪武五年（1372），徐達又領兵北征沙漠，十四年（1381）再次率湯和等征討乃兒不花，建立了不朽的功勳。徐達智勇雙全，治軍嚴明，與士卒同甘共苦，因此所向無敵，有「謀勇絕倫」之譽，為明代開國第一功臣。

圖報，衝鋒陷陣，英勇殺敵，人人爭立戰功。其他三萬餘名降兵看到朱元璋果真以誠相待，紛紛爭先效仿。從此，朱元璋的隊伍所向披靡，先後攻克了鎮江、常州、江陰、常熟、徽州、揚州等地。至正十九年（1359），建立了宋政權的小明王韓林兒（紅巾軍名義上的領袖），任命他為江南等處行中書省的左丞相。

經過七年鏖戰，朱元璋從一個求生而討食的草莽和尚，變成擁軍數十萬、稱雄一方的霸主。但朱元璋的志向還不止於此，他早已決心一統江山，並為此做了充分的準備。朱元璋按照儒士朱昇「高築牆、廣積糧、緩稱王」的策略，抓緊軍事訓練，提高義軍將士的作戰能力，同時興修水利、開荒種田，數年時間裡臥薪嚐膽，暗暗積蓄力量。

從和尚到皇帝的傳奇之路——明太祖朱元璋

縱馬一統江山

　　着隨著朱元璋軍事實力的日益增強，他與紅巾軍其他割據政權的矛盾也漸漸尖銳起來。群雄逐鹿中原，決戰天下的時機終於到了。

　　至正二十年（1360），徐壽輝的部下陳友諒殺死了徐壽輝，並宣布登皇帝位，定國號為漢，後又與另一支紅巾軍張士誠部結盟，舉兵進攻朱元璋。朱元璋先是派兵騷擾陳友諒的後方，繼而又誘敵深入。在中了朱元璋的埋伏後，陳友諒大敗而歸。至正二十三年（1363），雙方又在鄱陽湖上展開生死大戰；這場長達36天的戰鬥異常激烈，最終以陳友諒中流矢而亡結束。此役朱元璋雖然損失慘重，卻取得了最後的勝利。

　　隨後朱元璋起兵征討雄據東方的張士誠。張士誠出身於私鹽販子，他雖然控制著當時全國最為富庶的地區，卻胸無大志、安逸自居，終日不理政事。他整日同一批地主、文人談古論今，舞文弄墨；他的部下絕大多數也是貪圖享樂，庸碌無為。

　　至正二十六年（1366）底，朱元璋在逐步攻占了張士誠所屬的各城鎮後，率軍將其都城平江圍得水泄不通；張士誠的部下大將呂珍和李伯升見勢不妙，先後投降。針對平江城防十分堅固、易守難攻的特點，朱元璋命令士兵在平江城四周築起長牆，搭架三層木塔，在塔頂架起弓弩和土炮，日夜不停轟擊。抵擋了幾天後，平江城被攻破，張士誠自縊身死。

　　朱元璋攻占了張士誠盤踞的長江下游大片地區後，又相繼平定了浙東的方國珍、福建的陳友定，並乘勝南進，攻克廣東、廣西，實現了除四川、雲南外的整個南部中國的統一。接著，朱元璋揮師北上，調集精銳部隊實施北伐，

「至正之寶」權鈔錢　至正之寶權鈔錢是元順帝至正年間所鑄的銅錢，有「伍錢」、「貳錢伍分」、「伍分」、「壹錢伍分」、「壹錢」五種面值。

中國十大傳奇帝王

和元朝封建政權展開了最後的大決戰。洪武二年（1369），朱元璋將蒙古勢力重新趕回了大漠草原，元朝政權在中原的統治宣告結束。

1368年正月，正當北伐軍捷報頻傳的時候，40歲的朱元璋在文武百官的歡呼聲中，於應天（金陵，今南京）正式登臨帝位，立國號大明，建元洪武，立馬氏為皇后，長子朱標為皇太子，以李善長、徐達為左右丞相。就這樣，一個當初的牧童和窮和尚，經過數載艱苦奮鬥，終於成為中國歷史上又一位布衣出身的開國皇帝，開創了中國歷史上新的一頁。

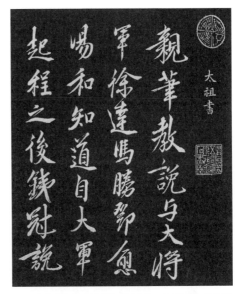

朱元璋書《教說大將軍》（局部） 這是明太祖朱元璋寫給大將徐達等人的親筆書信。從「親筆教說與大將軍徐達」等措詞可以看出朱元璋的文風簡潔明瞭，不講俗套。

宏圖霸業的背後

元朝末年，中華大地上群雄角逐，先後出現過天完、龍鳳、大周、大漢、夏、吳等政權，然而，最終卻由後起的朱元璋完成了統一。是什麼原因使朱元璋鑄就了如此宏基霸業？

首先，這得益於他的膽大心細、果敢機智和剛強堅毅的性格。至正十二年（1352）三月，朱元璋來到濠州城下投奔了紅巾軍郭子興部。入伍沒多久，朱元璋就顯露出很多與眾不同的特點——每次出去執行任務他都能順利完成；即便遇到緊急情況，朱元璋也能從容應對，因此漸漸贏得了同隊人的信賴，就連隊長遇事也常常向他討教對策。

做了郭子興的親兵以後，朱元璋更是迅速嶄露頭角。他小心勤快，

大腳皇后

老話說：「姑娘腳大，難尋婆家」。朱元璋的結髮妻子馬氏恰恰是個沒纏足的大腳姑娘，後來做了正宮娘娘，人們就偷著叫她「大腳皇后」。馬氏為人善良，聰慧機敏，又有遠見；在朱元璋平定天下的過程中，馬氏協助丈夫整理文書，鼓舞士氣，勸說他不要擾民，不要濫殺無辜，起了不少積極作用。朱元璋有才幹，但主觀武斷，脾氣大，愛發火，多虧馬氏從中斡旋，才少做了許多莽撞事。開國功臣宋濂致仕後，按規定應每年入朝一次。

洪武十三年（1380）宋濂到期沒來，太祖朱元璋很不高興，派人去偵察，見他正和鄉人飲酒作樂，震怒之下要處死宋濂。多虧馬皇后及時提醒說，因宋濂身體欠佳，太祖曾特准他今年可不來朝，太祖才恍然大悟。馬氏雖貴為皇后，生活卻極為儉樸，遇有災年，常常節約後宮開支以賑濟百姓。洪武十五年（1382）年八月，馬皇后病逝，臨終前還苦勸太祖要求賢納諫，對待功臣善始善終，教育好子孫，使天下臣民各安其所。

敢做敢為，打仗時總是衝在前面，得到戰利品後總是如數上交，受到賞賜之後則平均分給戰友。加上朱元璋粗通文墨，營房附近如果有家信往來的人總是來找他幫忙，甚至軍中文告命令等等也常常由他書寫。短短幾個月，朱元璋就從一名小兵成為了郭子興的心腹，繼而成為人人尊敬的元帥女婿，在義軍中的地位也不斷提升。

後來郭子興與幕僚產生摩擦，朱元璋先是分別在兩處頻頻溝通，意圖避免雙方的衝突惡化導致決裂。後來郭子興被對方扣押，朱元璋由外地星夜趕回，夜訪彭元帥，陳說利害，請求彭元帥出兵解救。隨後他全身武裝，帶領親兵將郭子興救出，從此郭子興更加器重朱元璋了。

朱元璋年紀輕、資格淺，被封為總兵後很多將官都不重視他，召開會議時只留下偏遠位置給他；但每當遇到大事的時候，朱元璋提出的解決方法合情合理，分寸把握得當；等到分配修城、籌糧等任務時，通常

又只有他能按時完成，大家這才不得不信服起朱元璋來。這樣，朱元璋從小軍官穩穩坐上了鎮守一方的將軍的位置。

在與陳友諒的數次戰鬥中，朱元璋屢出妙招，每每把兵力上的弱勢轉變成為戰場上的勝勢。兩軍之間的最後一戰，也是決定生死的一戰，是在鄱陽湖上展開的。陳友諒發傾巢之兵，號稱60萬，朱元璋也統兵20餘萬，雙方主力在鄱陽湖上苦戰36天，成為中國有史以來最大規模的一次水戰。這場戰爭的後半段異常慘烈，從火炮到弓弩再到白刃戰，朱元璋身邊的衛兵戰死，坐艦被炮擊碎，甚至險些被俘，他都毫不退縮。戰鬥到最後一刻，陳友諒被流矢射死，餘部隨即潰敗。雖然這一仗，朱元璋認為是運氣幫助了自己，其實他臨危不懼的勇氣和堅毅的性格才是取得勝利的最大保證。

朱元璋沒有讀過多少書，但他虛心好學，喜歡結納儒士，常常與他們談詩論文，說古道今，吸取古今成敗的經驗教訓。他還喜歡讀史書，從《史記》、《漢書》到《宋史》，多達六七十種，甚至在行軍打仗途中也抽空翻閱。明王朝建立後，朱元璋更是事必躬親，勤勉不殆。他每天天不亮就起床批閱公文，處理政務，直到深夜。據近代歷史學家吳先生統計，洪武十七年（1384）九月十四日到二十一日，朝廷共收到內外諸司的奏札1660件。據此推測，朱元璋每天要處理200多份奏摺，其勤奮程度在中國歷代帝王中幾乎是首屆一指的。

明代文房之寶

當然，要想成就大業，不是憑一己之力就可以完成的。朱元璋的成功，很大程度上是依賴於身邊那一批武可安邦平四方，文可齊國治天下的人才。朱元璋部下有很多是他的同鄉，包括謀臣李善長、大將徐達，此外還有湯和、耿君用、耿炳文、郭興、郭英、周德興、

常遇春等人；其中，湯和與周德興還是朱元璋幼時一同玩耍的夥伴。這些人與朱元璋一起出生入死，對他忠心耿耿。後來歸附朱元璋的武將謀臣同樣是忠義勇武，為開拓大明基業衝鋒陷陣、殫精竭慮。

朱元璋還十分注重網羅人才。李善長曾對朱元璋說：「漢高祖是平民出身，因為他氣量大，能夠任用人才，又不濫殺人，只花了五年時間就統一天下。現在元朝政治這樣混亂，天下土崩瓦解，您何不向漢高祖學習呢？」從那時候起，朱元璋就一心一意想學漢高祖劉邦，禮賢下士，虛心求才。朱元璋曾專門在應天修建了「禮賢館」來召納地主階級傑出的知識份子。他十分尊重這些儒士，經常召見他們一起討論歷代帝王平定天下之道。

立國大明，定都南京

每個朝代的創立者要處理的第一件大事就是確立國號（朝代名稱）。說到用「大明」作為國號，朱元璋著實下了一番苦心思量。

著名歷史學家吳　在其著作《朱元璋傳》中認為：大明這一國號源出於明教。明教，又稱摩尼教，本是波斯人摩尼所創，唐延載元年（694）傳入中國，因其崇拜光明，所以又稱明教。明教宣揚，明王出世會改變不理想的現狀，不久以後人們會過上好日子，這對那些受到壓迫和剝削的百姓具有很大的號召力。元朝末年，明教正是利用這一點在廣大窮困農民間進行傳教，準備武裝起義。當時明教的首領彭瑩玉在淮西傳教，宣稱明王就要降臨，要求信徒們做好相應準備。

至正十一年（1351），元朝徵召15萬農夫興修黃河水利。河北的韓山童派人事先在河道中埋下了一個獨眼石人，上面刻有「石人一隻眼，挑動黃河天下反」的字樣；石人挖出後，人心大亂。韓山童趁機聯繫劉福通等人準備起義，同時推舉韓山童為明王。後來韓山童被殺，劉福通拚死突出重圍，並率眾奪得潁州等地，站穩了腳跟。隨後劉福通扯起倒

元大旗，並擁立韓山童之子韓林兒為小明王，建立了龍鳳政權。朱元璋原屬的紅巾軍郭子興部當時是歸劉福通指揮的，所以朱元璋名義上是小明王麾下的部將。後來朱元璋曾命部下廖永忠迎接小明王到自己的軍中來；途中，小明王忽然「落水而亡」，想必是與朱元璋脫不了關係的。

朱元璋手下的將士由紅巾軍和儒士兩大派系組成。紅巾軍將士絕大多數是從淮西出來的，受過彭瑩玉的教化，其餘都是郭子興的原部、小明王餘部和其他明教教徒。小明王已死，因此朱元璋定國號為大明是名正言順的，而且這同時表明了朱元璋就是明王臨世，具有道義上的唯一的合法性，更迎合了廣大的民心。另一方面，從儒家角度來講，明字代表著火和光明，分開來便為日、月二字，代表著陰陽和諧，萬世長存，既吉祥又神聖，儒士們當然也十分認可和贊同。

朱元璋在完成統一大業的十幾年時間裡一直運籌帷幄、決斷果敢，然而在定都的問題上卻長期處於猶豫之中，並為此憂煩不已。

朱元璋的帝業是從應天起步的，這裡是六朝古都，北有長江天險作為屏障，屬於「形勝之地」，地理位置十分重要。而且，應天處於江浙的富庶之地，紡織業、鹽業等都很發達，所謂「財賦出於東南，而金陵為其會」，自古就有「龍蟠虎踞，帝王之都」之稱。加上跟隨朱元璋創業的又大多為江淮子弟，不願遠離家鄉，所以在朱元璋稱帝之時便選擇了應天作為國都。然而，隨著統一進程的深入，朱元璋統轄的區域已從江南擴大到全國的廣大地區。在這種情況下，都城的設立就要從鞏固大明王朝的統治這個角度來重新考慮了。

虎頭木牌 明代發明的一種能與火器並用的盾牌。

雄偉壯麗的明長城

明朝是中國歷史上最後一個修築長城的封建王朝。元朝統治者雖然被驅逐出大都，但明朝的北部安全仍受到極大威脅；自明初至永樂中葉曾發生過幾次激烈的戰爭，所以明王朝為了北部的防禦和邊塞要地的安全，不惜大量人力、物力修築長城。自洪武元年（1368）朱元璋派大將徐達修築居庸關長城起，至16世紀末共200多年的時間才基本完成，而個別地段的城、堡、關城直到明末尚在修建，形成東起鴨綠江、西達嘉峪關，全長12700里的長城。明長城遺址西起嘉峪關（見下圖），東至山海關，是現存歷代長城遺跡中最完整、最堅固、最雄偉的實物。明長城工程量之大也是歷史上任何一個朝代都無法比擬的。如果將明代修築的長城粗略統計一下，所用的磚、石、土方等來修築一道厚1公尺、高5公尺的城牆，可繞地球一圈有餘，可以想見其工程的雄偉浩大。

當時，對明朝構成最大威脅的是元朝殘餘勢力（史稱北元）。北元雖已逃到漠北，仍保持著較強的軍事力量，並且經常南下侵擾明朝邊境。為此明王朝必須在北部邊境駐紮重兵，以利防禦。應天遠在長江，

朝廷無法及時有效地統轄和指揮這些部隊，而如果將軍隊交給邊關將領，又容易造成邊將擁兵自重、軍閥割據的局面。

於是，朱元璋漸漸產生了把都城遷至北方的想法。他首先考慮的是地處中原的開封（汴梁）。朱元璋實地考察後認為，汴梁雖然位置適中，但在軍事上無險可守、四面受敵，比較之下還不如應天。但他鑑於當時用兵西北，需要有一個軍事補給站，因而在這年八月下旨，改應天為南京，汴梁為北京。

洪武二年（1369），朱元璋又召集群臣商議重新設定國都的問題，結果選定了前據長江、後靠淮水、地勢險要、運輸方便的臨濠作為中都，並隨即開始動工修建城池宮殿。此工程從洪武二年（1369）九月開始，到洪武八年（1375）仍在進行之中。但是，這個決策一方面直接違背了他與民休養生息的政策，另一方面也遭到了浙東地主集團的堅決反對；上述情況終於使朱元璋中止了中都臨濠的修建。洪武十一年（1378），朱元璋別無良策，只好頒詔改南京應天為京師。至此，經過十多年的周折，國都總算初步確定下來。

朱元璋如此煞費心機地選擇國號和都城，其根本目的是希望大明王朝能夠興盛不衰，傳承萬代。同樣，為了這個目的，朱元璋採取了一系列強力而有效的措施來強化君權、鞏固統治，這也使他成為了歷史上著名的強權皇帝。

改革體制，強化君權

明初官僚機構的設置基本上沿襲了元朝的體制。元在中央設三大府：中書省，設丞相，下轄六部，職掌行政事務；大都督府，統管軍事；御史台，職掌監察事務。

地方設行中書省，置平章政事，總管地方事務。行中書省是中書省的地方機構，中書省設什麼官，行中書省也就有什麼官。這樣，行

南京古城牆的中華門 中華門，明代稱聚寶門，為南京古城牆13個城門中規模最大的城堡式城門，也是當今世界上保存最完好、結構最複雜的古城堡。城堡占地面積約1.5萬平方公尺，有三道甕城，四道拱門，各門原有雙扇木門和可上下啟動的千斤閘；內有藏兵洞27個，戰時用以貯備軍需物資和埋伏士兵。

中書省就把地方的軍權、政權和財權集於一身；但地方官員們地位高、職權重，朝廷的權力下移且分散，使政策得不到堅決執行。尤其在元朝末期，四處兵起，地方擁兵割據，中央指揮失靈，因此導致了覆滅的命運。朱元璋逐漸認識到其中的弊端，於是著手進行大規模的改革。

首先是廢除行省制。洪武九年（1376），朱元璋宣布廢除行中書省，設立「承宣布政使司」、「都指揮使司」和「提刑按察使司」，分別擔負行中書省的職責。三者分立，互不統轄又互相牽制，直接歸朝廷管理，能有效防止地方官員權力過大。當時全國共分為浙江、江西、福建、北平、廣西、四川、山東、廣東、河南、陝西、湖廣、山西12個布政使司，洪武十五年（1382）又增設雲南布政使司。

在軍事上，朱元璋廢除了管理全國軍事的大都督府，將其一分為五，即中、左、前、後、右五個軍都督府，並和兵部互相牽制。兵部有權頒發命令，但是不直接統率軍隊；都督府掌管軍隊的管理和訓練，但是沒有調遣軍隊的權力。這樣，兵事大權便集中於皇帝之手。

朱元璋改革體制的重點在中央統治機構方面，而中央統治機構改革的重點則是廢除丞相制。明初的中書省負責處理天下政務，地位最高。其長官分為左、右丞相，總管吏、戶、禮、兵、刑、工六部事務，擁有

相當大的權力；在很多問題上，丞相容易與皇權發生矛盾，朱元璋感到如芒刺在背，非拔除不可。

洪武十三年（1380），朱元璋假借擅權枉法的罪名處死了丞相胡惟庸等人，同時宣布廢除中書省，不再設丞相，以後「臣下敢有奏請設立（丞相）者，文武群臣即時劾奏，將犯人凌遲，全家處死。」由此可見朱元璋集中皇權、專制統治的堅決意志。

朱元璋專制統治的另一個表現是實行八股科舉和文字獄。洪武三年（1370），朱元璋下令以「八股文」作為科舉取士的標準，考生必須以「四書」、「五經」為框架，代聖賢立言，按固定格式填寫，不允許有自己的見解。這種考試制度的目的在於選擇和培植為專制君主服務的奴才，極大地限制、摧殘和扼殺了士子們的思想和才華；然而，能在這

詔天下府、州、縣設立學校

洪武二年（1369）十月，朱元璋詔令地方郡縣設立學校，並規定了學校的規模。其中府學40人，州學30人，縣學20人；主要的學官，府設教授，州設學正，縣設教諭。到了後來，府、州、縣學的學生規模屢有增加。府、州、縣學的學生，在學年久，可以保送到京師最高學府國子監深造，從而獲取一官半職，但更多的是直接通過科舉考試求得功名。中央的國子學，早在朱元璋建立江南吳政權時就已經設立，後改名國子監，是全國的最高學府。

在洪武八年（1375），明朝政府又下令各地農村建立社學，用來教授民間子弟，後來因為地方官員擾民，曾一度停辦；至洪武十六年（1383），又讓民間自辦社學，自己聘請老師教授學生。學校的功課，主要有「五經」、「四書」、《御制大誥》、《大明律》等等。明朝政府非常重視興辦學校，加上明朝科舉制度的發展，入學讀書的人數比前代大大增加，明代人形容說「家有弦誦之聲，人有青雲之志」；可以說，明朝的學校體系比以往任何朝代都要完備。

國子監是元、明、清三代的最高學府，也是當時朝廷掌管國學政令的最高官署。北京國子監始建於元代，依照「左廟右學」的建築禮制，國子監的位置東鄰孔廟。明初，國子監先後改稱北平郡學、國子學，後固定使用了國子監的名稱。由於在南京的國子監稱為南監，因此北京的國子監又稱北監。

種八股科舉考試中「金榜題名」，卻成為了無數讀書人一生為之追求的目標。

同時，對於不肯合作的地主知識份子，朱元璋也想盡辦法加以鎮壓，其重要的手段之一，就是大興文字獄。朱元璋出身低微，早年做過和尚，所以十分忌諱「光」、「禿」等字眼，「僧」也不喜歡，就連和「僧」讀音差不多的「生」也同樣討厭。他曾參加過紅巾軍，因此不喜歡別人說「賊」和「寇」，甚至和「賊」發音相近的「則」也十分厭惡。有許多人因此而送命，例如浙江府學林元亮替海門衛官所作的《謝增俸表》中有「作則帝憲」等語，杭州府學徐一夔奏摺中有「光天之下」、「天生聖人，為世作則」等字樣，朱元璋硬說文中的「則」是罵他做「賊」，「光」是光頭，「生」是「僧」，是罵他做過和尚。

文字獄從洪武十七年（1384）一直延續到洪武二十九年

（1396），長達十三年，造成了人人自危、不敢提筆的局面，以致於當時的文官們不得不設計並採用了一套「標準」的文牘措辭，以免惹來殺身之禍。

✿ 使用重典治國 ✿

來自民間的朱元璋曾親眼目睹元末政治腐敗、官吏橫行的情形，十分痛恨那些貪官污吏禍國殃民，因而在建國之後便開始大力整頓吏治。朱元璋不僅設立章程禁止官吏怠忽職守、假公濟私，同時還制定了極其嚴酷的刑法用以制裁貪官污吏，糾正貪腐之風。當時法令規定：凡是發現有貪贓害民的官吏，百姓可以直接擒拿送到京師，如果有敢阻攔者，立刻滿門抄斬。凡是監守國家錢物而自盜者，數額超過了60兩銀子，就要處以剝皮之刑並梟首示眾。

歷史上著名的「空印案」就是朱元璋在位時發生的。各布政司及府、州、縣每年都要派計吏到戶部報告地方錢糧、軍需等事。報冊上所載錢糧的數目，必須與戶部所定數額完全吻合，如果有分毫的差異，整個報冊便要被駁回重新造冊，而重新造冊又需要蓋印。計吏在京師與地方往返奔走往往要耗時數月；因此，計吏們去戶部時都會預先帶上空印文書（即蓋上官印的空白文冊），一旦有誤可隨時改填，這種做法在當時十分普遍。

洪武九年（1376），朱元璋聽聞此事後，認為官吏一定會用空印文書舞弊，於是下令將各地方衙門的主印長官一律處死，並將佐貳官罰杖一百，發配到邊塞充軍。其實計吏所攜帶的空印文書蓋的是騎縫印，不能作別的用途，沒有什麼危害，這個道理盡人皆知。有人曾冒死上書說明事情真相，朱元璋卻全然不顧，仍舊武斷殺人。

朱元璋在位31年間，先後懲辦了不少貪污的官員。在其所處理的一系列案件中，最為突出的是郭桓案。郭桓時任戶部侍郎，曾在徵收

腰牌 官員監察制度是中國古代文官制度中最具特點的內容。圖為明代監察御史王的象牙腰牌。

浙西秋糧時貪贓枉法，洪武十八年（1385）被告發，追繳贓糧700萬石，六部左、右侍郎以下的官員都被朱元璋處死。此案牽連到各布政司官吏，又有數萬人被殺。

像朱元璋這樣大規模地重懲貪官、誅殺污吏，在中國歷史上也是不多見的。在嚴刑重典的震懾下，官吏貪欲有所收斂，洪武時期乃至明初百餘年間的吏治較為清明。這對緩和階級矛盾，貫徹執行休養生息的政策，是起了很大作用的。與此同時還應指出，朱元璋用法過嚴、酷刑肆殺、株連眾多，甚至妄興大獄、任意殺人，又表現了封建專制主義的極端殘酷。

嚴密的特務統治

明朝是中國歷史上封建君主專制統治空前加強的時期。皇帝除了竭力強化君權之外，還設立了專門負責監控朝野和民間動態的特務機構，施行嚴密的「特務政治」，我們耳熟能詳的「錦衣衛」、「東廠」、「西廠」等特務組織都是明代獨有的產物。

洪武十五年（1382），朱元璋把管轄皇帝禁衛軍的親軍都尉府改為錦衣衛，並授權以偵察、緝捕、審判、處罰罪犯等諸多權力。這是一個正式的軍事特務機構，由皇帝直接控制和管理，因其穿橘紅色服裝，騎馬，故又稱「緹騎」。明初「緹騎」只有數百人，明中後期竟達到十幾萬人之眾。它有自己的法庭和監獄，俗稱「詔獄」。詔獄裡採取剝皮、抽腸、刺心等種種酷刑來審問、折磨犯人。朱元璋還讓錦衣衛在皇城的午門執行廷杖，有很多大臣都慘死杖下，工部尚書薛祥就是這樣被活活打死的。

朱元璋利用特務機構，派出大量名為「驗校」的特務人員，遍布朝野，暗中監視、掌握朝中官員的言談行事和民間的動態。特別是對官員，更是不漏蛛絲，其嚴密程度，從下面兩個比較典型的事例中便可見一斑。

有一次，學士宋濂上朝，朱元璋問他昨天在家喝酒沒有，請了哪些客人，宋濂一一如實回答，朱元璋聽後十分滿意地說：「你果然沒有騙朕」；朝臣們不禁心驚膽戰。還有一次，大儒士錢宰被朝廷徵召編寫《孟子節文》。一日散朝回家，錢宰隨口吟詩道：「四鼓冬冬起著衣，午門朝見尚嫌遲。何日得遂田園樂，睡到人間飯熟時。」結果第二天上朝時，朱元璋就對錢宰說：「昨天的詩不錯，不過朕沒有『嫌』遲，還是改成『憂』字吧，如何？」錢宰一聽，嚇得連忙跪地磕頭請罪。

這些特務機構的設立，是朱元璋維護皇權的重要手段，同時也成為

明初的鼓勵墾荒政策

明朝建立之初，由於經過幾十年的戰亂，社會經濟衰落，人口減少，土地荒蕪；即使是在號稱富庶的江南地區，也是一片淒涼景象。因此朱元璋即位後，便採取了一系列安定社會、組織生產、恢復經濟的措施，其中很重要的一項措施就是獎勵墾荒。為了開墾中原地區的荒地，明朝政府專門設立司農司，掌管墾荒，並在洪武三年（1370）下令，凡是農民自行開墾荒地的，可以免除三年的租稅。面對墾荒中出現的一些土地所有權糾紛，明朝政府還專門發布了發令，理順土地所有權關係，並承認農民墾荒、占有土地的事實。這些政策的出台，大大減少了農民在墾荒時的一些顧慮，加速了荒地的開墾，促進了經濟的恢復和發展。這種獎勵墾荒的政策收到了很好的效果，例如在洪武七年（1374），戶部統計各地墾荒田就有921,124頃。並且，終洪武之世，這種墾荒政策一直加以貫徹始終，所以，明朝的經濟有了較大的恢復和發展。

錦衣衛木印 木質印信，印面篆刻「錦衣衛印」，背面刻「成化十四年三法司置」。錦衣衛是明代內廷侍衛偵察機關，從事侍衛、緝捕、刑獄之事，是皇帝的侍衛與耳目。明初朱元璋為加強中央集權，以刑部、都察院、大理寺分典刑獄，稱三法司，讓其互相制約。這枚木印是三法司會同刻製的。

他日後誅殺開國功臣們的有力工具，慘死於他們手下的忠臣良將舉不勝舉。

血腥屠戮功臣

朱元璋是依靠一批運籌帷幄、能征善戰的文臣武將打下江山的。這些人多年來出生入死、東征西討，建立了不朽的功勳，是大明王朝的開國元勳。為了感謝這些有功之臣，朱元璋早在平定張士誠部之後便開始論功行賞，封李善長為宣國公，徐達為信國公，常遇春為鄂國公。洪武三年（1370）十一月，朱元璋又進封宣國公李善長為韓國公，信國公徐達為魏國公，常遇春之子常茂為鄭國公，李文忠為曹國公，鄧愈為衛國公，馮勝為宋國公；封湯和等二十八人為侯，即「六公二十八侯」。

正所謂能同患難不能共富貴，天下平定之後，臣子中間不乏驕奢之人，朱元璋恰恰又是一個多有猜忌的君主。他時刻擔心這些元勳們會居功自傲，不聽從自己的命令，甚至會將大明江山據為己有。

為了使這些人盡忠於大明王朝，朱元璋不僅要求臣子們對他絕對效忠，事事做到「勿欺、勿蔽」，還極力鼓勵那些跟隨他多年的大將與儒士密切交往，讓儒士們去給沒有多少文化的武將講「忠君報國之義」。儘管採取了很多措施，朱元璋仍舊對功臣宿將放心不下。於是，為了給繼位者掃清障礙，確保大明王朝安傳後世，他向這些昔日同甘共苦的弟兄們舉起了屠刀。朱元璋開始有計劃、有步驟地清洗剷除所有可能威脅朱氏江山的人，首當其衝的就是開國元勳們。

廖永忠是最早被誅殺的功臣。廖永忠在很多戰鬥中立過大功，尤其

是與陳友諒進行的鄱陽湖之戰中，他率部勇猛衝鋒，擊敗陳友諒前軍，斃敵無數，而後在情況危急時刻拚死戰鬥，多次救主。建國後廖永忠被封為德慶侯。然而就在洪武八年（1375），朱元璋以其私自穿著繡有龍鳳圖案的衣服、違反法制為由將廖永忠滿門抄斬。有史學家稱，這其實只是一種藉口，真正導致廖永忠丟失性命的原因在於一個政治隱秘：當年正是他執行了朱元璋謀殺小明王韓林兒的任務。

洪武十四年（1381），朱元璋以「擅權枉法」的罪名殺了一貫驕橫的中書省左丞相胡惟庸，史稱「胡案」。胡案初發時，六部衙門官員都受牽連坐；御史中丞涂節在獄中受到引誘後決定死裡求生，編織了一個胡惟庸要結黨造反的口供，而這正是朱元璋所需要的。於是按名逮捕，逐個審問，施以酷刑，誘逼口供。只要一個人被咬出來，其家屬、親友和僕從一律入獄施刑審訊。很快地，胡黨名單像雪球一樣越滾越大，朝廷上下，人人自危。

為防止久拖生變，胡惟庸、御史大夫陳寧等一大批官員及其族人被迅速處決。作為工具的涂節自然也沒能保住腦袋。自此，「胡案」成為了朱元璋進行政治清洗的方便藉口，凡是對明王朝心懷不滿，行為驕橫，或威脅王朝統治的功臣宿將都被列為胡黨罪犯，抄家滅族。胡惟庸的罪狀也隨著朱元璋的需要而不斷疊加，「通倭」、「通虜」和「謀反」等一系列罪名接連扣在他的頭上。

九年後，朱元璋又舊案重提，以「胡黨」為由殺了幾十名公侯官員，被牽連的達兩萬餘人，居功至偉的韓國公李善長也被牽連進去。洪武二十三年

明代官吏常服，多戴紗帽、襆頭，身穿盤領窄袖大袍。明洪武二十六年（1393）朝廷對官吏常服做了新的規定，凡文武官員，不論級別，都必須在袍服的胸前和背尾碼以一方補子，文官用禽，武官用獸，以示差別。

（1390），有人告發李善長之弟李存義曾幫助胡惟庸謀反。據李存義的供詞說，當年胡惟庸曾經派他去聯絡李善長一同謀反。

第一次，李善長說：「做這樣的事，是要滅九族的。」沒有答應。第二次胡惟庸允諾事成之後，封他為淮西王，李善長仍未答應。第三次李善長嘆了口氣，說：「我老了，你們自為之吧。」此時的李善長已過古稀之年，以他曾經立下的顯赫功績，即便有謀反之嫌，也不應處以族誅之刑。然而，朱元璋還是假託要殺大臣來應「星變之災」，把李善長一家七十餘口全部殺掉。吉安侯陸仲亨、延安侯唐勝宗、靖寧侯葉升也因受此案牽連而被誅。李善長死後一年，有人上疏為李善長喊冤，儘管朱元璋很不高興，但畢竟心中有愧，所以也沒處罰上疏的官員。

洪武二十六年（1393），朱元璋又興「藍玉案」。藍玉原為定遠人，是鄂國公常遇春的內弟，洪武後期的主要將領。他曾多次帶兵出征蒙古，功勳卓著，被封為涼國公。受封之後的藍玉變得驕橫起來，無視朝廷法律，強占民田，胡作非為。加上他帶兵多年，威望很高，手下猛將十餘人，早已引起朱元璋的猜忌，而他的驕橫剛好給朱元璋提供了藉口。

洪武二十六年（1393），錦衣衛告發藍玉和景川侯曹震等人計畫起事謀反，並牽連到武將張翼、朱壽及吏部尚書詹徽、戶部侍郎博友文等和藍玉關係比較密切的官員，都被朱元璋定為逆黨，抄家滅族。這個案子共殺了1.5萬餘人，軍中驍勇善戰之人幾乎被屠戮殆盡。史書中將此案與胡惟庸案並稱為「胡藍之獄」，兩案前後共誅殺了4.5萬餘人。如此大規模誅殺朝廷重臣，在中國歷史上堪稱空前絕後。

除此以外，朱元璋還以各種藉口誅殺開國功臣。洪武二十五年（1392），江夏侯周德興竟因為「帷薄不修」被殺；洪武二十七年（1394），朱元璋賜博友德、王弼死；洪武二十八年（1395），賜馮國勝死。就連功勳卓著的開國第一功臣徐達也沒能倖免；洪武十八年（1385），徐達的背上生炭疽病，最忌諱吃蒸鵝，朱元璋卻偏偏賜給

徐達蒸鵝吃——「君叫臣死，臣不敢不死」，徐達含淚而食，沒過幾天就離世了。

太子朱標曾因朱元璋殺戮過多而屢屢苦諫。一次，朱元璋命人找來一根長滿尖刺的荊棘放到朱標面前，讓他去拿。朱標畏懼不敢伸手。朱元璋於是說：「我殺人就是像去掉荊棘上的尖刺一樣，這樣你將來才可以安坐天下。」

分封外藩

除了清洗有威脅的朝臣，設置藩王也是朱元璋為保朱氏江山而採取的另一重要措施。朱元璋認為，歷史上的唐、宋等朝之所以滅亡，重要的原因之一是沒有設置藩王遠守邊塞，內輔朝廷。因而從洪武初年起，朱元璋便開始推行分封諸子為藩王的政策。

金陵第一名勝——莫愁湖湖，莫愁湖公園位於南京西門外。相傳當年朱元璋建都後常與開國元勳、中山王徐達在此下棋。徐達贏了，朱元璋便將莫愁湖賜給了徐達，並築樓一座，取名「勝棋樓」。

洪武三年至洪武二十四年（1370～1391），朱元璋先後分封了24個藩王，有燕王朱棣等9個藩王的封國分布在從東北到西北漫長的邊防線上，稱「塞王」，目的在於抵禦蒙古的入侵。而封在內地的藩王們的主要職責是鎮壓民眾的反抗和監督地方官員。

藩王的權力主要集中在軍事上，而不干預地方民政。每個藩王府都設有親王護衛指揮使司，護衛士兵少者3000人，多者1.9萬人，成為皇帝在地方的軍權代表；擔負守邊的塞王軍事實力尤其雄厚。朱元璋以為這樣一來，即使京師遠在應天，但有塞王統率軍隊在北方，就不怕蒙古的威脅。加上內地的藩王又都分封在戰略要地，如果朝廷發生突變，諸王可舉兵勤王、保衛皇室，大明江山便可以久保無憂。

但實際上，朱元璋給藩王如此大的軍權，難免造成皇家的內部矛盾，給明王朝的統治留下隱患。這一點，早在洪武九年（1376），朱元璋大封藩王時就已經有人預先看到問題了。上書者說：藩王的封國太大，甲兵衛士太多，軍權過重，恐怕數代以後尾大不掉，就不得不對他們進行削藩奪權。到時候很可能引起親王們的怨恨，釀成如同漢代的七王造反、晉朝的八王之亂一類的悲劇。可是朱元璋根本聽不進這樣的進諫，反而大罵這是在挑撥他們父子的骨肉之情，上書者最終死在了獄中。自此之後，再也沒有人敢談論封藩之弊了。

孝陵神道 孝陵位於今天南京市東郊紫金山南麓，是明開國皇帝朱元璋和皇后馬氏的合葬墓。

中國十大傳奇帝王

為防止藩王們跋扈妄為，朱元璋同時立下祖訓，允許以後的皇帝在必要時下令「削藩」。朱元璋以為設置藩王來確保朱家江山是萬全之策，但令他沒有想到的是，他雖然為繼任者去掉了外姓權臣悍將這根尖刺，卻留下了「宗藩擁兵自重」這另一根尖刺。

洪武三十一年（1398）閏五月十日，明太祖朱元璋去世，享年71歲，葬於南京明孝陵。朱元璋死後不久，他的孫子、明朝第二位皇帝建文帝朱允便開始對諸藩王削藩奪權；燕王朱棣在封地北平公開反叛，歷經三年多的叔侄大戰，最終奪得了帝位。

縱觀朱元璋的一生，勵精圖治，勤奮好學，從一貧苦放牛小童，經過十幾年的戎馬生活，削平群雄，推翻元朝，統一了全國，成為明王朝的開國皇帝，堪稱一代梟雄。

明朝建立後，朱元璋採取了一系列嚴厲的措施，大力懲辦貪腐，整頓吏治，一改元末的腐敗風氣，使百姓得以樂業安生。雖然手段過於極端，但在當時的歷史時期還是起到了一定的安穩民心、恢復經濟的作用。朱元璋將全國軍政大權高度集中，以鐵腕治國，強化封建專制政體，其嚴酷的程度，超過了以往的任何朝代，是名副其實的強權皇帝。儘管他晚年過於猜疑，濫殺人臣，但仍不失為中國古代歷史上一位卓越的軍事家和政治家。

一代明君開盛世
清康熙帝玄燁

康熙帝8歲登基，御宇天下61年，是中國歷史上在位時間最長的帝王，也是一位亙古少見的英明君主。他智擒鰲拜，平定三藩，統一台灣，安定西藏，抗擊沙俄侵略，以其雄才大略，成就了一代偉業。康熙帝武功顯赫，文治也極為昭著。他深受漢文化濡染，對西方文化也有濃厚的興趣，以「寬仁」治國撫民，奠定了康乾盛世的百年基業，被後人譽為「康熙大帝」。

少年天子登基

順治十一年（1654），紫禁城景仁宮，順治帝之妃佟佳氏生下了一個男孩，取名愛新覺羅‧玄燁。他就是日後成就一代偉業的康熙帝。

晚年康熙帝畫像

當時天花流行，皇帝、后妃和阿哥們，為了躲避天花，經常出宮「避痘」。因此，玄燁生下來不久就由奶媽抱出宮外，在紫禁城西華門外的一處府第（即今北京的福佑寺）中哺養。但是，玄燁在兩歲時仍染上了天花；值得慶倖的是，他平安度過了這生死一劫，並獲得了對天花病毒的

終身免疫力。而此後，這竟成了他登上帝位的一個關鍵性因素。

順治十八年（1661）正月，順治帝福臨病重。年僅24歲的福臨正值盛年，此前並沒有考慮過立嗣之事，只好臨時裁決。順治帝傾向於立皇次子福全，而孝莊太后則主張讓皇三子玄燁即位；順治帝猶豫不決，就派人徵詢他素來敬重的外國傳教士湯若望的意見。湯若望認為玄燁已出過天花，具有終生的免疫力，是即位的理想人選。順治帝深以為然，於是便下詔立皇三子玄燁為帝，命索尼、蘇克薩哈、遏必隆和鰲拜四位重臣輔政。正月初七，順治帝病逝於養心殿，把大清江山和沉重的責任留給了年僅8歲的玄燁；正月初九，玄燁正式即帝位，從下一年開始，改年號為康熙，清王朝的歷史從此便進入了一個蓬勃發展的新時代。

姓名	愛新覺羅・玄燁
生年	順治十一年（1654）
卒年	康熙六十一年（1722）
在位	61年
年號	康熙
廟號	聖祖
謐號	仁皇帝
陵寢	景陵
父親	順治帝
母親	佟佳氏
繼位人	雍正帝
主要政績	智擒鰲拜，平定三藩，統一台灣，安定西藏，抗擊沙俄侵略。

智擒鰲拜

清康熙五彩海水龍紋瓷盤

為了避免皇權危機，順治帝遺詔沒有按照舊制由宗室諸王攝政，而是改由上三旗元老重臣共同輔政，確定了索尼（正黃旗）、蘇克薩哈（正白旗）、遏必隆（鑲黃旗）和鰲拜（鑲黃旗）四位輔政大臣。

最初幾年，四位輔政大臣與幼帝均相安無事；然而，居功自傲、驕橫跋扈的鰲拜

天花「惡魔」

天花在中醫學上稱為痘瘡，是一種惡性傳染病。在清朝，不但普通老百姓死於天花的數目十分驚人，連深宮中也一直籠罩著天花的陰影。當時人們對天花的畏懼程度絕不亞於現在的愛滋病；而順治帝似乎對天花格外恐懼。順治帝生有8位皇子，其中因患天花夭折的就有4位。為了躲避天花的傳染，他曾躲在深宮裡不敢上朝，曾連續六年不敢接見千里迢迢前來朝見的蒙古王公，甚至出宮去躲避天花，稱作「避痘」。而更富有戲劇色彩的是，雖然順治帝一生都在想方設法躲避天花，但最終仍然沒能逃脫魔掌，在24歲時被天花奪去了年輕的生命。

成為短暫平靜局面下潛藏的不安定因素。鰲拜號稱「滿洲第一勇士」，因驍勇善戰、軍功卓著，累升至內大臣，封為公爵，位高權重。其他三位大臣中，索尼為四朝元老，深受孝莊太后的信任與賞識，鰲拜不敢與之爭權。遏必隆與鰲拜同屬一旗，為人懦弱，遇事隨聲附和，對鰲拜不構成威脅。而蘇克薩哈在四位輔臣中位居第二，一旦索尼歸天，很可能由他代替索尼總攬啟奏和批紅大權。因此，蘇克薩哈就成為了鰲拜的首要針對的對象。於是，鰲拜利用黃白旗之間的歷史宿怨，孤立、打擊正白旗大臣蘇克薩哈。

康熙五年（1666）正月，他對孝莊太后和年幼的康熙皇帝施加壓力，要求重新圈換土地。為此，鰲拜不惜假傳聖旨，欺上瞞下，甚至強行冤殺了反對圈換土地的戶部尚書蘇納海、直隸總督朱昌祚、巡撫王登聯三人。這次圈換土地，騷擾近京10個州縣，兩黃旗圈畫了31萬餘坰耕地，換置了順義、密雲、懷柔、平谷四縣之地，致使數十萬人流離失所。

圈地事件得逞，四位輔政大臣協商一致的原則被打破了；孝莊太后和年幼的康熙帝對鰲拜開始有所戒備。而鰲拜在圈地事件中所表現出的強勢，也引起了朝中百官的不安，要求皇帝親政的呼聲越來越高。在百

The Great Emperors in China

中國十大傳奇帝王

官的推動下，輔臣索尼等人於康熙六年（1667）三月，「奏請皇上親政」；然而，三個月後，索尼去世。至此，所謂的四大臣輔政體制已經形同虛設，變成了鰲拜一人專權。

14歲的康熙帝決心收回皇權，遂於同年七月初七舉行了親政大典，接受百官朝賀，從此君臨天下；而此時，利慾薰心的鰲拜還在一門心思地謀權。蘇克薩哈眼見鰲拜勢力日大，恐遭其暗算，便產生了隱退的想法，向康熙帝乞請去守護先帝陵寢。鰲拜卻趁此給蘇克薩哈編造了「不欲歸政」等24款罪責，議蘇克薩哈及其長子磔刑，餘子六人、孫一人、兄弟之子兩人處斬，家產籍沒，並擬處死其族人。康熙帝「堅持不允所請」；但是，鰲拜竟然每日上奏，最後強行讓康熙帝蓋上了玉璽，僅將蘇克薩哈從磔刑改為絞刑，其他均按其原議行刑。

蘇克薩哈死後，鰲拜以為再也沒有阻力，更加肆無忌憚，經常在康熙帝面前喝叱大臣，攔截章奏，甚至公然抗旨，以此展示自己的強權。此時，年輕的康熙帝真切地看清了鰲拜結黨亂政的真實面目，決定針鋒相對，與之鬥爭；但鰲拜勢力強大，黨羽眾多，且分據軍政要職，而且宮廷的侍衛完全由上三旗承擔，以鰲拜馬首是瞻，因此稍有不慎就會釀成大禍，引發兵變。於是，康熙帝表面上按兵不動，韜光養晦，對鰲拜的行為聽之任之；實際上卻悄悄部署各項準備工作，等待時機成熟。

首先，康熙帝親自挑選忠實可靠的侍衛及年少有力者，以練習摔跤遊戲的名義組成了一支親信衛隊——善撲營；這支部隊成為擒拿鰲拜的直接依靠力量。其次，康熙帝將鰲拜的黨羽以各種名義先後派出京城，以削弱事發後反彈的力量。

一切準備就緒後，康熙八年（1669）五月十六日，機智果斷的康熙帝親自向善撲營做動員部署，當眾宣布鰲拜的罪行，召鰲拜進宮，「立命擒之」，遏必隆也同時被捕。事後，康熙帝又親自向議政諸王揭露鰲拜的罪狀；議政諸王支持康熙帝拿問鰲拜，並羅列了鰲拜「欺君

祖孫情深

康熙帝8歲喪父，10歲喪母，由祖母孝莊太后撫育成人。孝莊太后在康熙帝身上幾乎傾注了全部的心血，不但在生活上對他關愛備至，在政務方面也時時給予指點，授予方略，引導他學會處理各種複雜的問題。可以說，如果沒有孝莊太后，也就沒有一代明君康熙帝。而康熙帝對祖母也懷有深厚真摯的感情，事親甚孝，常常親往慈寧宮問安。孝莊太后病危時，康熙帝晝夜不離左右，親奉湯藥，甚至步行至天壇，為其祈禱，祈求上天以自己的壽命換祖母萬壽。

擅權」、結黨亂政等30項大罪，議定將鰲拜革職立斬，其子、兄弟亦斬，妻及孫為奴，家產籍沒；羅列遏必隆「藐視皇上」、附合鰲拜等12大罪狀，議定將其革職立絞。此外，對鰲拜的其餘黨羽也一一做出了處罰的決定。

但是，擒拿鰲拜，涉及權力更迭大事，人事關係甚為複雜。為了避免朝政動盪，康熙帝對涉案之人做了區別處理。對鰲拜，康熙帝念在他搭救過清太宗皇太極御駕和為國家建樹的功勳上，赦免了他的死刑，改為拘禁；對遏必隆，「特為寬宥，仍以公爵，宿衛內廷」；對其黨羽，減少處死人數，從輕治罪。

康熙帝此舉，有效地防止了株連，穩定了朝廷秩序。此外，凡受鰲拜迫害致死、革職、降級的人，均一一得到平反昭雪。此案的處理，頗得人心，年輕的康熙帝充分顯示出了一個政治家的風度和胸懷。

此後，康熙帝收回了批紅大權，各處奏摺所批的朱筆諭旨，都由皇帝親手擬定，再無代書的現象發生。

清孝莊文皇后朝服像 孝莊文皇后，博爾濟吉特氏，蒙古科爾沁貝勒之女，為太宗莊妃，生世祖福臨，在順治及康熙初年經常參與政事，為清初政權穩定做出了積極貢獻。

集權中央，平定三藩

鰲拜集團被剷除不久，便爆發了「三藩之亂」，剛剛安定下來的清王朝又陷入了風雨飄搖之中。

所謂「三藩」是明末清初王朝鼎革之時，投降清朝的漢族軍閥官僚所組成的地方割據勢力。他們在穩定清初的國勢、鎮壓農民革命、擊潰南明小朝廷的一系列戰爭中，發揮了重要的作用。論功行賞，有三家漢人被封為藩王，割據一方，即駐守雲南的平西王吳三桂；駐守福建的靖南王耿仲明（耿仲明父子去世後，由耿仲明的孫子耿精忠襲藩王爵位）；駐守廣東的平南王尚可喜。

三藩「皆握重兵，漸制一方，累形跋扈」，儼然成為三個國中之國。此外，三藩在其藩鎮所得，都據為己有，還從朝廷索取大量餉額和經費，用於養兵和行政開支，致使「天下財富半耗於三藩」。鎮壓了鰲拜集團後，康熙帝鑑於歷代藩鎮得失的經驗和三藩之害，開始著手準備撤藩。

康熙十二年（1673）三月，平南王尚可喜向朝廷上書，祈求「歸老遼東」，讓其子尚之信承襲王位。康熙帝順水推舟，下旨批准尚可喜告老還鄉，但是不准尚之信接替平南王爵位。吳三桂、耿精忠得到消息後，心不自安。他們想試探一下康熙帝的態度，就故作姿態，也主動提出撤除藩王爵位的請求。

二王的奏章送到朝廷，康熙帝就召集眾朝臣商議對策。大臣們都看出了吳三桂等人的真實用心，不過在對策上分為兩派。大多數人都認為如果皇帝批准這一請求，他們一定會起兵造反，所以

少年康熙皇帝便服像

請求康熙帝好言寬慰這些人，不要撤藩；只有一小部分大臣認為吳三桂早有反心，不如快刀斬亂麻，強硬到底。

康熙帝思忖再三，決定先召三藩進京。如果他們來，那就證明沒有反意，可以逐步削奪他們的兵權，從容行事。但吳三桂確實早有反意，果然稱病不來京城；康熙帝見此情形，馬上下旨裁撤三藩。

撤藩令引起了三藩極大的震動，他們當然不甘心束手就擒，要做最後的垂死掙扎。吳三桂表面上願意執行撤藩令，實際上卻屢屢拖延行期，積極策劃叛亂。康熙十二年十一月，吳三桂發動叛亂，他平日裡安插在各地的黨羽也群起響應，氣勢十分囂張；數月之間，叛亂勢力「掠地陷城，連山接海」，六省盡失。隨後，其他二藩相繼叛亂。

各地告急的消息紛紛傳至北京，呈現在康熙帝的龍案上，清廷上下大驚失色。年僅20歲的康熙帝，臨危不懼，迅速地穩定了人心；他認真分析了敵我的力量對比，提出：「賊勢猖獗，非綠旗兵所能制」，應以「八旗勁旅會剿」。

射人先射馬，擒賊先擒王，康熙決定出兵重點打擊吳三桂。在行軍中，康熙帝嚴令禁止騷擾百姓，反覆強調「毋得行事擾民」，清軍所到之處均竭力安撫民心；此外，還對吳三桂的黨羽實行分化、瓦解政

皇帝批閱的奏摺和使用的文房四寶

策。當時，康熙帝雖人在北京，卻每日接到「軍報三四百疏」，皆「手批口諭」，如在前線親自指揮戰事。康熙帝的軍事佈署、發布的軍令和採取的策略措施，有效地扭轉了戰爭初期被動的戰局。

為了保證取得最終的勝利，在平叛戰爭中，康熙帝嚴厲懲辦了一批貽誤戰機、作戰不力、虛報戰功的親貴大臣，並廢除「論功免死之例」，拒絕了達賴喇嘛提出的「裂土罷兵」的分裂主張等等；同時，他還提拔

清代碧玉太平有象擺件（一對） 象是太平盛世的象徵，象馱寶瓶，寓意「太平有象」。

了一批英勇善戰的下級軍官。他們「群策群力，敵愾同仇」，成為了這場平叛戰爭中不可缺少的中堅力量。

在清軍的沉重打擊下，廣東的尚之信，福建的耿精忠二藩相繼投降，砍去了吳三桂的兩翼。到康熙十七年（1678），吳三桂控制的地區不斷縮小，僅占有雲南、貴州兩省和湖南、廣西、四川的部分地區。隨著圍剿的持續，孤立無援的吳三桂逐漸陷入「財用耗竭」的困境中。

康熙十七年（1678）三月，走到窮途末路的吳三桂在衡州（今湖南衡陽市）倉促稱帝，建國號為周，改元昭武。吳三桂的稱帝，不僅未能挽救其滅亡的命運，反而暴露了其分裂國家的真實目的，加速了他的滅亡。可憐的吳三桂在失利和驚恐的包圍中勉強坐了五個月的「龍椅」後，就在同年八月病故了。

康熙十九年（1680），清軍在康熙帝的統一部署下，三路大軍從貴州、廣西、四川出發向雲南合圍。康熙二十年（1681），三路大軍攻進昆明城，吳三桂的孫子吳世璠自殺，吳氏殘餘勢力被最終殲滅。至此，歷時八年的三藩之亂終於被平定了。

南懷仁鑄神威大炮

康熙十三年（1674）八月，康熙帝命掌管曆法的南懷仁（比利時傳教士）造火炮應軍需之急；不久，南懷仁奉命製造出了一種輕巧的火炮；次年五月，火炮鑄成，康熙帝往盧溝橋炮場檢驗。這種炮炮身小，火力強，命中率極高，可放置在騾馬背上行軍，非常輕便，容易運輸——康熙帝對此大加稱讚。從此，這種火炮大量生產，一年內鑄造約350門；清軍將士稱此炮為「得勝炮」。康熙二十年（1681），康熙帝將其定名為「神威將軍炮」，並用它武裝部隊。此後，南懷仁又製造了其他型號的火炮，並對舊炮加以修理和改進。康熙帝為表彰南懷仁的功勞，加封他為工部右侍郎。

南懷仁鑄造的「威遠將軍」銅炮

年輕的康熙帝，以超凡的決策能力平定了這場蔓延十省的叛亂。戰後，康熙帝立即採取一系列措施，蕩滌三藩遺留下來的污泥濁水。對三藩在各地推行的苛捐雜稅「悉革除之」；清查吳三桂及其手下官兵侵占的民田，並交還給百姓耕種，進一步穩定了局勢。

統一寶島台灣

康熙一朝，近代中國的疆域初步成形；在東南，康熙帝一舉統一台灣，安定了海疆。台灣自古屬中國領土，明代天啟年間，荷蘭殖民者侵占台灣島。順治十八年（1661），反清失利的鄭成功退守台灣，趕走了荷蘭殖民者，並以此作為反清的最後基地。康熙元年（1662），38歲的鄭成功病故；其子鄭經即位後，進一步剷除了荷蘭殖民者在台灣的殘餘勢力。經過鄭氏二十多年的苦心經營後，台灣由人煙稀少的荒域變成了「地方千餘里，戶口數十萬」的富庶之區。因此，鄭氏對台灣是有

收復和開發之功的；然而，鄭氏在台灣轉入長期割據之後，則日益起著消極的作用。

最初，清朝和台灣鄭氏曾有五次和談。清方不斷讓步，應允鄭家世代守衛台灣、歲時納貢、通商貿易，還可以「如朝鮮故事」、「不剃髮，不易服」；但是，東南沿海的和平並沒有就此實現。台灣鄭氏以為自己占據有利的地位，得寸進尺地提出以大陸漳州、泉州、潮州、惠州作為交換，並要求由福建供給鄭軍糧餉。雙方談判破裂，戰爭迫在眉睫。

康熙帝於是開始籌備以武力收復台灣。康熙十八年（1679）正月，康熙帝下令恢復福建水師，並將湖廣所有的20架西洋炮撥送福建，「用資剿禦」。當時「三藩」問題基本得到解決，尚之信已被賜死；耿精忠調回京城；清朝大軍正在圍攻雲南省城，吳三桂指日可滅。但是，康熙帝在這個時候沒有一鼓作氣進攻台灣，而是下令裁撤部分軍隊。這樣做既減輕了飽受戰亂之苦的老百姓的負擔，有利於社會安定，兵精餉足，更有利於進取；這也是康熙帝謹慎從事，耐心捕捉戰機的政治成熟的表現。

康熙二十年（1681）四月，台灣島內發生政變：鄭經病故後，引發了一場權力之爭，其長子被絞死，年僅12歲的次子鄭克塽即位；第二年，台灣遭遇天災，社會衝突遽增。

康熙帝決定趁機發兵台灣。這時；台灣降將施琅主動請命出戰。朝臣們認為施琅是降將，不可重用。康熙

赤嵌樓 由荷蘭殖民者於1650年興建，位於台南市。鄭成功收復台灣後，以此為承天府署，後逐漸損毀，光緒年間重建。赤嵌樓下陳列的幾座大石碑為清乾隆五十三年（1788）所立。

帝卻力排眾議，啟用施琅，以「總督姚啟聖統轄全省兵馬，同提督施琅進取澎湖、台灣」。後來，姚啟聖與施琅意見相左，互相掣肘，康熙帝索性命「施琅相機自行進剿」，對前方統兵將領給予了充分的信任和自由。

康熙二十二年（1683）五月，康熙帝催促施琅「速進兵」，務必於夏至前奪取台灣；六月上旬，早已做好準備的施琅接到了進軍的諭旨，立即集合全體舟師海軍向澎湖列島進軍。

六月正是颱風大盛的時候，海上風濤不測，是海戰的「大忌」，而施琅卻出其不意在此時出兵，給台灣守軍一個措手不及。十六日，清朝船隊抵達澎湖海面，但是，清軍初戰失利；主帥施琅、先鋒藍理險遭不幸，帶傷指揮作戰。為了穩定軍心，施琅下令回師，進行了為期五天的軍事整頓；經過整頓和重新部署，清朝海軍軍心穩定，情況大為改觀。二十二日，清軍和鄭氏軍隊在澎湖展開了一場規模空前的海戰。這一戰清軍大獲全勝，戰果輝煌，擊毀鄭軍船艦200多艘，擊斃敵軍將士1.2萬餘人。鄭氏的主力全軍覆沒，殘存的部眾紛紛降清。澎湖激戰，為解決台灣問題奠定了基礎，失去人心的鄭氏統治集團無奈降清；八月十一日，施琅率官兵前往台灣受降。於是，台灣回歸中國。

抗擊沙俄侵略者

沙皇俄國本是歐洲國家，同中國相隔甚遠；但是從16世紀末開始，沙皇俄國的勢力越過烏拉爾山，開始向東擴張。明崇禎十六年（1643），沙俄政府派遣文書官波雅科夫率領一百多名哥薩克武裝匪徒，首次闖入了黑龍江流域。匪徒所到之處無惡不作，肆意屠殺居民，掠奪人口和財富，罪行累累。富饒肥沃的黑龍江兩岸被洗劫一空，居民四散，田園荒蕪，無人耕種。

順治年間，清朝軍民相互配合，與沙俄匪徒展開了一次又一次英勇而悲壯的戰鬥。順治十五年（1658）沙俄侵略者占據了尼布楚，

並以此為據點，繼續向東推進。康熙四年（1665），沙俄占領了雅克薩，一年後又闖進貝加爾湖地區強徵毛皮稅。同時，沙俄侵略者還煽動居住在嫩江流域的索倫部頭人根特木爾叛國投俄。清政府曾多次要求沙俄政府將根特木爾引渡回國，但都遭到無理拒絕。沙俄侵略者還將觸角向南擴張，侵占了喀爾喀蒙古土謝圖汗所屬的外貝加爾地區的戰略要地楚庫柏光，並在此建立了侵略據點。

「神威無敵大將軍」炮　康熙十五年（1676）鑄造，銅質，在雅克薩之戰中發揮了巨大威力。

　　康熙帝親政初期，鑑於國內政局還不穩定，主張通過外交途徑和平解決沙俄的問題。他先後兩次派代表同俄方進行接觸，遞交國書，表示和平解決的誠意；但是，盤踞在尼布楚的沙俄侵略者對清朝的橄欖枝拒不應答，甚至以為清政府軟弱可欺，妄想進一步擴大侵略。

　　在平定三藩的緊張時期，沙俄政府進一步在東北邊疆地區擴大戰火，並修築了堅固的城堡，作為據點防禦清兵，擴大徵稅地區，對邊境居民進行殘暴的掠奪和屠殺。

　　面對沙俄不斷擴大侵略的事實，康熙帝忍無可忍，決定派兵進行自衛反擊戰爭。康熙二十一年（1682）九月，康熙帝派人到中俄邊境達斡爾人、索倫人的居住地，察看地理形勢和水陸交通等情況，為開戰做準備。隨後幾年，康熙帝又陸續派遣3000多人在寧古塔、達斡爾等處駐軍。在苦難中掙扎的黑龍江沿岸各族人民終於等到了國家軍隊強而有力的保護。

　　康熙二十二年（1683）七月，67名哥薩克從雅克薩出發，企圖到

黑龍江下游一帶掠奪，遭到中國軍隊的攔截。清朝軍隊乘勝前進，迫使盤踞在精奇里江（結雅河）的新結斯克堡的全部侵略者撤退；東北各族人民也積極配合清軍的反侵略戰爭。勝利的消息不斷傳來，除盤踞在雅克薩等少數地區的侵略者外，黑龍江中下游的沙俄侵略者已基本上被肅清。

康熙二十四年（1685）六月，清軍逼進雅克薩。在戰爭爆發的最後一刻，康熙帝仍然希望和平解決兩國的爭端。清軍統帥彭春送給雅克薩頭目兩封信，一封是康熙帝給俄國沙皇的信，另一封是彭春給雅克薩頭目的信，要求盤踞在雅克薩的俄國侵略者撤出。但是「羅剎負固，出言不遜」，於是，戰爭勢不可免地爆發了。

六月二十四日，都統彭春統帥由滿、漢、蒙、達斡爾、索倫等各族戰士組成的3000大軍「分水陸兵兩路，列營夾攻」雅克薩城。次日晨，清軍的藤牌兵攔截並消滅了敵人的水路增援；當晚，攻城開始。經過徹夜戰鬥，雅克薩的塔樓和城牆被摧毀，一百多名沙俄侵略者被擊斃。二十六日清晨，雅克薩城內的侵略軍將領托爾布津走投無路，被迫投降，並立下了「永不再來」的誓言。但是，清軍並沒有立即派兵駐守雅克薩，而是摧毀了城堡，撤回璦琿，這就給沙俄侵略者可乘之機。不

雅克薩之戰油畫

220

久，托爾布津收拾殘部，夥同尼布楚方面派來的沙俄侵略軍，再回雅克薩，重新修築工事，企圖再次盤踞在這塊土地上。

康熙二十五年（1686），清軍2000餘人在黑龍江將軍薩布素率領下，進抵雅克薩城下，將城圍困起來，嚴令沙俄侵略軍投降；但托爾布津拒不投降。清軍開始攻城，托爾布津中彈身亡，沙俄軍隊改由副將代行指揮，仍負隅頑抗。清軍就在雅克薩城的南、北、東三面掘壕圍困，在城西河上派戰艦巡邏，徹底切斷了守敵的外援。

沙俄軍隊被圍困近一年，戰死和病死的兵卒不少，據守雅克薩城的826名侵略軍到最後只剩下66人。得知戰況的沙皇急忙向清政府請求撤圍，並派遣使臣來議定邊界；清政府答應了沙皇的請求，准許侵略軍的殘部撤回尼布楚。

康熙二十八年（1689）七月二十四日，中俄雙方締結了《中俄尼布楚條約》，「自黑龍江支流格爾必齊河沿外興安嶺以至於海，凡嶺南諸川，注入黑龍江者屬中國，嶺北屬俄；西以額爾古納河為界，河南屬中國，河北屬俄。」這個條約挫敗了沙俄跨越外興安嶺侵略中國黑龍江流域的企圖，遏制了幾十年來沙俄的侵略，使清朝的東北邊境獲得了150餘年的安寧。

在這場偉大的民族自衛戰爭中，康熙帝運籌帷幄，不畏強權，有理有節，顯示了非凡的氣魄和勇氣。

三次親征噶爾丹

清初，在西北方過著游牧生活的蒙古族分為漠南、漠北和漠西三大部。漠南蒙古稱為內蒙古；漠北喀爾喀蒙古稱為外蒙古，有土謝圖汗部、車臣汗部、札薩克圖汗部和賽因諾顏部四大部；居住在天山以南的漠西厄魯特（即衛拉特）蒙古分為準噶爾部、和碩特部、杜爾伯特部和土爾扈特部四大部。

重修曲阜孔廟

康熙二十三年（1684），康熙帝曾親臨山東曲阜拜謁孔廟。他看到孔廟年久失修，一派荒涼破敗之勢，於是決定動用內帑（指宮廷內府貯藏的貨財），派專人前往主持修繕工作。重修工程從康熙三十年（1691）夏天開始，至康熙三十一年（1692）秋天基本完成。康熙三十二年（1693）十月六日，孔廟重修工程落成，康熙帝派皇子胤祉、胤禛前往致祭。重修後的孔廟平面呈長方形，總面積約327畝，四周環以高牆，配以角樓，前後九進院落，殿堂樓閣460餘間，門坊54座，碑碣2000多塊。其主體建築稱大成殿（見下圖），取「集古聖先賢之大成」意；大成殿高24.8公尺，闊45.78公尺，深24.89公尺，重簷九脊，斗拱交錯，金碧輝煌；殿內供奉著孔子及其弟子和儒家歷代先賢的塑像。

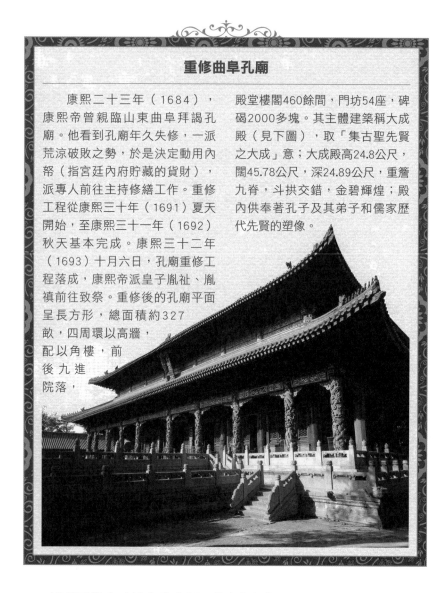

清朝歷代帝王都十分重視同蒙古族的親善和睦關係。蒙古各部接受清朝的封號，雙方通過聯姻保持世代的政治友好關係。然而，到康熙朝，漠西蒙古準噶爾部首領噶爾丹拚命擴張自己的勢力範圍，成為破壞和諧的變數。噶爾丹肆意掠奪漠西蒙古各部，迫使各部或臣服，或遠離故土。土爾扈特部西遷至伏爾加河流域游牧，和碩特部先是進駐青海，

222

後又遷入河套以西的阿拉善地區。這樣，廣闊的阿爾泰山、伊黎河一帶成為準噶爾部的天下。未遷走的杜爾伯特部與和碩特、土爾扈特殘餘的部眾，全部置於準噶爾部的控制之下。

康熙四年（1665），準噶爾內部發生權力更迭，噶爾丹取得了統治權，並進一步擴充準噶爾的勢力；他自封為「博碩克圖汗」，確立了對漠西蒙古四部的統治，全面控制了回疆地區，其企圖分而自治的野心昭然若揭。面對噶爾丹的步步進逼，康熙帝曾試圖通過一貫的民族親善和睦政策穩定邊疆局勢，因此默認了噶爾丹「博碩克圖汗」的名號和地位；平定三藩之亂後，康熙帝還派大臣至噶爾丹處大加賞賜。

噶爾丹表面上對清政府表示臣服，多次派使者向清廷進貢馬匹、駱駝、貂皮、銀鼠等物品；但是動輒數千人的龐大貢使隊伍，給清政府帶來了沉重負擔，而且貢使隊伍沿途搶掠牲畜和財物，踐踏田禾，捆縛平民……使沿途百姓怨聲載道。康熙帝對噶爾丹的寬容是以不損害清朝的根本利益為前提的，因此對貢使隊伍為所欲為的妄行非為，採取了嚴格的限制措施。

隨著野心的不斷膨脹，噶爾丹又將目標對準了漠北喀爾喀蒙古。康熙二十七年（1688），噶爾丹率三萬部眾擊敗漠北蒙古土謝圖汗之子噶爾旦台吉；噶爾旦台吉幾乎全軍覆滅，只有自己得以逃生。隨後，噶爾丹向東挺進，攻掠車臣汗的牧地。漠北蒙古各部的兵力悉數出動，在土謝圖汗的率領下與噶爾丹展開了一場大決戰；但是，鏖戰三晝夜後，漠北蒙古的軍隊全面潰敗。

此為康熙帝舉行重大典禮時所穿的冬朝服。整件朝服以亮麗的明黃緞做衣料，上繡雲龍紋，領口、袖口、前襟等處滾黑色貂皮，顯得華貴而莊重。

在這種動盪的局勢下，漠北蒙古上層出現了投奔俄羅斯的雜音。所幸，漠北蒙古共同信奉的大喇嘛哲卜尊丹巴呼圖克圖及時阻止了叛國的行為，帶領漠北蒙古向南內徙，投奔清朝。康熙帝立即派人前去撫慰，發放糧食，贈送白銀、茶布，幫助其採買牲畜，並把他們妥善安置在科爾沁水草地游牧。

噶爾丹仍然一意孤行，藉口追尋漠北蒙古勢力不斷南侵。同時，噶爾丹乘清廷與沙俄發生衝突之際，和沙俄取得了聯繫，得到了沙俄的武器支持，冀圖借外國的力量和同清廷抗衡。康熙二十九年（1690）七月，噶爾丹率軍深入到離北京僅700里的烏蘭布通（今內蒙古克什克騰旗境內），嚴重威脅到了京師的安全和領土的完整。這樣，一場分裂與反分裂的戰爭再也不可避免了。

兩軍對陣，展開了激烈的戰鬥。清軍以火炮對陣準噶爾部的駝陣，驚天動地的大戰一直持續至掌燈時分；戰爭最終以準噶爾部的潰敗結束。噶爾丹乘夜逃遁，出逃部眾在沿途飢踣死亡，僅剩下幾千人。戰後，噶爾丹為生計所困，向清廷乞賜白銀，以解燃眉之急。康熙帝多次派大臣前往噶爾丹處勸諭歸降，以示羈縻；但是，此後噶爾丹仍然不斷地挑起事端。

康熙帝終於認識到噶爾丹勢力「一日不滅，則邊陲一日不寧」；於是，康熙帝力排眾議，決定親征。康熙三十五年（1696）春，康熙帝下詔親征，並調集10萬大軍，分東、西、中三路，出師剿滅噶爾丹。

噶爾丹驚聞康熙帝親率大軍而來，自知不敵，倉皇出逃。噶爾丹逃竄至昭莫多（今宗莫德）時，與費揚古所率的清西路軍狹路相逢，雙方展開了一場惡戰。噶爾丹大敗，僅率數十騎倉皇逃遁，其部眾2000餘人陣亡，3000餘人被俘。昭莫多之戰，全殲噶爾丹的精銳騎兵，成為清廷平定噶爾丹的決定性戰役。此後，康熙帝多次派人勸說處於窮途末路的噶爾丹歸降；但是噶爾丹執迷不悟，仍妄圖東山再起。

中國十大傳奇帝王

為了根絕噶爾丹勢力，謹防其死灰復燃，康熙三十五年（1696）九月，康熙帝再次親征，前往歸化城（今呼和浩特），駐蹕鄂爾多斯，十一月至寧夏。噶爾丹不戰而請降，康熙帝班師回京；但是，到了第二年，噶爾丹仍然找出種種藉口拖延歸降日期。康熙三十六年（1697），康熙帝第三次親征，再至寧夏。眾叛親離的噶爾丹再也無處逃遁，在阿察阿穆塔台患病身亡（也有傳說為服毒自盡）。

康熙帝三次親征，風餐露宿，深入沙漠，終於平定了噶爾丹的分裂勢力。

《北征督運圖冊》（局部）　《北征督運圖冊》是根據清康熙帝平定準噶爾叛亂西路大軍軍糧督運官范承烈的經歷畫成的。原圖冊24開，現存19開，每半開工筆設色作圖，另半開由范承烈自題畫面內容梗概。圖中對所經城鎮、台站、山川河湖、沙漠、道路里程、各族官兵、民夫、車馬都進行了詳細生動的描繪，是一篇形象的歷史文獻。

此後，康熙帝又以和睦親善的民族政策，妥善地處理了清廷和蒙古各部族之間的關係。康熙帝繼續堅持滿蒙貴族聯姻的傳統，把宗室女下嫁給準噶爾部的王公貴族；噶爾丹之子被俘時尚未成年，康熙帝先是下令予以「恩養」，後又將宗室覺羅長泰之女嫁給他，並封其為「鎮國公婿」。康熙四十一年（1702）噶爾丹的侄孫丹津阿拉布坦來降，康熙帝不但以禮相待，還封他為多羅郡王。這些親善措施，對準噶爾部起到了有效的安撫和穩定作用。

安定西藏

鍍金銅佛龕　西藏文管會藏清代佛龕。龕內供佛三尊，整個佛龕造型嚴謹，金碧輝煌。

噶爾丹敗亡後，其侄策妄阿拉布坦控制了準噶爾部。他仿效噶爾丹，收集舊部，陸續吞併周邊各部，伺機侵犯哈密、青海和西藏等地。康熙五十六年（1717），策妄阿拉布坦出兵西藏，殺害西藏地區的首領拉藏汗，寧靜的青藏高原上風雲突變。

康熙帝得知策妄阿拉布坦侵藏的消息後，於康熙五十七年（1718）三月，派兵從青海出發，進剿西藏；九月中旬，清軍因草率輕敵，中了埋伏，全軍覆沒。一個月後，康熙帝先增派滿洲八旗兵丁入藏，又派將士駐紮在甘肅、西寧、成都、雲南等戰略要地，以備調遣；同時重用深悉邊情的四川巡撫年羹堯為四川總督，開闢由四川進藏的新路線。

經過周密的部署，康熙五十九年（1720），在護送六世達賴喇嘛

的名義下，2.2萬名清朝將士從青海、四川兩路向西藏進發，另有新疆地區2萬多兵丁配合作戰。清軍屢戰屢勝，攻破拉薩，驅逐準噶爾，安定了西藏局勢。此後，清朝進一步加強了對西藏的管理。

軍事上，康熙帝派滿蒙八旗及綠旗兵丁共4000人進駐西藏，成為清朝政府在西藏駐兵之始；經濟上，加強了西藏邊疆與內地的聯繫；政治上，康熙帝幫助西藏貴族擺脫了準噶爾蒙古部的影響，提升了西藏貴族的自主權。

安藏，是康熙帝晚年的最大政績，耗費了他十餘年的心血。康熙帝踏著前人的足跡，向前邁出了關鍵性的一大步，也為雍正、乾隆時期進一步治理西藏奠定了基礎。

撫恤民生

明末清初，由於長期戰亂，農業生產遭到嚴重的破壞，滿清貴族的大肆圈地和民族壓迫致使百姓紛紛逃亡，人口銳減，經濟蕭條。順治帝在位時間過於短暫，沒有能夠很好地解決這一問題，因此，當康熙帝繼位時，仍面臨著百里無人煙、田地荒蕪、財政匱乏的困境。

康熙帝採取了一系列措施恢復和發展農業生產。他下令停止圈地，將國家掌握的熟、荒地分給無地或少地的農民，釋奴為民，並積極推廣農業先進技術。與此同時，他還推行輕徭薄賦政策，禁止官吏擾民，尤其是在康熙五十一年（1712）決定「永不加賦」，取消新增人口的人頭稅，並最終演變成「攤丁入畝」制度，減輕了農民的負擔。

為了解決水患問題，康熙帝還曾六次下江南巡察黃河和水利，大力治理黃河、淮河和永定河。在康熙帝執政的前15年中，黃河決口達69次，給沿岸造成了慘重的經濟損失，於是，康熙帝決心全力治黃；康熙十六年（1677），康熙帝任命才能卓著的治河專家靳輔為河道總督。在當時全力平定三藩、經濟十分困難的情況下，康熙帝力排眾議，撥給

康熙帝楷書墨蹟

靳輔治河經費250餘萬兩；此後每年撥款300餘萬兩。靳輔殫精竭慮，盡心主持河務，六年後終於使黃河、淮河盡復故道，水患頓消。

康熙帝雖然重農，卻不抑商。他認為農業是國之根本，商業也是不可或缺的，只有商業和農業共同發展，才能促使國家興旺發達。清初，由於戰爭需要，朝廷對工商業攤派稅務甚多，以致商人苦不堪言。平定三藩後，康熙帝意識到了這個問題，於是減輕了工商業賦稅，禁止稅吏巧立名目勒索商人。

康熙四十二年（1703），康熙帝下詔廢除金斗、石斗和關東斗，規定直隸各省一律採用底面平直的升和斗，並親自校準了鐵升、鐵斛，掃清了商業發展過程中由於度量衡不統一造成的障礙。儘管康熙帝統治期間也施行了種種不利於商業發展的舉措，例如海禁和礦禁，但是整體而言，他還是為商業發展提供了一個相對寬鬆的環境。

由於康熙帝的勵精圖治，農業生產得到了恢復，耕地面積迅速擴大，糧食產量提高，經濟作物廣泛種植，人口迅速增長，商業貿易十分繁榮，各種商品行銷海內外，四方溝通聯繫更加密切，奠定了康乾盛世的基礎。

※ 崇理學，學西方 ※

　　康熙帝從五歲開始讀書，很快便顯現出了勤奮好學的天分。《清聖祖實錄》記載，他八歲時「學庸訓詁，詢之左右，求得大意而後愉快。日所讀者，必使字字成誦，從來不肯自欺。」康熙帝每每讀書到深夜，竟不知倦怠；十七八歲時，因讀書過於勞累，以致咳血，也不肯休息。孝莊太后擔憂他的身體，曾加以勸阻；他卻依然苦讀不輟。康熙帝不僅好學，而且讀書興趣十分寬泛，經史百家、佛經道書，無不涉及。

　　讀書不是康熙帝的最終目的，他的目的是要從歷史典籍中領悟古代帝王的治國之道，付諸實踐。學習越深透，康熙帝的求治之心愈切。他六十年如一日，為政無一時懈怠。其為政之道有二：一是勤，二是實，即勤於政事，講求實效。他親政後，每日「昧爽視事，唯恐有怠政

蘇州繁忙的懷胥橋商市

229

康熙字典

康熙四十九年（1710），康熙帝下諭令張玉書、陳廷敬參照明代梅膺祚《字匯》和張自烈《正字通》編纂大型字典。康熙五十五年（1716）《康熙字典》編成，刊印發行全國。它是中國第一部用《字典》命名的字書，也是中國第一部官修字典，「字典」之名從此成為同類辭書的通名。《康熙字典》體例完全仿照《字匯》和《正字通》，沿用其214個部首，以十二地支分12集，每集又分上、中、下三卷。首列總目、等韻、檢字、辨似等，末附補遺、備考。《康熙字典》收字47043個，在1915年中華書局出版《中華大字典》之前，一直是中國收字最多的字典。不少冷僻字，其他書不見，往往於此書可以查到。

《康熙字典》書影

務」；即使在病中，也要堅持上朝聽政；有時半夜來了緊急奏報，必「披衣而起」；即使在出巡途中，康熙帝也日日處理政務，而且堅持「當天事當天畢」。

康熙帝推崇儒學，尤其是程朱理學，規定將朱熹所注「四書五經」作為科舉考試的必備內容。他崇德治，重教化，用正統的倫理綱常統一風俗。他優待漢族知識份子，曾多次舉辦博學鴻儒科，創建了南書房制度，尊孔子為「大成至聖文宣先師」，並親臨曲阜拜謁孔廟。崇儒重道在當時的朝野上下蔚然成風，湧現出了一大批著名的經學家、理學家、思想家、史學家、科學家和文學家，顯示了空前昌盛的文化景象。

康熙帝還十分重視典籍的收藏編纂；除了已有的翰林院，他還在宮內外設立了武英殿修書處、佩文齋等修史館所，組織編輯了《康熙字

典》、《佩文韻府》、《古今圖書集成》等典籍。

康熙帝對西方文化也很感興趣；在他身邊，聚集了一批來自各國的傳教士。康熙帝向他們虛心學習代數、幾何、天文、醫學等方面的知識。康熙帝重視天文學，曾命比利時傳教士南懷仁為欽天監監正，讓他對觀象台舊儀器加以改造；康熙帝南巡至南京時，還親自登上觀象台觀察星象。為了觀察風向，康熙帝在宮廷院中設立小旗，來查看風向、風速，還在一些地區設點測風，又命各省作晴雨風雪奏報，從中得出「千里不同風，百里不同雨」的結論。此外，康熙帝對人體解剖學也有極大興趣，還曾親自解剖冬眠的熊。

在當時，康熙帝堪稱一位學貫中西的學者。然而，不容忽視的是，康熙帝對西方文化的興趣只是在於個人。由於時代和思想的限制，他並無意在國內推廣西方科學知識體系。與此同時，為了維護統治，他還曾實行殘酷的文化思想高壓，大興文字獄，禁錮了人們的思想。

幾番立儲風波

康熙帝兒女眾多，共有35子、20女；然而，多子不能多福，反而給他帶來無盡的苦惱。康熙帝晚年，由於皇子爭儲鬥爭激烈，他常常為此徹夜難眠，甚至不顧天子威嚴，在朝廷上痛哭。

在康熙朝以前，清朝沿襲先例，皇帝生前不立太子，而是由八旗旗主聯合推舉。康熙帝嘗試打破傳統的皇帝繼承制度，預立儲君，是有自己的考慮的：首先，他從切身經歷出發，想著自己即位之初，由於年紀幼小，輔臣專橫跋扈，使皇權遭到嚴重侵犯；其次，他非常讚賞漢人的嫡長子繼承制度，認為預立儲君有利於皇權的穩固。

康熙十四年（1675）十二月，康熙帝立剛滿周歲的嫡長子（皇二子）胤礽為皇太子。胤礽的生母是康熙帝的髮妻孝誠仁——皇后赫舍里氏；赫舍里氏生胤礽時因產後大出血而死，因此康熙帝將愛妻之情轉移

到了這個孩子身上。儘管政務繁忙，他仍然經常抽時間親自教太子讀書、騎射。然而，康熙帝的特別寵愛，「一人之下，萬人之上」的太子地位，卻使胤礽在深宮中被孤立、疏遠；而胤礽本人也恃寵而驕，樹敵過多，引起了其他皇子的不滿。

康熙二十九年（1690）七月，烏蘭布通之戰前夕，親征的康熙帝途中生病，皇太子卻沒有表現出絲毫的悲傷，這令康熙帝十分不快；從此，父子情感出現了裂痕。後來，康熙帝發現太子及其屬下任意勒索地方官員；同時，隨著皇帝年事日高，一些朝臣更加親近太子，朝廷裡出現了兩個中心的趨勢，使統一的皇權受到了侵犯——皇帝與太子之間的矛盾不斷強化。

為了分散太子黨的權力，康熙帝大封皇子；然而這些皇子們卻各自糾結私黨，蓄謀爭奪儲位。在皇帝與太子的矛盾之外，又加劇了諸皇子與太子的矛盾，以及皇子之間的矛盾。諸皇子及其黨羽的共同打擊目標是太子和太子黨；這樣，太子便陷入了被圍攻的窘迫處境。皇子們對太子，有的造謠誹謗，有的用巫術鎮魘，有的預謀殺害。康熙帝不明真相，偏聽偏信，對太子越來越反感；父子之間的隔閡日益加深。

康熙四十七年（1708）五月，康熙帝巡幸塞外。在巡行期間，皇帝與太子之間的矛盾公開化。先是隨行的皇十八子胤祄患病，雖經百般療治，病

清代銅鍍金嵌廣琺瑯龍吐水法鐘　鐘高98公分，鐘面40公分見方。此鐘開啟後，水柱轉動，恰似龍口吐水，並能做八仙慶壽的表演。

中國十大傳奇帝王

承德避暑山莊

康熙四十二年（1703），避暑山莊在承德開始興建，至四十七年（1708）初步建成；初稱熱河行宮，五十年（1711），康熙帝親筆題名為避暑山莊，也稱承德離宮。康熙帝在避暑山莊處理朝政，舉行大典，接見臣子和各少數民族首領——避暑山莊成為清廷又一政治中心。它包括宮殿區和苑景區兩大部分，總面積為564萬平方公尺；宮殿區，在整個山莊的南部，是皇帝處理政務和居住的地方，包括正宮、松鶴齋、萬壑松風、東宮四組建築；苑景區，又可分為湖區、平原區、山區三部分。康熙帝在其統治的中晚期興建避暑山莊，是北方民族固有習俗的體現；因為秋冬避寒，春夏避暑，兩地移住，是中國北方游牧、狩獵民族素來的生活習俗。避暑山莊建成以後，康熙帝幾乎每年中都有半年的時間住在這裡，這正是滿族習俗的表現。

情卻仍不見有所好轉；康熙帝心急如焚，皇太子卻無動於衷。康熙帝由此認為皇太子冷酷無情，一個毫無悌孝之愛的人，日後怎麼能擔當領航國家的重任呢？隨後，康熙帝發現太子經常在他的帳外徘徊，並向裡面窺視，於是懷疑太子圖謀不軌。這很可能是促使康熙帝下決心廢掉太子的直接動因。

九月四日，康熙帝下詔，說太子：「不法祖德，不遵朕訓，唯肆惡虐眾，暴戾淫亂。」宣布將其廢黜。同一天，康熙帝將太子黨一干人等或立行正法，或充發關外；然而，太子雖廢，國事仍不平靜。

儲位虛待，各位皇子摩拳擦掌，躍躍欲試，明爭暗鬥日益激烈。皇長子胤禔錯誤地估計形勢，貿然向父皇進言誅殺廢太子胤礽，後又因曾用巫術詛咒太子一事敗露，被康熙帝下令幽禁。皇八子胤禩夥同皇九子胤禟、皇十四子胤禵聯合朝臣推薦皇八子為儲君。康熙帝不滿他們集結黨羽，以「妄博虛名」而將其否定。唯有皇四子胤禛以四方討好的態度，周旋於皇帝和諸兄弟之間。

為了平息愈演愈烈的皇位紛爭，康熙四十八年（1709）三月，康熙帝宣布復立胤礽為太子；然而，圍繞皇帝與儲君、皇太子與諸皇子之間的老矛盾仍然存在。不久，有人向康熙帝彙報，太子曾怨言：「古今天下，豈有40年太子乎？」這話傳到康熙帝耳裡，自然非常刺耳。

康熙五十一年（1712）九月，康熙帝突然宣布將胤礽拘執看守。此時的康熙帝清醒地認識到：立太子必然會侵犯皇權，使矛盾更趨複雜，因此，不宜樹立一個權勢高於諸王的太子分化集權。

在隨後的較量中，諸皇子結黨不停，人員組合不斷變化，各集團地位浮沉不一。但有一點是可以肯定的，至康熙末年，唯有皇四子胤禛和

皇十四子胤禵具備真正的爭儲條件，其他的皇權覬覦者都因有大小不等的前科而失去了康熙帝的歡心。晚年的康熙帝，在立儲的問題上，傷透腦筋，心力交瘁，其心境是十分悲苦淒涼的。

康熙六十一年（1722）十月，康熙帝前往皇家南苑獵場行圍，十一月七日因病返回暢春園，命皇四子胤禛代父祭天。十三日凌晨，康熙帝的病情急劇惡化，於是在病榻召見諸皇子和步軍統領兼理藩院尚書隆科多，遺詔立四子胤禛為帝。至此，康熙帝走完了他人生的最後旅程，儲位之爭也終於落下了帷幕。

紫禁城 角樓 紫禁城垣四隅之上的角樓，建成於明代永樂年間，清代重修。角樓是紫禁城城池的一部分，它與城垣、城門樓及護城河同屬於皇宮的防衛設施。

傳奇皇帝的炫彩人生
清乾隆帝弘曆

　　乾隆帝在清代全盛時期過了60年太平天子的生活。作為盛世之君，他控制朝局63年，政績卓越，四海升平，鑄造了光耀史冊的「全武功」，奠定了大一統的大清帝國版圖，使百姓安居樂業，各得其所。但是，在長期的太平盛世中，在事業全盛、福壽雙全和臣下的一片頌揚聲中，乾隆帝日益好大喜功，揮霍無度；朝臣也群起效仿，奢靡浪費、貪污腐敗之風席捲全國。從乾隆晚期起，吏治官風日趨敗壞；國庫逐漸虛耗殆盡，衰世頹態展露端倪。

乾隆皇帝大閱圖　乾隆帝在位期間熱衷於武力征討，且戰功卓著。圖為乾隆四年（1739），乾隆帝戎裝駿馬在京郊南苑舉行閱兵式時的情景。

撲朔迷離的身世之謎

　　乾隆帝名叫愛新覺羅·弘曆，生於康熙五十年（1711）八月十三日，是雍正帝的第四子。他於雍正十一年（1733）封為和碩寶親王，開始參與軍國要務。雍正十三年（1735），雍正帝去世，弘曆即位，改年號乾隆，中國歷史從此進入了乾隆時代；然而，這位不凡的天子，自出世以來，身邊就縈繞著一團團迷霧。

　　清代玉牒（皇室族譜）明確記載，乾隆帝弘曆生於雍親

王府，其生母為鈕祜祿氏；然而，民間卻傳言，乾隆帝是由熱河避暑山莊的一個漢人宮女所生。若這一傳言屬實，就意味著乾隆帝不是純正的滿人血統，而且此後所有的清朝帝王都帶上了漢人的血脈，這對當時的清朝統治者來說，是絕對無法接受的。

對於這個傳言，乾隆帝憤怒又無奈，只好利用一切機會反覆強調自己出生在雍和宮（雍正三年，即1725年改王府為行宮，稱雍和宮）；甚至到了古稀之年，乾隆帝仍要為自己闢謠。他在72歲那年正月到雍和宮拜佛後，寫詩作注說：「朕確實是在康熙辛卯年（即康熙五十年）生在這雍和宮的。」

姓名	愛新覺羅‧弘曆
生年	康熙五十年（1711）
卒年	康嘉慶四年（1799）
在位	60年
年號	乾隆
廟號	高宗
諡號	純皇帝
陵寢	裕陵
父親	雍正帝
母親	鈕祜祿氏
繼位人	嘉慶帝
主要政績	奠定大一統的國家版圖，將康乾盛世推向峰巔。

然而，令乾隆帝始料未及的是，在他出生地迷霧的製造者中，最具權威的人竟然是他的子孫們。嘉慶元年（1796），乾隆帝以太上皇的身分到避暑山莊過壽誕，隨行的嘉慶帝親自寫詩祝賀，並在注解中說，康熙爺在辛卯那年題寫了「避暑山莊」的匾額，皇父乾隆帝恰好也於這年降生在山莊。次

清明時節杏苍天哳柳
輕垂漠漠烟寰是春閨
識風景翠翹紅神蹴秋
千曲池風靜鏡澄波綠
柳青輪兩鬢螺未許人
開輕比似壺中游賦羊
仙娥　御題

乾隆帝手跡《清明》

年，乾隆帝壽辰時，嘉慶帝再次寫賀詩，並在注解中明明白白地寫到：「皇父在辛卯那年誕生於山莊。」可見，他對父親出生於避暑山莊一事是深信不疑的。

直到嘉慶十二年（1807），乾隆朝《實錄》和《聖訓》修成，嘉慶帝在審閱時才發現上面清楚記載著「先皇」乾隆帝出生於雍親王府。他意識到這是一個關乎皇室血統的大問題，於是斷然放棄避暑山莊獅子園的說法，批准在《實錄》和《聖訓》上把乾隆帝的出生地寫為雍和宮。

然而，嘉慶二十五年（1820）七月，嘉慶帝突然駕崩於承德避暑山莊。在軍機大臣倉促擬寫的嘉慶帝遺詔中，又出現了「朕能夠死在父親誕生之地，雖死而無憾」的字眼。新即位的道光帝發現這一問題後，立即命令六百里加急追回已發往琉球、越南等藩屬國的嘉慶帝遺詔；此後，道光帝又下令把嘉慶帝提及乾隆帝生在承德避暑山莊的御製詩都改過來。但是，這樣的改動反倒有欲蓋彌彰之嫌，使乾隆帝的出生地問題傳得更加沸沸揚揚；而對於乾隆帝的出生地之爭，學術界至今仍沒有定論。

雍和宮南門口有一座精美的牌樓，其上的「寰海尊親」匾額為乾隆帝親筆所書。

密匣立儲

密匣立儲是清代皇室特有的一種秘密立儲制度。在清代以前，歷代王朝都是公開立儲；康熙帝試圖仿效，卻導致了激烈的皇位競爭。雍正帝即位後，吸取了康熙帝晚年諸皇子爭權奪位的慘烈教訓，建立了一種新的立儲方式，即「秘匣立儲」制度。所謂的秘匣立儲制度，就是皇帝生前不公開冊立太子，而是秘密親書預立皇太子名字的文書，一式兩份，一份放在皇帝身邊，另一份密封於匣內，安置在乾清宮「正大光明」匾的背後。皇帝駕崩後，由諸位顧命大臣共同取下密匣，和皇帝隨身攜帶的另一份文書相互驗證，核實後公佈皇位繼承人的名字。乾隆帝是清代第一位以秘密立儲方式即位的皇帝。

就在出生地之爭方興未艾的時候，人們又對乾隆帝的生身父母提出了質疑，並形成了種種離奇的猜測和傳說。其中流傳最廣的就是乾隆帝為海寧陳閣老之子的說法。據說，康熙五十年（1711），陳世倌之妻和雍親王胤禛的側福晉先後生下一男一女。過了幾天，雍親王以給王妃看視為由，將陳家新生男嬰帶回了王府；然而，幾天後，從王府裡抱出

來的男嬰卻變成了一個女嬰。陳世倌夫婦有苦難言，不敢聲張。20多年後，乾隆帝多次以南巡為由和自己的親生父母短暫相會——乾隆帝六下江南，竟有四次住在海寧陳家，把陳閣老的私家園邸作為行宮。這也可以算是最直接的證據。

到清末民初，乾隆帝出自海寧陳家的傳言幾乎達到了家喻戶曉、童叟皆知的地步。然而，傳言畢竟是傳言，其中很多內容都經不起細細的推敲。在乾隆帝出生之前，雍親王已經有了四個兒子，雖然長子和次子先後夭折，但第三子弘時已經8歲。而且，這時的雍親王才34歲，正當壯年，幾乎沒有必要用自己的親生女兒去換陳家的兒子。

而對於陳氏先祖以及後人，乾隆帝更沒有任何厚待之意。乾隆六年（1741），陳世倌剛剛升任內閣大學士不久，就因為起草諭旨時出現差錯，被乾隆帝責罵並革職。乾隆帝評價陳世倌說，「少才無能，實不稱職。」這麼不留一點兒情面的斥責，哪裡有一點父子的情義呢？

至於乾隆帝南巡，確有四次到過海寧，每次都住在陳家安瀾園內。這是因為海寧是錢塘江海塘工程的重要地段和要害部位。乾隆帝先後四次到海寧踏勘海塘，也在情理之中。而且，在海寧這個偏僻的小縣城裡，除了陳家私園恐怕再也找不出更體面的接駕之處了。

可見，乾隆帝的親生父母是雍正帝和鈕祜祿氏是可以確定的。

文武兼備的帝王

清朝先祖是馬上打的天下，然而，馬上能打天下，卻不能治天下，要統治人數比自己多、文化層次比自己高的民族，就必須吸取中原文化的精華；因此，清朝十分重視皇子的教育。清制規定，皇子六歲起進入上書房接受教育，遣派滿、漢大學士擔任總師傅。皇子所學的課程包括滿、蒙、漢等語言文字和儒家經典，其中有四書、五經、國史、聖訓、策問、詩詞歌賦和書畫等。清朝對皇子的騎射也十分重視，特地下諭從滿、蒙大員中

挑選了諳達（意為夥伴、師傅）教導皇子。諳達分「內諳達」和「外諳達」，內諳達負責教授滿文，外諳達則負責教導騎射技藝。

　　在嚴格的教育培養下，清朝歷代皇帝和皇族都具有較高的素質，精通經史、策論、詩詞歌賦與書畫等，並善於騎射，乾隆帝就是其中一個出色的代表。他儒雅風流，喜愛著文吟詩，筆墨留傳於大江南北。乾隆帝畢生詩作竟多達四萬餘首，其數量之多在歷史上無人望其項背。此外，乾隆帝還十分重視編修文化典籍，《四庫全書》便是他在位期間組織編纂的。

　　乾隆帝幼年時就常常跟隨祖父康熙帝出塞打獵。有一次弘曆跟隨祖父圍獵，不意遇上了一頭黑熊。康熙帝怕黑熊傷了皇孫，急忙用鐵矛

哨鹿圖（局部）　此圖繪於乾隆六年（1741）秋季，是乾隆帝即位後首次赴圍場哨鹿打獵的情景。馬列前列第三騎白馬者即為乾隆帝，其餘諸人為隨行的王公官員。

編修《四庫全書》

乾隆三十七年（1772）乾隆帝連續頒詔，向各地徵書，以充實皇宮藏書。年底朱筠進奏，要求編纂整部書輯錄的大型叢書。乾隆三十八年（1773）二月，乾隆帝任命軍機大臣劉統勳為總裁，設纂修30員及提調等職，開館纂修《四庫全書》。乾隆四十六年（1782），第一部《四庫全書》抄寫完畢，之後又續抄六部，分藏於北京文淵閣、文源閣、瀋陽文溯閣、承德文津閣、揚州文匯閣、鎮江文宗閣、杭州文瀾閣。全書收錄書目的數量有3,461種，約79,309卷，36,000冊，分為經、史、子、集四部，收錄了乾隆朝以前中國古代的絕大多數重要典籍。《四庫全書》是中國現存最大的一部官修叢書，對中國古典文獻的保存與流傳起到了積極作用。它打破了中國歷代私人藏書珍藏而不流通的陋習，同時使許多失傳已久的珍籍得以重新面世。因此，《四庫全書》的編定，是中國學術文化史上規模空前的一項盛舉。

將黑熊射死；但弘曆身處險境，卻執彎昂首，毫無懼色。康熙帝見此情景，不禁又驚又喜，後來經常對大臣們讚及此事。

乾隆帝對此事印象深刻，成年後愈加喜歡出巡打獵。他箭術精湛，常在夏日接見武官後在宮門外較射。射時箭發三番，每番三發，每發多中靶心，九箭可中六七。乾隆十四年（1749）十月，他在大西門前射箭，九發九中。大臣錢麓驚為異事，特作《聖射記》進呈，感嘆「聖藝優嫻」。

康乾盛世的輝煌峰巔

乾隆帝即位初期，在政治上矯正其祖父過於寬仁、父親過於嚴苛的弊端，實行「寬嚴相濟」的治國之策，務實足國，並在經濟上大刀闊斧地調整政策，以改善社會經濟環境。

當時各地虛報開墾情況的現象十分嚴重，導致百姓無地卻需交糧，

負擔沉重。查明詳情後，乾隆帝規定凡是報告墾荒畝數，各地方官必須仔細核實，禁止虛報，一經查出，從重處分。不久，他將故伎重施、試圖矇騙朝廷的河南總督王士俊撤職，以儆效尤。雍正朝，許多地方官員為了政績，常常打著百姓自願的旗號，按田畝加派銀兩，用以河堤閘壩等國家大型工程的興建；乾隆帝斷然取消了捐派，還嚴令禁止各地巧立名目，濫徵賦稅。

由於雍正一朝社會矛盾比較尖銳，為了緩解民間與官府的對立，乾隆帝下令蠲免天下錢糧。他認為，只有百姓富足，國庫才能富足；朝廷恩澤只有施及於百姓，才屬於正道。據統計，乾隆十年、三十五年、四十三年、五十五年和嘉慶元年，先後五次減免全國一年的錢糧，三次免除江南漕糧——這在中國古代歷史上幾乎是空前絕後的。

此外，乾隆帝在前人的基礎上，繼續推行獎勵墾荒的政策，並提出了具體方針，避免了以往出現的官員瞞報等種種流弊，同時延續了「攤丁入畝」稅制度，使經濟、人口迅速發展。他還興修水利，治理黃河水患，疏通淮揚運河，修築浙江海塘等。

在政治上，乾隆帝將整頓吏治放在首位，嚴厲懲治貪官污吏，禁止官員結黨營私、互相傾軋，強調選拔官員要德才兼備，督促各級官吏要為國為民。上行下效，乾隆一朝湧現出了不少為百姓辦實事的務實官員。

整體而言，乾隆帝有些政策雖有可議之

藍釉描金銀粉彩桃果紋瓷瓶
瓶作葫蘆形，有雙耳，下附銀座，為清雍正、乾隆時期器物。器身施藍釉，繪八組金銀彩桃果及蝙蝠紋，意寓福壽雙全。

處，但是大多數都收到了良好的效果，國內呈現出繁榮昌盛之勢。萬民為之歌頌，民間甚至出現了「乾隆寶，增壽考；乾隆錢，萬萬年」之類的歌謠，讚頌乾隆帝的德政。

正是在乾隆帝統治的前半期，從康熙中期開啟的「康乾盛世」達到了輝煌的峰巔。當時的農業和工商業持續發展，據《清實錄》記載，康熙時全國耕地為6億畝，到了乾隆時期已達到10億畝，人口也大幅度增長，領土幾度擴張，大大超過了前朝，並形成了大一統的多民族國家。

剿滅大、小金川

乾隆一朝，西征南討，鑄就了乾隆帝的「十全武功」；所謂「十全武功」，即兩次平定準噶爾、一次平定回部大小和卓之亂、兩次征服大小金川，一次鎮壓台灣林爽文起義，一次征伐緬甸，一次征伐安南（今越南）以及兩次抗擊廓爾喀（今尼泊爾）。透過這「十全武功」，乾隆帝平定國內叛亂，打擊外國入侵，維護國家安定統一，奠定了大一統的國家版圖，為後人留下了一個地域廣闊的多民族統一國家。但客觀地說，其中有些戰爭幾乎沒有值得炫耀之處，完全是為了湊數的，例如征伐緬甸一役，清軍幾乎是全軍覆沒。

在西南，先後兩次爆發了大小金川叛亂。當時的四川地處偏遠，邊境遼闊，以土司制度管理當地各族百姓。乾隆十一年（1746）大金川土司莎羅奔吞併了小金川；次年，清廷得到了大小金川動亂的消息，立即將雲貴總督張廣泗調任川陝總督，負責平亂。當地地形險峻，冬天經常大雪封山，清軍每前進一步都異常艱難；而大金川的碉堡石城據險而建，十分牢固。而且，莎羅奔的弟弟良爾吉還混入了清軍內部做奸細，不斷地把軍機洩露給亂軍一方。因此，張廣泗調集3萬清軍，轉戰兩年，卻始終無法平定3000多人的大金川。

乾隆帝大怒，先以貽誤軍機罪褫奪了張廣泗的官職，並押送京師斬

郎世寧

郎世寧（1688～1766），義大利傳教士，康熙五十四年（1715）來到中國，隨即進入宮廷，成為了一名宮廷畫家。郎世寧歷任康、雍、乾三朝，在中國從事繪畫達50多年。郎世寧是一位藝術上的多面手，人物、肖像、花卉、鳥獸等無所不精，是當時宮廷繪畫的代表人物。他創作了許多以當時重大歷史事件為題材的歷史畫，如乾隆帝在避暑山莊接見歸降的阿睦爾撒納等蒙古貴族的《萬樹園賜宴圖》等。乾隆十二年（1747）前後，郎世寧參與了圓明園西洋樓的設計；乾隆三十一年（1766），郎世寧在北京病逝，終年78歲，葬在北京城西阜成門外的傳教士墓地。乾隆帝特加恩賜予他侍郎銜，並賞內府銀300兩處理喪事。

首，同時增兵、增餉，另派大學士傅恆擔任經略，統籌戰事。傅恆抵達大金川後，查出良爾吉其實是莎羅奔的內奸，遂將其處死；接著，他又果斷採取了老將岳鐘琪「選銳深入」的作戰方略。

乾隆十四年（1749）春，清軍在岳鐘琪的率領下，水陸並進，把敵人打得潰不成軍；隨後，清軍屢戰屢勝，接連不斷地攻克敵人的碉卡。然而，乾隆帝認為金川並非大敵，想息武寧邊，於是屢屢下詔召傅恆回京。與此同時，在岳鐘琪的緊逼下，莎羅奔已無力抗拒，奔到清軍大營投降，繳納軍械，解散軍隊，表示歸順，並表示願向清廷提供徭役。第一次金川之役至此結束。

乾隆二十三年（1758），莎羅奔再次挑起戰爭，同時驅逐小金川土司。在四川總督開泰與提督岳鐘琪的攻打下，莎羅奔不久就引兵撤退了。四年後，年老多病的莎羅奔退位，繼任的土司郎卡一上任，便出兵攻打周圍的部族。

大小金川的反覆動亂使乾隆帝認識到必須斬草除根，剿除郎卡，分據大金川，這樣才能駕御邊夷。

乾隆三十一年（1766），郎卡再次作亂，出兵侵擾丹壩和巴旺。新任四川總督阿爾泰傳檄九名當地土司共同出兵圍攻大金川；但是，小金川卻陽奉陰違，與大金川釋仇締約。清廷出兵本是為了幫助小金川，沒想到小金川竟與大金川同流合污，反叛朝廷。於是，乾隆帝以阿爾泰姑息養奸為由，罷免其官職，後來又命人將他押回京師處死。隨後繼任四川總督的戶部侍郎桂林也因為用兵不力、貽誤戰機而被罷免。

　　乾隆三十八年（1773）春天，清軍遭到大、小金川軍隊的攻擊，官兵轟然潰散，勢如決堤，大營也被攻破，清軍統帥定西將軍溫福中槍而死。只有參贊海蘭察趕來救援，收納了散兵1萬多人。聽到慘敗的消息，乾隆帝緊急從各地調撥軍隊，配備火器，任命阿桂為定西將軍，繼續組織進攻。十月，阿桂兵分西、南兩路，進剿小金川。轉戰七天後，所向披靡的兩路軍隊會師，小金川全部收復。

　　乾隆三十九年（1774）正月起，清軍開始進攻大金川。大金川壁壘高險，易守難攻；但是，海蘭察率領600死士，攀援峭壁，一舉攻克了峭壁上的大碉卡。此戰一出，大金川各碉寨人心動搖；清軍則乘

萬樹園賜宴圖 郎世寧繪；此圖畫的是乾隆帝在承德避暑山莊內，接見來歸降的阿睦爾撒納等蒙古族貴族的場面。

勝追擊，越戰越勇，到十一月，大金川東北部的敵人被全部殲滅。此後，清軍更是捷報頻傳，大金川的碉堡山寨相繼被攻克。乾隆四十一年（1776）正月，在清軍的層層圍困下，大金川土司率領部眾出寨投降。第二次大小金川戰爭結束。

兩次戰爭，歷時30年，清廷耗兵費達7000萬兩。乾隆帝決心徹底推行改土歸流政策，在大、小金川舊地分別設阿爾古廳和美諾廳（後改名懋功廳），均隸屬四川省，此外還分別在其險要地區派兵鎮守。從此，這一地區徹底結束了混亂紛爭的局面。

平定準噶爾叛亂

乾隆十年（1745），準噶爾部噶爾丹策零死後，貴族之間為爭奪汗位互相戕殺。最後，達瓦齊在阿睦爾撒納的支持下取得了汗位。阿睦爾撒納是漠西厄魯特蒙古和碩特部台吉，策妄阿拉布坦的外孫——他對達瓦齊的支持一開始就另有所圖。達瓦齊自立為汗後，阿睦爾撒納遷往額爾齊斯河地區，控制杜爾伯特、和碩特等部，擴充勢力。不久，阿睦爾撒納與達瓦齊發生火拚，被擊敗。

乾隆十九年（1754）秋，為借助清軍之力剪除政敵，阿睦爾撒納與杜爾伯特部台吉納默庫、和碩特部台吉班珠爾率眾降清。乾隆帝在承德避暑山莊召見阿睦爾撒納等人，賜宴撫慰，隨後封阿睦爾撒納為親王，封班珠爾、納默庫為郡王。

乾隆二十年（1755）春天，清軍兵分兩路進攻伊犁，征伐達瓦齊，對準噶爾部的分裂勢力展開了新的軍事打擊。由於達瓦齊政權已不得人心，因此平叛大軍「兵行數千里，無一抗者」。不到三個月，清軍就攻破了伊犁，擒獲了達瓦齊。然而，清軍凱旋不久，在征伐達瓦齊時任定邊左副將軍的阿睦爾撒納再次圖謀分裂，欲挾清廷封其為厄魯特四部總台吉，專制西域；阿睦爾撒納還取得了沙俄的支持。眼見阿睦爾撒

納謀反的形跡越來越明顯，乾隆帝緊急命令他到承德避暑山莊覲見受封。但是，阿睦爾撒納不但推諉不行，還公開煽動各部叛亂。此時大部分清軍已經撤走，因此阿睦爾撒納迅速占領了北疆的大部分地區，並派兵襲擊伊犁；清軍將領班第兵敗自殺。消息傳來，乾隆帝極為震驚，決心出兵平叛。

乾隆帝派足智多謀、英勇善戰的兆惠為主帥，並儲備了充足的軍械和糧草，於乾隆二十二年（1757）再度出兵西北。兆惠指揮的清軍一路上勢如破竹，節節勝利，叛亂集團的各個首領先後敗死。不久，清軍攻至伊犁，阿睦爾撒納逃入俄羅斯境內。乾隆帝指示理藩院致公文於俄羅斯，要求俄方交出阿睦爾撒納；但是俄國卻一再推諉拒交，直到當年八月阿睦爾撒納患天花而死，才將他的屍體移交給中方。此後，清軍花了三年的時間，繼續追剿阿睦爾撒納的餘黨，最終將叛亂集團的殘渣餘孽一一打盡。

延續康、雍、乾三朝，歷時近百年的準噶爾上層分裂集團的叛亂活動，終於被徹底掃平。這場清朝歷史上用兵最重、歷時最長，耗資最多的戰爭，對於實現國家統一，維護西北邊防有著極為重大的意義，影響深遠。

安定回疆

中國西部的天山南路是維吾爾族聚居地。那裡地域廣大，物產豐富，因其信奉回教而被清朝稱為「回疆」，而維吾爾族則被稱為「回部」。

在乾隆帝掃平阿睦爾撒納叛亂之後不久，大小和卓博羅尼都、霍集占兄弟妄圖獨立，發動了大規模的武裝叛亂。他們聚集了大量的軍隊馬匹、糧食武器，在「聖裔」的旗幟下，召集了回疆數十城的城主加入了叛亂集團。這樣，叛亂勢力就控制了整個南疆。

中國十大傳奇帝王

接到叛亂的戰報，乾隆帝一面調兵遣將，任命剛剛結束平準戰爭的伊犁將軍兆惠繼續平定回部叛亂；一面團結、優待沒有參加叛亂的維吾爾族貴族，盡力分化孤立叛亂勢力。乾隆二十三年（1758）六月，兆惠臨危受命，從伊犁率軍南征。他率軍一路征戰，先後收復了沙雅爾、阿克蘇、烏什等城，各回部首領紛紛出城迎降。

十月六日，兆惠率領幾千人組成的先遣部隊到達大小和卓最後的據點葉爾羌城（今莎車）；十三日，清軍遭到了叛軍的伏擊，雙方展開拚死血戰。期間，兆惠將軍的坐騎曾兩次中槍倒斃，他就兩次易馬再戰；但清軍終因寡不敵眾，不得不退守黑水營。此時，大小和卓的軍隊有1.5萬餘人，以超過清軍10多倍的兵力把黑水營包圍得水泄不通，夜以繼日地全力攻營，黑水營危在旦夕。

兆惠和將士們臨危不懼，一面等待援軍增援；一面尋找水源、糧食和彈藥以自救。從十月被圍，到第二年元月解圍而出的三個月中，清軍戰勝了重重困難，黑水營歸然不動，堅如磐石。當清軍將領富德率援軍趕到後，兆惠和富德兩軍內外夾攻，大小和卓大敗，退入城中；黑水營的包圍終於被擊破了。

乾隆二十四年（1759）春，清軍與大小和卓展開了最後的決戰。在乾隆帝的部署下，清軍既支援了已占領和闐的部隊，防止叛軍竄入崑崙山北麓；又封鎖了通往天山北路進入俄羅斯的通路。四月，清軍匯集將士3

蘇公塔　又名額敏塔，位於新疆吐魯番縣城東南郊，塔旁立有維、漢兩種文字的石碑，是18世紀中葉吐魯番郡王蘇來滿為其父額敏所建。塔高44公尺，以黃色方磚砌成，為新疆伊斯蘭教著名的建築。

土爾扈特萬里回歸

土爾扈特是漠西厄魯特蒙古四部之一,原游牧於額爾齊斯河流域,17世紀初被迫遷至伏爾加河下游,但仍和清朝政府保持密切聯繫。18世紀20年代以來,俄國擴張勢力對土爾扈特部加緊控制和迫害。為了擺脫沙俄的控制,乾隆三十五年(1770),土爾扈特部眾在首領渥巴錫率領下,踏上了回歸中國的艱辛征途。他們衝破沙俄軍隊的圍追堵截,克服重重困難,行程萬餘里,歷時8個月,終於在次年六月回到新疆伊犁。

土爾扈特回歸後,乾隆帝對此事十分關切,下撥銀兩和糧食協助他們在伊黎河谷及科布多地區安家。同年九月,乾隆帝在承德接見了渥巴錫,優禮有加;不久,又封渥巴錫為卓理克圖汗(蒙古語英勇之意),以表彰他的功績。自此以後,漠西厄魯特蒙古全部統一於清朝中央政府的管轄之下。

萬,馬3萬,駱駝1萬和大批的軍火彈藥,準備出發合殲大小和卓。

當年六月,浩浩蕩蕩、威武雄壯的清軍出征了;大小和卓自知不敵,倉皇棄城出逃。七八月間,大小和卓在蔥嶺被清軍追上,1.2萬叛軍士兵全部歸降,大小和卓僅帶著幾百親兵,奪路逃脫。大小和卓逃入巴達克山國(今屬阿富汗),被巴達克山汗的軍隊包圍,束手就擒後被斬首。後來,巴達克山汗先後將小和卓和大和卓的首級,以及他們的家眷獻給了清軍。

騷擾回疆安寧的大小和卓叛亂,始告平定,西北地方的統一得到了進一步的鞏固。

此後,乾隆五十三年(1788),鎮壓臺灣林爽文起義。一年後,征伐安南(今越南)。乾隆五十三年(1788)、五十六年(1791)兩次抗擊廓爾喀(今尼泊爾)對西藏的入侵,頒布實施《欽定西藏章程》,對西藏地區的政治、宗教、軍事和外交進行了全面的整頓和改革……

「十全武功」,完成了康、雍兩朝的夙願,最終完成了對邊疆的統

一，遼闊的東方大地上建立了一個空前強大的帝國。清朝的版圖達到了極盛時期。

❦ 六下江南，世風奢靡 ❦

　　乾隆帝六下江南，並把南巡作為他生平最重要事功之一；那麼，他如此興師動眾地往返於南北之間，究竟是為了什麼呢？

　　做為太平之君，乾隆帝比他的先人更加安於享樂，驕奢靡費。他對富饒而美麗的江南水鄉充滿了嚮往，因此，遊玩享樂是他南巡的動機之一。然而，他南巡的目的又不僅僅是貪慕風景，其背後還有更深層的社會政治、經濟和地理的原因。

　　從經濟上講，江浙一帶，物產豐富，富甲天下，是國庫的命脈所繫。源源不絕的大批漕糧，從江浙沿大運河北運，供給京師；大量的徵銀，成為國庫收入最重要的來源。乾隆帝要通過南巡維持這一地區的安

乾隆帝南巡圖

揚州鹽商接待乾隆帝之一處　乾隆帝南巡至江南時，當地富商大賈紛紛找機會接近他。

定，督察稅收情況。

　　從政治上講，江浙儒漢文化深厚。從明末清初起，那裡一直是漢人，特別是知識份子反清鬥爭的旗幟。清入關以來，為了馴服江南的漢人，曾上演了「嘉定三屠」、「揚州十日」等人間慘劇。隨後幾朝，為了加強思想統治，這裡發生了不少起文字獄；乾隆帝需要以南巡為契機，緩和尖銳的滿漢對立局面。

　　在地緣上講，江浙地區的河工、海塘工程非常重要，每年耗費國庫大量開支，直接關係到當時政治、經濟的發展和封建統治的穩定。乾隆帝相信自己透過南巡江浙，能夠有效地解決這些社會問題。

　　乾隆十六年(1751)正月十三日，乾隆帝第一次下江南。這次南巡規模盛大、聲勢隆重，隨行的王公大臣、侍衛官員、兵丁僕役等達2000多人，用船1000多艘。為了維繫民心，避免勞民傷財，乾隆帝下令沿途所經州、縣當年應徵額賦蠲免十分之三，其中受災歉收地區蠲免十分

之五；江寧(今南京)、蘇州、杭州是皇帝巡行駐蹕之地，三城當年應徵的地丁銀全部蠲免。

　　乾隆帝繼承了康熙帝南巡時務實的傳統，每到一處，均接見官紳了解當地的治政情況、歷史沿革、人文風俗、本朝事蹟，參觀考察重要的工程、廠房和名勝古蹟，祭祀歷代漢族帝王、名人的祠廟和陵墓，處理當地一些重大的政事。對重大的水利工程，乾隆帝親自勘查，廣徵民間的意見。

　　在蘇杭一帶，乾隆帝鑑於「群黎士庶踴躍趨近，就瞻恐後，紳士以文字獻頌者載道接踵」，諭令內閣對上獻詩文者進行考試。乾隆帝用這種方法，既選拔了一批人才，又優容和籠絡了江浙的文人學士。回程時，乾隆帝祭奠了明太祖陵，這對於安撫漢族士紳的情緒，鞏固清朝的統治是十分必要的。五月四日，乾隆帝返回北京圓明園。此次南巡，往返行程水陸共計5800里，歷時5個多月。

　　乾隆二十二年（1757）正月十一日到四月二十六日，乾隆帝第二次南巡。

　　五年後，乾隆二十七年（1762）正月十二日至五月四日，乾隆帝第三次南巡。

　　第四次南巡從乾隆三十年（1765）正月十六日開始，至四月二十一日從陸路回京。

　　乾隆四十五年（1780）正月十五日，年逾70但仍精神矍鑠的乾隆帝開始了第五次南巡；他視察河防後由水路北歸，從德州登陸路，於五月九日返回圓明園。

　　乾隆最後一次南巡是從乾隆四十九年（1784）正月二十一日開始的，於四月二十三日返回圓明園。

　　乾隆帝六下江南，從積極的方面來看：政治上，乾隆帝選拔漢族人才，祭奠孔廟、周公廟等一系列行為，贏得了漢族士人的認同，進一步

外八廟

中國十大傳奇帝王

　　乾隆四十五年（1780），西藏六世班禪前來慶祝乾隆帝70歲壽辰。為接待班禪，清廷在承德避暑山莊建須彌福壽之廟，同年又建廣緣寺。至此，在山莊東西兩山麓就有了溥仁寺、溥善寺、普樂寺、安遠廟、普寧寺和普陀宗乘之廟等12座寺廟。因為其中有8座隸屬於清政府理藩院管理，又都建在古北口外，故通稱「外八廟」（即口外八廟之意）。相沿成習，「外八廟」也就成為了這12座廟宇的代稱。外八廟絕大多數是

清王朝為來避暑山莊朝見皇帝的蒙、藏王公貴族而建造的，因此不僅採用了琉璃瓦頂、方亭、牌樓等漢族傳統建築手法，也應用了紅白高台、梯形窗、喇嘛塔、鎦金銅瓦等藏族、蒙古族的建築手法，成為民族團結、和為一家的象徵。遠遠望去，外八廟巍峨壯觀，金碧輝煌，一派富麗堂皇的景象，與古樸典雅的避暑山莊形成了鮮明的對比，暗示了清代帝王的良苦用心。

維護了國家大一統的局面，有利於鞏固統一的多民族國家；經濟上，乾隆帝在六次南巡中，五次閱視河工，四次閱視海塘，有利於河工這一關係國計民生的工程的順利進行。

然而，乾隆帝南巡的消極方面也是十分明顯的。乾隆帝一路極盡鋪張奢華；隨行官員乘機貪污舞弊，榨取錢財，中飽私囊；而地方官員只求逢迎獻媚，造成了國庫帑金的大量浪費，滋長了官吏的營私舞弊之風。

乾隆中期清代社會經濟達到了極盛，國庫存銀高達7500多萬兩。但經過歷次征伐、南巡、河工、海塘的消耗，到了乾隆末年，清代建國百餘年來積累起的財富幾乎已經消耗殆盡了。

悠悠後宮往事

乾隆帝先後立過三位皇后。第一位皇后富察氏，即孝賢皇后。雍正五年（1727），15歲的富察氏被冊封為寶親王弘曆的嫡福晉，乾隆二年（1737）被冊封為皇后。孝賢皇后賢慧恭儉，並生下了皇二子永璉，深得乾隆帝的寵愛。不幸的是，三年後永璉就夭亡了。乾隆十一年（1746），孝賢皇后又生下了皇七子永琮，不幸的是，一年後永琮又患天花夭折。兩個兒子的先後死亡給孝賢皇后造成了很大打擊，使其身體每況愈下。乾隆十三年（1748）三月，在隨乾隆帝東巡的途中，孝賢皇后突然去世，年僅37歲。乾隆帝對皇后的突然離世極為悲痛，親自留在德州處理喪事，扶柩回京。以後幾十年中，乾隆帝一直對孝賢皇后念念不忘，還寫下了無數的詩詞來追念她。

乾隆帝的第二位皇后烏喇那拉氏，比乾隆帝小7歲，先後封為嫻妃、嫻貴妃。乾隆帝稱她「性生婉順，質賦柔嘉」。孝賢皇后去世後，乾隆帝遵照皇太后的意見，於乾隆十五年（1750）八月冊立烏喇那拉氏為后。烏喇那拉皇后在宮中深得乾隆帝的信任，經常陪皇太后、皇帝

弘曆雪景行樂圖　郎世寧繪；此圖描繪了乾隆帝和子女在一起共慶新春佳節的情景。

出巡各地。乾隆第四次南巡時，烏喇那拉皇后隨行；誰知這次行程卻造成了夫妻關係的決裂。原本帝后關係還很融洽，可是到了杭州，乾隆帝經常深夜微服登岸遊玩。皇后多次勸說無效後，不惜以剪髮諫阻乾隆帝；乾隆帝惱羞成怒，驟然下旨送皇后先行回京。乾隆帝返京後，宣布收回烏喇那拉皇

大運河上的拉縴人　英國馬戛爾尼使團畫家威廉‧亞歷山大（WilliamAlexander）繪；描繪的是乾隆五十八年（1793），大運河上的拉縴人。

后的一切冊封，實際上由新冊封的皇貴妃令妃代替了她的地位；第二年七月，烏喇那拉氏悒鬱而亡。

此後，乾隆帝在有生的40多年中再也沒有立后。當然，此後還有一位皇后，即嘉慶帝的生母魏佳氏，她是在死後被追封為孝儀純皇后的。魏佳氏比乾隆帝小16歲，初為貴人，後晉升為嬪、妃，在那拉氏被廢後晉封為皇貴妃。她是在孝賢皇后的調教下長大的，和乾隆帝、孝賢皇后的感情都很好。

在乾隆帝眾多的后妃中，最特別的是一位來自新疆維吾爾族的妃子，封號「容妃」；而這位容妃，很可能就是引發後世人無限遐想的「香妃」。容妃原名伊帕爾汗，進宮後被封為「和貴人」，後晉封為妃。和貴人這個稱謂既符合伊帕爾汗和卓後人的身分，也表達了民族和睦、合和為貴的祝福。

據說，容妃入宮後，乾隆帝考慮到她來自西域，在生活習慣上與中原不同，在語言上也無法與宮中之人溝通，於是在皇城的西苑為她修建

了一座「寶月樓」。後來，為了排解容妃的思鄉之苦，懷土之情，乾隆帝又在寶月樓對面的西長安街建起了一片具有回族風格的教堂和民舍，以顯示帝國對回人特有宗教和生活風俗的尊重。

乾隆帝還特許容妃在宮內穿回族的衣服，戴回族的頭飾，還專門派了一名回族廚師給她做新疆風味的膳食。乾隆帝對容妃用心良苦，真是「因寵而破例之至」。乾隆五十三年（1788）四月十九日，容妃薨，享年55歲，被葬於清東陵之裕陵妃園寢。

其實，乾隆帝的婚姻、家庭生活並不十分美滿。後宮雖然有諸多妃子，但多半壽命不長，他深愛的孝賢皇后早早離他而去，其他嬪妃也大多活得不長久。等到他晚年的時候，只有少數的幾位嬪妃陪伴在他身邊。他一共有27個子女，然而多數短命早夭。17個兒子中，幼年早夭的有7個，先於他而去的有6個；10個女兒當中，只有5個活到了成年，當他成為太上皇時，身邊僅剩下了最小的女兒固倫和孝公主。乾隆帝多次白髮人送黑髮人，心中的感傷和寂寥可想而知。

金嵌珍珠天球儀　清代乾隆年間造。天球儀通高82公分，球體和支架都用純金打造而成。球體鑲嵌著3000多顆代表星辰的珍珠，是一件華麗精巧、中西合璧的科學儀器。

天朝上國，拒絕英使

乾隆朝和它前後所有的朝代一樣，遭遇了「閉關還是開放國家」的命題。乾隆五十七年（1792）九月，英王授命馬戛爾尼（George Macartney）為特使，派使團前往中國，試圖打開中國市場。可笑的是，根本不了解近代外交常識的清政府竟然以為英使是為「叩祝」乾隆帝

80壽辰「進貢」來的。

乾隆五十八年（1793）六月，英使團到達天津，並向清政府獻呈代表當時科技發展最高水準的天體運行儀、地球儀以及裝配有110門重炮的英國巨艦模型等八件禮品。可是，清政府非但對此沒有引起必要的警覺，反而覺得是來自方外蠻夷的禮品，看不看都無所謂。

英使進京後，雙方就謁見的禮節發生了激烈的爭執。清政府要求馬戛爾尼行三跪九叩禮；英方卻認為這是對英國國體的侮辱。據說，最後雙方都做出了讓步，決定讓馬戛爾尼以晉見英王時單膝下跪禮謁見乾隆帝，但免去了英式的吻手禮。但是，覲見當天究竟是何種禮節，中英歷史學家各執一詞，至今沒有定論。

八月十日清晨，乾隆帝在避暑山莊萬樹園接見了英國使團。馬戛爾尼向乾隆帝行禮致詞，並呈交了英王的書信。八月十三日，乾隆帝壽辰這一天，馬戛爾尼帶著隨員到澹泊敬殿向乾隆帝行慶賀禮。慶典結束後，英使返回京城，等待乾隆帝的答覆。而乾隆帝在避暑山莊看了剛剛譯成中文的英文信件，終於真正明白了英國人來華的目的；兩天後，乾隆帝做出了答覆。

在馬戛爾尼提出的八項條款中，有一部分，如「派一人居住北京」等要求是符合近代外交關係準則的，乾隆帝卻以其盲目排外、防外的保守思想加以拒絕；有一部分，如「允許傳教士傳教」等要求是與中國的傳統文化相抵觸的，被乾隆帝視為有悖於「聖帝明王垂教」的異端邪說；還有一部分，如要求「在舟山、廣州給地居住，減免內河關稅」等要求，是對中國主權的侵犯，乾隆帝的拒絕是維護國家主權的正確外交政策。

乾隆帝在覆信中強調，天朝物產豐盈，無所不有，再次拒絕了開放對外貿易。可見，此時的乾隆帝仍然抱著歷代帝王的老觀點，看不到對外貿易已經是時代的潮流，對本國經濟的發展也有巨大的促進作用。

但是，心思縝密的乾隆帝預測到英國不會善罷甘休，於是在外交和軍事上都採取了預防性的措施。一方面，他指派覺羅長麟為兩廣總督，要他與廣州巡撫郭世勳嚴密注視英國人的一舉一動；另一方面，乾隆帝要求沿海各省整肅軍隊，部署海防。

乾隆帝此時已經預計到英國可能對中國沿海發動軍事侵略。半個世紀之後，乾隆帝的預言變成了事實；可是乾隆帝沒有想到的是，他的帝國在英軍的炮火下是那麼不堪一擊。

九月三日，馬戛爾尼使團啟程回國。英使此行，雖然沒有達到預期的目的，卻對中國的自然地理、經濟政治、社會風俗有了深入地了解；使團成員深刻地認識到，是閉關自守造成了中國的落後。1797年，即清嘉慶二年，在遙遠的倫敦街頭出現了副使斯當東(George Thomas Staunton)編寫的《英使謁見乾隆帝紀實》。從此，英國資產階級野心勃勃的政治家、商人、投機家全面了解了清王朝的情況，增加了西方冒險家來華經營的信心和殖民中國大陸的野心。

太上皇帝印璽 乾隆帝酷愛藝術，用印亦十分講究。「太上皇帝之寶」選用芙蓉凍雕琢，印紐為瑞獸，威嚴雄健，整體造型舒適凝重。

可悲的是，此時昏昏沉沉的清王朝，還在「天朝上國」的夢幻中自我陶醉。

長壽皇帝的養生之道

乾隆帝是中國歷史上最長壽的皇帝，他25歲即位，在位60年，退位後又當了3年多的太上皇，終年89歲。乾隆帝不僅長壽，身體還十分健康。他視力極好，終身不用眼鏡；65歲時還能使妃子受孕，生下了

皇十女和孝公主。他晚年雖有
痔血、尿頻及健忘症，但整體
上還是相當健康的，87歲時還
能外出狩獵，臨終前不久尚能讀
書寫字。

　　乾隆五十三年（1793），英
國使臣馬戛爾尼在承德避暑山莊覲見乾
隆帝後，留下了如下描述：「乾隆帝雖已
83歲高齡，看起來卻只有60餘歲。他精
神矍鑠，風度凌駕於少年人。」

　　乾隆帝對自己的長壽也十分得
意，認為「不特云稀，且自古所未
有也」，70歲時，他特地撰寫了

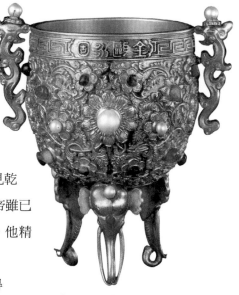

金嵌珠「金甌永固」杯　高12.5公分，口徑
8公分，裝飾繁複華麗，工藝極其精湛。

《古稀說》，並刻「古稀天子之寶」及「五福五代堂，古稀天子寶」印
章；80歲時，刻鐫「八徵耄念之寶」印章，以志慶賀。

　　乾隆帝之所以能長壽，與其擅長養生有直接關係。他的飲食起居很
有規律，每日早晨約6時起床，洗漱後用早膳。上午處理政務，和大臣
們議事；午後遊覽休息；晚飯後看書習字，按時就寢。

　　他曾經說過，「凡人飲食之類，當各擇其宜於身者，所好之物不
可多食。」他平日愛吃的食物有豆腐、黃豆芽、蘑菇、蜂蜜、燕窩、
鴨子、肉皮等。這些食物大多具有調節機體免疫力、增強人體體質的
作用。步入老年後，乾隆帝的飲食習慣變得清淡，少食肉類，多食蔬
菜，且喜歡食粥。自古帝王多好酒色，導致腎精虧損，早早出現衰老
之徵。乾隆帝后妃雖多，但不沉迷酒色，極少縱欲，在歷代君王之中
實屬難得。

　　乾隆帝認為人需要進補，但要適時適量，不能亂補。他每天都要

嚐服少許上好野山參，還常飲藥酒。他常用的補益藥方有龜齡湯、椿齡益壽藥酒方、健脾滋腎壯元方、秘傳固本仙方等，多屬於脾腎雙補之藥品。他晚年還經常服用一種名為八珍糕的保健食品。八珍糕由黨參、茯苓、白朮、薏米等研磨成粉，與白米粉同蒸而成，具有平和溫補、益氣養血的功效。

乾隆帝還根據自身的體驗，總結出了養生四訣：「吐納肺腑，活動筋骨，十常四勿，適時進補。」後人將其中的「十常四勿」闡釋為：齒常叩，津常咽，耳常撣，鼻常揉，睛常轉，面常搓，足常摩，腹常運，肢常伸，肛常提；食勿言，臥勿語，飲勿醉，色勿迷。十常四勿符合保健養身的道理，即使到了今天，仍然具有很高的實用價值。

除了平時注意養生之外，乾隆帝還經常出巡：六下江南，六次巡幸五台山，四次東巡……在頻頻出巡活動中，他飽覽神州景色，心曠神怡，體質也得到了鍛鍊。即使在宮中，乾隆帝也從不安坐於室內，而是對圍獵有著十分濃厚的興趣，多次去熱河圍獵。

圓明園西洋樓大水法遺址　大水法在圓明園西洋樓遠瀛觀南端，是當年乾隆帝觀看噴水景色之地。

乾隆帝的養生之道十分有效，他一生沒有患過嚴重疾病，直到晚年還是思維敏捷，身體強健，老當益壯。

奢靡浪費，吏治敗壞

乾隆帝即位之初，為了鞏固自己的統治，他勵精圖治，在政治、經濟、文化和維護國家統一等諸多方面都有重要建樹，使整個清王朝出現了經濟繁榮、國庫充盈、國家政權空前鞏固和強大的盛世局面；然而到了統治的中後期，他逐漸滋生了驕傲自負的思想，不再如同前期一般撫恤下民，變得日益驕奢淫逸、揮霍無度。

據統計，從乾隆六年到嘉慶三年，乾隆帝先後巡幸各地近百次。在沿途所經之處，乾隆帝都要大擺排場，賞賜銀兩、珠玩和酒食不絕於途。而各地官員和富商大賈為了接駕，不惜耗費巨資，費盡心機，以求博得皇帝的歡心。

乾隆帝還在京師和承德大興土木，先後將圓明園原有的28景擴建為40景，並另建長春園和綺春園；將避暑山莊的36景擴建為72景。這些浩大的工程，消耗了巨額資財，也大大加重了百姓的負擔。

此外，每逢皇太后和乾隆帝本人的壽辰，以及皇室人員的婚喪嫁娶，更要大肆鋪張、揮霍。乾隆十六年（1751）十一月，乾隆帝將其母從西郊接回大內，為她舉行60歲壽辰慶典。在太后所經途中，從西華門到西直門十幾里長的街道上，均由各省分段佈置了奢華的街景和娛樂節目。如廣東省在其所屬地段用無數孔雀尾羽建造了一座長達兩三丈、華麗的孔雀亭；浙江省則在其負責地段用無數面鏡子建造了一座水樹，人入其中，如行幻境……可謂爭奇鬥豔，靡費無數。

到了乾隆五十五年（1790）八月，乾隆帝的80歲壽辰時，更是「務極奢大，內外宮殿，大小儀物，無不新辦」。從燕園到圓明園，樓台均用珠翠裝飾；假山上則添置寺院、人物等假景，一啟動機關，寺院

和珅之死

和珅深受乾隆帝信任重用，甚至和乾隆帝結成了兒女親家。倚仗著皇帝的寵信，和珅瘋狂斂財，弄權舞弊，成為一代巨貪。嘉慶帝即位後，和珅一邊討好他，一邊又在他身邊安插耳目，並不時向乾隆帝告狀。嘉慶帝對他恨之入骨。

嘉慶四年（1799）正月，乾隆帝剛剛去世，嘉慶帝便迫不及待地向和珅開刀。他下令將和珅革職，查抄家產，最終賜其白綾自裁。查抄和珅的府第時，財產共分為109類，其中有83類未曾估價，估價的26類值「二百二十兆兩」以上。其總家產折合白銀，有的說約1000萬兩，有的說2000萬兩，有的甚至說達到了8億兩，而當時清朝國庫總收入僅為7000萬兩；於是民間便有了「和珅跌倒，嘉慶吃飽」的諺語。

的門窗能自動開闔，人物也會活動，精巧無比。

在乾隆帝的影響和縱容下，奢靡之風日盛，吏治也日趨敗壞，弊政叢生。尤其是乾隆中期以後，貪風肆虐，甚至到了不可遏制的地步。而其中最典型的當屬乾隆帝晚年最寵信的大貪官和珅。

和珅生於乾隆十五年（1750），滿洲正紅旗人。乾隆三十七年（1772），和珅被授為三等侍衛，在粘桿處當差。粘桿處侍衛經常隨侍皇帝出巡，有接近皇帝的機會，從而給和珅提供了通往權力的道路。和珅相貌堂堂，聰明機敏，博聞強識，通曉滿、漢、蒙、藏等多種語言，很快就受到了乾隆帝的賞識。乾隆四十年（1775）閏十月，和珅從三等侍衛遷乾清門侍衛，十一月升御前侍衛。次年正月，他出任戶部右侍郎，三月升軍機大臣，四月兼內務府大臣……

此後，他不斷升官加爵，兼任多職，封一等忠襄公，任首席大學士、領班軍機大臣，兼管吏部、戶部、刑部、理藩院、戶部三庫，還兼任翰林院掌院學士、領侍衛內大臣、步軍統領等要職。官階之高，兼職

之多，權勢之大，為歷代所罕有。

　　和珅善長逢迎，時刻揣摩聖意，事事能想乾隆帝之先想。乾隆帝晚年驕奢揮霍，但又唯恐世人非議。對於乾隆帝的想法，和珅心知肚明，甘願背負罵名斂財以供皇帝揮霍。他創設了「議罪銀」，讓有過失的官員以交納罰銀來代替處罰。這些錢不入國庫，而是交到內務府，成為乾隆帝的個人金庫，他自己也趁機大肆斂財。

　　其實，對於和珅的所作所為，乾隆帝也多少有所察覺。乾隆四十七年（1782），和珅辦理甘肅鎮迪道巴彥岱受賄徇私一案時，就因為重罪輕判，受到「降三級留任」的處分。其後，和珅又因失察、包庇貪官等罪名受到降職或調任；然而每次處分不久，和珅都很快官復原職。和珅貪欲膨脹，成為一代巨貪，與乾隆帝的包庇不無關係。而乾隆帝之所以包庇和珅，一來是寵信他，二來和珅所聚集的財富，有一大部分是供皇帝享用的，所以乾隆帝也是睜一隻眼閉一隻眼。

　　乾隆晚期，官吏貪污嚴重，以致國庫虛空。由於乾隆帝的包庇與和珅的縱容，官場斂財成風。對於這些貪官污吏，除了一些大貪官，乾隆帝不得不處斬以平民憤之外，大多是降職或罷官了事，有些甚至還會重新起用。到了這個時期，他已經完全沒有早期整頓吏治的魄力和決心了。

　　1796年，乾隆帝禪位於皇太子顒琰（即嘉慶帝），自己退居為太上皇。他雖然退位，但是仍然把握朝政，過問軍國大事，施行訓政。嘉慶四年（1799）正月初三，乾隆帝病逝；他是在處理四川、陝西等地白蓮教起義的焦頭爛額中去世的。當時在官吏的重重剝削壓迫之下，百姓已經忍無可忍，揭竿而起。乾隆帝臨終時，終於嘗到了自己親手釀造的苦果，同時也將爛攤子留給了後人。

　　乾隆帝的死，正式結束了大清朝最輝煌的時代，預告著一個慘澹時代的到來。

中國十大傳奇帝王

作　　　者	探索發現系列・編輯委員會
發　行　人	林敬彬
主　　　編	楊安瑜
編　　　輯	蔡穎如、林奕慈
內 頁 編 排	許靜萍
封 面 設 計	蔡致傑
編 輯 協 力	陳于雯
出　　　版	大都會文化事業有限公司
發　　　行	大都會文化事業有限公司
	11051台北市信義區基隆路一段432號4樓之9
	讀者服務專線：（02）27235216
	讀者服務傳真：（02）27235220
	電子郵件信箱：metro@ms21.hinet.net
	網　　　址：www.metrobook.com.tw
郵 政 劃 撥	14050529 大都會文化事業有限公司
出 版 日 期	2018年11月修訂初版一刷
定　　　價	420元
I S B N	978-986-97047-0-0
書　　　號	History-105

Metropolitan Culture Enterprise Co., Ltd.
4F-9, Double Hero Bldg., 432, Keelung Rd., Sec. 1,
Taipei 11051, Taiwan
Tel:+886-2-2723-5216　Fax:+886-2-2723-5220
E-mail:metro@ms21.hinet.net
Web-site:www.metrobook.com.tw

◎本書由吉林出版集團有限責任公司授權繁體字版之出版發行。

國家圖書館出版品預行編目（CIP）資料

中國十大傳奇帝王 / 探索發現系列編輯委員會著.
-- 修訂初版. -- 臺北市 : 大旗出版 : 大都會文
化發行, 2018.11
272面 ; 17×23公分 -- （History ; 105）
ISBN 978-986-97047-0-0（平裝）

1. 帝王 2. 傳記 3. 中國

782.27　　　　　　　　　　　　　107017944

THE GREAT EMPERORS IN CHINA

中國十大傳奇帝王

北 區 郵 政 管 理 局
登記證北臺字第 9125 號
免 貼 郵 票

大都會文化事業有限公司

讀 者 服 務 部 　 　 收

11051 臺北市信義區基隆路一段 432 號 4 樓之 9

寄回這張服務卡〔免貼郵票〕

您可以：

◎不定期收到最新出版訊息

◎參加各項回饋優惠活動

![大都會文化 logo] **大都會文化　讀者服務卡**

書名：**中國十大傳奇帝王**

謝謝您選擇了這本書！期待您的支持與建議，讓我們能有更多聯繫與互動的機會。

A. 您在何時購得本書：＿＿＿＿年＿＿＿＿月＿＿＿＿日

B. 您在何處購得本書：＿＿＿＿＿＿＿書店，位於＿＿＿＿＿＿＿（市、縣）

C. 您從哪裡得知本書的消息：

　　1. □書店　2. □報章雜誌　3. □電臺活動　4. □網路資訊

　　5. □書籤宣傳品等　6. □親友介紹　7. □書評　8. □其他

D. 您購買本書的動機：（可複選）

　　1. □對主題或內容感興趣　2. □工作需要　3. □生活需要

　　4. □自我進修　5. □內容為流行熱門話題　6. □其他

E. 您最喜歡本書的：（可複選）

　　1. □內容題材　2. □字體大小　3. □翻譯文筆　4. □封面　5. □編排方式　6. □其他

F. 您認為本書的封面：1. □非常出色　2. □普通　3. □毫不起眼　4. □其他

G. 您認為本書的編排：1. □非常出色　2. □普通　3. □毫不起眼　4. □其他

H. 您通常以哪些方式購書：（可複選）

　　1. □逛書店　2. □書展　3. □劃撥郵購　4. □團體訂購　5. □網路購書　6. □其他

I. 您希望我們出版哪類書籍：（可複選）

　　1. □旅遊　2. □流行文化　3. □生活休閒　4. □美容保養　5. □散文小品

　　6. □科學新知　7. □藝術音樂　8. □致富理財　9. □工商企管　10. □科幻推理

　　11. □史地類　12. □勵志傳記　13. □電影小說　14. □語言學習（＿＿＿語）

　　15. □幽默諧趣　16. □其他

J. 您對本書（系）的建議：＿＿＿＿＿＿＿＿＿＿＿＿＿＿＿＿＿＿＿＿＿＿＿＿＿＿＿＿＿＿

K. 您對本出版社的建議：＿＿＿＿＿＿＿＿＿＿＿＿＿＿＿＿＿＿＿＿＿＿＿＿＿＿＿＿＿＿

讀者小檔案

姓名：＿＿＿＿＿＿＿＿　性別：□男 □女　生日：＿＿＿年＿＿＿月＿＿＿日

年齡：□20歲以下 □21～30歲 □31～40歲 □41～50歲 □51歲以上

職業：1. □學生 2. □軍公教 3. □大眾傳播 4. □服務業 5. □金融業 6. □製造業

　　　7. □資訊業 8. □自由業 9. □家管 10. □退休 11. □其他

學歷：□國小或以下 □國中 □高中／高職 □大學／大專 □研究所以上

通訊地址：＿＿＿＿＿＿＿＿＿＿＿＿＿＿＿＿＿＿＿＿＿＿＿＿＿＿＿＿＿＿＿＿＿＿＿

電話：（H）＿＿＿＿＿＿＿＿＿＿（O）＿＿＿＿＿＿＿＿＿＿傳真：＿＿＿＿＿＿＿＿

行動電話：＿＿＿＿＿＿＿＿＿＿　E-Mail：＿＿＿＿＿＿＿＿＿＿＿＿＿＿＿＿＿

◎謝謝您購買本書，歡迎您上大都會文化網站（www.metrobook.com.tw）登錄會員，
　或至Facebook（www.facebook.com/metrobook2）為我們按個讚，您將不定期收到最
　新的圖書訊息與電子報。